全国环境影响评价工程师职业资格考试系列参考资料

U0650910

环境影响评价相关法律法规

试题解析

（2022 年版）

冯华伟　主编

中国环境出版集团·北京

图书在版编目（CIP）数据

环境影响评价相关法律法规试题解析：2022 年版/冯华伟
主编. —8 版. —北京：中国环境出版集团，2022.3
全国环境影响评价工程师职业资格考试系列参考资料
ISBN 978-7-5111-5069-1

Ⅰ．①环⋯ Ⅱ．①冯⋯ Ⅲ．①环境影响评价法—
中国—资格考试—题解 Ⅳ．①D922.68-44

中国版本图书馆 CIP 数据核字（2022）第 028521 号

出 版 人　武德凯
责任编辑　黄晓燕
文字编辑　侯华华
责任校对　任　丽
封面设计　宋　瑞

出版发行　**中国环境出版集团**
　　　　　（100062　北京市东城区广渠门内大街 16 号）
　　　　　网　　　址：http://www.cesp.com.cn
　　　　　电子邮箱：bjgl@cesp.com.cn
　　　　　联系电话：010-67112765（编辑管理部）
　　　　　　　　　　010-67112735（第一分社）
　　　　　发行热线：010-67125803，010-67113405（传真）
印　　刷　北京市联华印刷厂
经　　销　各地新华书店
版　　次　2015 年 3 月第 1 版　2022 年 3 月第 8 版
印　　次　2022 年 3 月第 1 次印刷
开　　本　787×960　1/16
印　　张　13
字　　数　230 千字
定　　价　33.00 元

中国环境出版集团郑重承诺：
中国环境出版集团合作的印刷单位、材料单位均具有中国环境标志产品认证；
中国环境出版集团所有图书"禁塑"。

本书编委会

前　言

　　环境影响评价是我国的环境管理制度之一，是从源头上预防环境污染的主要手段。环境影响评价工程师职业资格考试制度是提高环境影响评价水平的一种有效举措，自 2005 年实施以来，对提高我国环境影响评价从业人员的专业素质起到了很大的推进作用。考试科目设"环境影响评价相关法律法规""环境影响评价技术导则与标准""环境影响评价技术方法""环境影响评价案例分析"共四科，其中前三个科目的考试全部采用客观题，包括单项选择题和不定项选择题。

　　环境影响评价工程师职业资格考试的历年试题及解答一直是考生所需要的，因为通过对历年试题的学习，考生既可以了解考试命题的风格、各知识点的分值分布、考查的重点及难易程度，还可以锻炼应试思维。

　　目前，市面上大部分的历年考试试题都是按年份呈现给考生的。但是近年来，我国环境影响评价相关法律法规更新频繁，每年的考试大纲也都有不小的变化，很多知识点都有更新或删除。如果考生仍然按整套考试试题原封不动地复习，不仅浪费了宝贵的时间，而且还会被误导。因此，我们按照本年度考试大纲的要求，对历年考试试题进行了加工处理，分类筛选，按模块重新组织了试题，将一些重复的试题适当合并，剔除与现行相关法律法规不一致的试题，并有针对性地进行了解析。但需要说明的是，由于本书是历年考试试题的解析，因此无法包含本年度考试大纲中新增或有变化的内容，这点请考生在学习时注意，因为新增或有变化的内容一般都会作为下一次考试的重点内容之一。关于这些新增内容，可配套《基础过关800题》系列参考资料一并使用。

考生通过试题的练习可以巩固已学的知识，同时可以找到自己在系统复习中的不足之处，查漏补缺。本书既可以在每学习完一章后使用，也可以在复习冲刺阶段检测复习效果时当作模拟题来使用。

本书可作为环境影响评价工程师考试的辅导材料，并可供高等院校环境科学、环境工程等相关专业教学时参考。

本书是在徐颂老师往年主编版本的基础上完成的，在编写的过程中得到了徐颂老师的精心指导和大力支持，在此表示衷心的感谢。还要感谢中圣环境科技发展有限公司领导和同事在本书编写过程中给予的协助和大力支持。

尽管我们为本书的编写付出了大量的努力，但由于编者水平有限，本书的内容仍然可能存在疏漏，不足之处在所难免，敬请同行和读者批评指正。编者联系方式：zhifzhang@qq.com。

编　者

2022 年 1 月

目　录

一、《环境保护法》

一、单项选择题

1. 根据《环境保护法》，下列说法中，正确的是（   ）。（2016 年考题）

A. 编制有关战略发展规划，应当依法进行环境影响评价

B. 建设固定资产投资项目，应当依法进行环境影响评价

C. 建设对环境有影响的项目，应当依法进行环境影响评价

D. 制定对环境有重大影响的政策，应当依法进行环境影响评价

2. 根据《环境保护法》有关生态保护的规定，各级人民政府应当采取措施予以保护的是（   ）。（2016 年考题）

A. 古树名木　　　　　　　　　　B. 内陆水域

C. 各类地质构造、溶洞等自然遗迹　　D. 珍稀、濒危的野生动植物人工繁育区

3. 根据《环境保护法》，（   ）应当提高农村环境保护公共服务水平，推动农村环境综合整治。（2016 年考题）

A. 各级人民政府

B. 县级、乡级人民政府

C. 各级环境保护行政主管部门

D. 县级环境保护行政主管部门及其派出机构

4. 根据《环境保护法》，下列说法中，符合建设项目防治污染设施与主体工程"三同时"规定的是（   ）。（2016 年考题）

A. 为确保污染防治效果，某企业污染防治设施在主体工程试运行时也同时投入使用

B. 某企业由于排污情况的不确定性，其废气处理设施在主体工程设计完成后，方启动设计

C. 由于实际产能未能达到设计产能的一半，为节约能耗，某企业关停了两套废水处理设施中的一套

D. 为持续提升污染防治效果，某企业自行改造与批准的环境影响评价文件要求不同的废气治理设施

5. 根据《环境保护法》，重点排污单位应当（　　）。（2016 年考题）

A. 委托第三方管理和维护监测设备

B. 保存原始采样记录，保证监测设备正常运行

C. 按照国家有关规定和监测规范安装使用监测设备

D. 按照环境保护行政主管部门的规定安装使用自动监测设备

6. 根据《环境保护法》有关排污许可管理制度的规定，下列说法中，正确的是（　　）。（2016 年考题）

A. 企业事业单位和其他生产经营者应当申请排污许可证

B. 未取得排污许可证的企业事业单位和其他生产经营者不得开展生产经营活动

C. 实行排污许可管理的企业事业单位和其他生产经营者应当依照排污许可证的要求排放污染物

D. 按照排污许可证的要求排放污染物的，省级以上人民政府环境保护主管部门可责令其停止生产

7. 根据《环境保护法》，国家划定生态保护红线，实行严格保护的是（　　）。（2017 年考题）

A. 人文遗迹　　　　　　　　　　B. 生态功能区

C. 水源涵养区　　　　　　　　　D. 生态环境敏感区和脆弱区

8. 根据《环境保护法》，下列矿区开发环境保护的做法中，错误的是（　　）。（2017 年考题）

A. 制订生态安全保障计划，组织实施

B. 加强绿化，矿区直接引进并遍植松树

C. 依照资源分布情况，制订合理开发计划

D. 依法制定有关生态保护和恢复治理方案，并予以实施

9. 某新建轮胎制造企业，经批准的环境影响评价文件要求车间配备废气收集与处理装置。根据《环境保护法》，下列说法中正确的是（　　）。（2017 年考题）

A. 废气处理装置与主体工程同时投产使用

B. 主体工程设计完成后，有针对性地开展废气处理装置设计

C. 根据实际生产中废气产生情况，企业自行调整了环境影响评价文件要求的废气处理装置

D. 经实测，半成品车间废气收集后可达标排放，企业拆除了环境影响评价文件要求的废气处理装置

10. 根据《环境保护法》重点污染物排放总量控制制度的有关规定，下列说法中，错误的是（　　）。（2017 年考题）

A. 国家实行重点污染物排放总量控制制度

B. 重点污染物排放总量控制指标由国务院下达，省、自治区、直辖市人民政府分解落实

C. 企业事业单位在执行国家和地方污染物排放标准的同时，还应当遵守分解落实到本单位的重点污染物排放总量控制指标

D. 对超过国家重点污染物排放总量控制指标的地区，各级人民政府环境保护主管部门应当暂停审批其新增重点污染物排放总量的建设项目环境影响评价文件

11. 根据《环境保护法》中环境影响评价信息公开和公众参与的有关规定，下列说法中，正确的是（　　）。（2017 年考题）

A. 负责审批建设项目环境影响评价文件的部门发现建设项目未充分征求公众意见的，应当责成环评单位征求公众意见

B. 对依法应当编制环境影响报告书的建设项目，环评单位应当在编制完成后向可能受影响的公众说明情况，充分征求意见

C. 负责审批建设项目环境影响评价文件的部门在收到建设项目环境影响报告书后，除涉及国家秘密和商业秘密的事项外，应当全文公开

D. 负责审批建设项目环境影响评价文件的部门在收到建设项目环境影响报告书后，可依公众申请，公开除涉及国家秘密和商业秘密事项外的全文

12. 根据《环境保护法》，所称环境是指（　　）。（2018 年考题）

A. 各种天然的和经过人工改造的自然因素的总体

B. 影响人类生存和发展的各种天然的自然因素的总体

C. 影响人类生存和发展的各种天然的和经过人工改造的自然因素的总体

D. 影响人类生存和发展的各种天然的和经过人工改造的自然和社会因素的总体

13. 根据《环境保护法》，下列区域中，不属于国家应当划定生态保护红线的区域是（　　）。（2018 年考题）

A. 重点生态功能区　　　　　　　　B. 生态环境脆弱区

C. 生态环境敏感区　　　　　　　　D. 野生动植物自然分布区域

14. 根据《环境保护法》，下列关于建设项目防治污染设施与主体工程"三同时"的说法，正确的是（　　）。（2018 年考题）

A. 防治污染的设施，应当优先设计，优先施工，优先投入使用

B. 防治污染的设施，应当与主体工程同时设计、同时施工、同时投产使用

C. 防治污染的设施，应当与产生污染的设施同时设计、同时施工、同时投入使用

D. 防治污染的设施，应当纳入公用配套工程进行设计、施工，与主体工程同时投入使用

15. 根据《环境保护法》，下列关于排放污染物的企业事业单位和其他生产经营者防治环境污染和危害的说法，错误的是（　　）。（2018 年考题）

A. 应当建立环境保护目标责任制度，明确责任人

B. 严禁通过篡改、伪造监测数据等逃避监管的方式违法排放污染物

C. 严禁通过暗管、渗井、渗坑、灌注等逃避监管的方式违法排放污染物

D. 重点排污单位应当按照国家有关规定和监测规范安装使用监测设备，保证监测设备正常运行，保存原始监测记录

16. 根据《环境保护法》，下列关于建设项目环境影响报告书信息公开和公众参与的说法，正确的是（　　）。（2018 年考题）

A. 环评单位应当在编制时向可能受影响的公众说明情况，充分征求意见

B. 建设单位应当在编制时向可能受影响的公众说明情况，充分征求意见

C. 环评单位应当在编制时向可能受影响的公众及行业专家说明情况，充分征求意见

D. 环评单位或建设单位应当在编制时向可能受影响的公众及行业专家说明情况，充分征求意见

17. 某建设单位未依法进行环境影响评价即擅自开工建设。根据《环境保护法》，下列关于违反环境影响评价相关规定应承担法律责任的说法，正确的是（　　）。（2018 年考题）

A. 由县级以上人民政府环境保护主管部门责令停止建设，限期补办手续，并处以罚款

B. 由负有环境保护监督管理职责的部门责令停止建设，处以罚款，并可以责令恢复原状

C. 由负有该项目环境影响评价文件审批权的环境保护主管部门责令停止建设，限期补办手续，并处以罚款

D. 由负有该项目环境影响评价文件审批权的环境保护主管部门责令停止建设，处以罚款，并责令恢复原状

18. 根据《环境保护法》依法进行环境影响评价的有关规定，下列说法中正确的是（　　）。（2019 年考题）

A. 未依法进行环境影响评价的建设项目，不得开工建设

B. 编制有关开发利用规划，可根据具体情况决定是否进行环境影响评价

C. 只有建设对环境有重大影响的项目，才依法进行环境影响评价

D. 未依法进行环境影响评价的战略发展规划，不得组织实施

19. 根据《环境保护法》开发利用资源的环境保护有关规定，下列说法中错误的是（　　）。（2019 年考题）

A. 开发利用自然资源，应当合理开发，保护生物多样性，保障生态安全

B. 开发利用自然资源，必要时要制定并实施有关生态保护和恢复治理方案

C. 引进外来物种，应当采取措施，防止对生物多样性的破坏

D. 研究、开发和利用生物技术，应当采取措施，防止对生物多样性的破坏

20. 某环境影响评价机构在环境影响评价文件编制中弄虚作假，致使建设项目投产后造成环境污染，根据《环境保护法》，对该环境影响评价机构除依照有关法律法规规定予以处罚外，下列关于该机构环境污染责任的说法中，正确的是（　　）。（2019 年考题）

A. 不承担环境污染的责任

B. 承担环境污染的责任

C. 与造成环境污染的其他责任者分别承担责任

D. 与造成环境污染的其他责任者承担连带责任

21. 根据《环境保护法》，下列说法中，错误的是（　　）。（2019 年考题）

A. 县级以上人民政府应当建立环境污染公共监测预警机制，组织制定预警方案

B. 环境受到污染，可能影响公众健康和环境安全时，县级以上人民政府应当依法及时公布预警信息

C. 企业事业单位制定的突发环境事件应急预案必须报环境保护主管部门和有关部门审核

D. 各级人民政府及其有关部门应当做好突发环境事件的风险控制工作

22. 根据《环境保护法》，关于排放污染物的企业事业单位和其他生产经营者防治环境污染和危害的说法，正确的是（　　）。（2019 年考题）

A. 排放污染物的企业事业单位，应当建立环境保护责任制度

B. 严格限制通过篡改、伪造监测数据等逃避监管的方式违法排放污染物

C. 严格控制通过暗管、渗井、渗坑、灌注等逃避监管的方式违法排放污染物

D. 排放污染物的企业事业单位应当按照国家有关规定和监测规范安装使用监测设备

23. 根据《环境保护法》，环境保护坚持的原则包括保护优先、预防为主、（　　）。（2020 年、2021 年考题）

A. 综合治理、公众参与　　　　　　B. 综合治理、公众参与、损害担责

C. 节约优先、自然恢复、公众参与　　D. 科学治理、公众参与

24. 根据《环境保护法》，下列关于开发利用自然资源的环境保护规定的有关说法，错误的是（　　）。（2020 年考题）

A. 应当合理开发，保护生物多样性，保障生态安全

B. 引进外来物种，应当采取措施，防止对生物多样性的破坏

C. 优先引进国际先进生物技术，促进生物多样性的开发利用

D. 开发利用自然资源，应当依法制定有关生态保护和恢复治理方案并予以实施

25. 下列部门中，属于《环境保护法》中规定对农业环境保护承担责任的是

（　　）。（2020年考题）

    A. 各级人民政府   B. 各级生态环境主管部门

    C. 各级涉农行业主管部门   D. 县级、乡级人民政府

26. 根据《环境保护法》，下列关于建设项目防治污染的设施与主体工程"三同时"的说法，正确的是（　　）。（2020年考题）

    A. 防治污染的设施应不断提升和改进，不得擅自拆除或者闲置

    B. 防治污染的设施应纳入公用配套工程的设计、施工，与主体工程同时投产使用

    C. 防治污染的设施，应当与主体工程同时评价、同时建设、同时验收

    D. 防治污染的设施应当符合经批准的环境影响评价文件的要求，不得擅自拆除或者闲置

27. 根据《环境保护法》，下列关于排污许可管理制度的说法，错误的是（　　）。（2020年考题）

    A. 国家依照法律规定实行排污许可管理制度

    B. 排放污染物的企业事业单位，应当申请排污许可证

    C. 实行排污许可管理的企业事业单位和其他生产经营者应当按照排污许可证的要求排放污染物

    D. 未取得排污许可证的，不得排放污染物

28. 某建设单位由于环境影响评价文件质量问题未通过环境主管部门审批，建设单位擅自开工建设，根据《环境保护法》，下列关于该行为应承担法律责任的说法，正确的是（　　）。（2020年考题）

    A. 由负有环境保护监督管理职责的部门责令停止建设，处以罚款，并可以责令恢复原状

    B. 由市级生态环境主管部门责令停止建设，处以罚款，并可以责令恢复原状

    C. 由县级以上生态环境主管部门责令停止建设，处以罚款，并可以责令恢复原状

    D. 由县级以上人民政府环境保护主管部门或者其他有关部门将案件移送公安机关，对其直接负责的主管人员和其他直接责任人员，处十日以上十五日以下拘留

29. 根据《环境保护法》，下列对严重污染环境的工艺、设备和产品的有关说法，错误的是（　　）。（2021年考题）

    A. 国家对严重污染环境的工艺、设备和产品实行淘汰制度

    B. 任何单位和个人不得生产、销售严重污染环境的工艺、设备和产品

    C. 任何个人不得使用严重污染环境的工艺、设备和产品

    D. 禁止引进不符合出口国环境保护规定的技术、设备、材料和产品

30. 根据《环境保护法》，某企业发生了突发环境事件，该企业应采取的措施不包括（　　）。（2021年考题）

A. 立即采取措施处理

B. 向环境保护主管部门和有关部门报告

C. 及时通报可能受到危害的单位和居民

D. 组织评估事件造成的环境影响和损失

31. 某建设单位由于环境影响评价文件质量问题未通过环境主管部门审批，建设单位擅自开工建设，根据《环境保护法》，下列关于该行为应承担法律责任的说法，错误的是（　　）。（2021年考题）

A. 由负有环境保护监督管理职责的部门责令停止建设，处以罚款

B. 由市级以上生态环境行政主管部门对其环境影响评价文件编制单位处以罚款

C. 被责令停止建设，拒不执行的，由县级以上人民政府环境保护主管部门或者其他有关部门将案件移送公安机关

D. 负有环境保护监督管理职责的部门可以责令其恢复原状

二、不定项选择题

1. 根据《环境保护法》，下列规划中，应当依法进行环境影响评价的有（　　）。（2016年考题）

A. 某矿区开发规划　　　　　　B. 某省水资源开发利用规划

C. 某市"十三五"战略发展规划　D. 某省"三年环保整治行动"计划

2. 根据《环境保护法》，开发利用自然资源，应当（　　）。（2016年考题）

A. 保障生态安全

B. 保护生物多样性

C. 加大开发力度，提高开发效率

D. 依法制定有关生态保护和恢复治理方案并予以实施

3. 根据《环境保护法》，建设项目中防治污染的设施（　　）。（2016年考题）

A. 不得擅自拆除　　　　　　　B. 应当与主体工程同时施工

C. 应当先于主体工程投入使用　D. 应当与配套公用工程同时设计

4. 根据《环境保护法》，关于环境影响报告书信息公开和公众参与的规定，下列说法中，正确的有（　　）。（2016年、2021年考题）

A. 环评单位在完成建设项目环境影响报告书后除涉及国家秘密和商业秘密的事项外，应当全文公开

B. 负责审批建设项目环境影响评价文件的部门发现建设项目未充分征求公众意见的，应当责成建设单位征求公众意见

C. 负责审批建设项目环境影响评价文件的部门在收到建设项目环境影响报告书后，除涉及国家秘密和商业秘密的事项外，应当全文公开

D. 负责审批建设项目环境影响评价文件的部门在收到建设项目环境影响评价文件后，除涉及国家秘密和商业秘密的事项外，应当全文公开

5. 根据《环境保护法》，下列说法中，正确的有（　　）。（2017 年考题）

A. 未依法进行环境影响评价的建设项目，不得开工建设

B. 未依法进行环境影响评价的建设项目，不得准予备案

C. 未依法进行环境影响评价的开发利用规划，不得组织实施

D. 未依法进行环境影响评价的战略发展规划，不得组织实施

6. 根据《环境保护法》，重点排污单位应当按照国家有关规定和监测规范（　　）。（2017 年考题）

A. 安装使用监测设备

B. 保存原始监测记录

C. 保证监测设备正常运行

D. 建立环境保护责任制度，明确操作人员的责任

7. 根据《环境保护法》排污许可管理制度的有关规定，下列说法中，正确的有（　　）。（2017 年考题）

A. 国家依照法律规定实行排污许可管理制度

B. 实行排污许可管理的企业事业单位应当按照排污许可证的要求排放污染物

C. 实行排污许可管理的其他生产经营者应当按照排污许可证的要求排放污染物

D. 对实行排污许可管理的企业事业单位和其他生产经营者，未取得排污许可证的，不得排放污染物

8. 根据《环境保护法》，下列区域中，属于由国家划定生态保护红线，实行严格保护的有（　　）。（2018 年考题）

A. 风景名胜区 　　　　　　　　　B. 重点生态功能区

C. 重要生态功能屏障区 　　　　　D. 生态环境敏感区和脆弱区

9. 根据《环境保护法》，下列关于重点污染物排放总量控制的说法，正确的有（　　）。（2018 年考题）

A. 国家实行重点污染物排放总量控制制度

B. 总量控制指标由国务院环境保护主管部门下达，省、自治区、直辖市人民政府分解落实

C. 企业事业单位在执行国家和地方污染物排放标准的同时，还应当遵守分解落实到本单位的重点污染物排放总量控制指标

D. 对未完成国家确定的环境质量目标的地区，省级以上人民政府环境保护主管部门应当暂停审批其新增重点污染物排放总量的建设项目环境影响评价文件

10. 根据《环境保护法》，下列关于突发环境事件有关规定的说法，正确的有

（   ）。（2018 年考题）

  A. 企业事业单位应当依照《突发事件应对法》的规定，做好突发环境事件的风险控制、应急准备、应急处置和事后恢复等工作

  B. 企业事业单位应当按照国家有关规定制定突发环境事件应急预案，报环境保护主管部门和有关部门备案

  C. 在发生或者可能发生突发环境事件时，企业事业单位应当立即采取措施处理，及时通报可能受到危害的单位和居民，并向环境保护主管部门和有关部门报告

  D. 突发环境事件应急处置工作结束后，有关人民政府环境保护主管部门应当立即组织评估事件造成的环境影响和损失，并及时将评估结果向社会公布

11. 根据《环境保护法》，下列关于农业生产经营环境保护有关规定的说法，正确的有（   ）。（2018 年考题）

  A. 县级人民政府负责规划、建设畜禽尸体集中处置设施

  B. 各级人民政府应当在财政预算中安排资金，支持畜禽养殖和屠宰污染防治等环境保护工作

  C. 畜禽养殖场、养殖小区、定点屠宰企业等的选址、建设和管理应当符合有关法律法规规定

  D. 从事畜禽养殖和屠宰的单位和个人应当采取措施，对畜禽粪便、尸体和污水等废弃物进行科学处置，防止污染环境

12. 某建设项目未依法进行环境影响评价，根据《环境保护法》，该项目不得（   ）。（2018 年考题）

  A. 开工建设 B. 开展施工准备 C. 予以备案或核准 D. 开展初步设计审查

13. 根据《环境保护法》，关于农业、农村环境的保护，下列说法中，错误的是（   ）。（2019 年考题）

  A. 各级人民政府应当提高农村环境保护公共服务水平，推动农村环境综合整治

  B. 各级人民政府应当加强对农业环境的保护，促进农业环境保护新技术的使用

  C. 各级人民政府应当负责组织农村生活废弃物的处置工作

  D. 各级人民政府应当统筹城乡建设污水处理设施及配套管网

14. 根据《环境保护法》，下列关于依法进行环境影响评价有关规定的说法，正确的有（   ）。（2020 年考题）

  A. 未依法进行环境影响评价的建设项目，不得开工建设

  B. 未依法进行环境影响评价的战略规划，不得组织实施

  C. 未依法进行环境影响评价的开发利用规划，不得组织实施

  D. 建设项目应当进行环境影响评价

15. 根据《环境保护法》，下列现象中，属于生态失调现象的有（   ）。（2020

年考题）

　　A. 植被破坏 　　　　　　　　　　B. 水土流失

　　C. 水源枯竭 　　　　　　　　　　D. 水体富营养化

16. 根据《环境保护法》，下列区域中，属于各级人民政府应当采取措施予以保护，严禁破坏的有（　　　）。（2021 年考题）

　　A. 重要的水源涵养区域 　　　　　　B. 溶洞发育区

　　C. 濒危的野生动植物自然分布区域 　D. 具有科学文化价值的地质构造

17. 根据《环境保护法》，以下属于通过逃避监管的方式违法排放污染物的行为有（　　　）。（2021 年考题）

　　A. 通过高压灌注向地下排放污染物 　B. 删除在线监测设备异常、超标数据

　　C. 初期雨水通过暗管直接排入地表水体 D. 超出排放标准排放污染物

18. 根据《环境保护法》，以下关于农田环境保护的说法中，错误的有（　　　）。（2021 年考题）

　　A. 禁止使用含重金属的农药

　　B. 禁止将畜禽养殖场粪污直接施入农田

　　C. 禁止将城镇生活污水处理厂污泥施入农田

　　D. 禁止将城镇生活污水处理厂出水排入农田灌溉渠道

参考答案

一、单项选择题

1. C 　【解析】第十九条："编制有关开发利用规划，建设对环境有影响的项目，应当依法进行环境影响评价。"

2. A 　【解析】第二十九条："各级人民政府对具有代表性的各种类型的自然生态系统区域，珍稀、濒危的野生动植物自然分布区域，重要的水源涵养区域，具有重大科学文化价值的地质构造、著名溶洞和化石分布区、冰川、火山、温泉等自然遗迹，以及人文遗迹、古树名木，应当采取措施予以保护，严禁破坏。"

3. B 　【解析】第三十三条："县级、乡级人民政府应当提高农村环境保护公共服务水平，推动农村环境综合整治。"

4. A 　【解析】"第四十一条　建设项目中防治污染的设施，应当与主体工程同时设计、同时施工、同时投产使用。防治污染的设施应当符合经批准的环境影响评价文件的要求，不得擅自拆除或者闲置。"

5. C 　【解析】第四十二条："重点排污单位应当按照国家有关规定和监测规

范安装使用监测设备，保证监测设备正常运行，保存原始监测记录。"

6．C　【解析】"第四十五条　国家依照法律规定实行排污许可管理制度。实行排污许可管理的企业事业单位和其他生产经营者应当按照排污许可证的要求排放污染物；未取得排污许可证的，不得排放污染物。"并不是所有的企业事业单位和其他生产经营者都需要申请排污许可证。

7．D　【解析】第二十九条："国家在重点生态功能区、生态环境敏感区和脆弱区等区域划定生态保护红线，实行严格保护。"

8．B　【解析】第三十条："开发利用自然资源，应当合理开发，保护生物多样性，保障生态安全，依法制定有关生态保护和恢复治理方案并予以实施。"

9．A　【解析】"第四十一条　建设项目中防治污染的设施，应当与主体工程同时设计、同时施工、同时投产使用。防治污染的设施应当符合经批准的环境影响评价文件的要求，不得擅自拆除或者闲置。"

10．D　【解析】第四十四条："对超过国家重点污染物排放总量控制指标或者未完成国家确定的环境质量目标的地区，省级以上人民政府环境保护主管部门应当暂停审批其新增重点污染物排放总量的建设项目环境影响评价文件。"

11．C　【解析】第五十六条："负责审批建设项目环境影响评价文件的部门在收到建设项目环境影响报告书后，除涉及国家秘密和商业秘密的事项外，应当全文公开；发现建设项目未充分征求公众意见的，应当责成建设单位征求公众意见。"

12．C　【解析】第二条："本法所称环境，是指影响人类生存和发展的各种天然的和经过人工改造的自然因素的总体"。

13．D　【解析】第二十九条："国家在重点生态功能区、生态环境敏感区和脆弱区等区域划定生态保护红线，实行严格保护。"

14．B　【解析】第四十一条："建设项目中防治污染的设施，应当与主体工程同时设计、同时施工、同时投产使用。"

15．A　【解析】第四十二条："排放污染物的企业事业单位，应当建立环境保护责任制度，明确单位负责人和相关人员的责任。重点排污单位应当按照国家有关规定和监测规范安装使用监测设备，保证监测设备正常运行，保存原始监测记录。严禁通过暗管、渗井、渗坑、灌注或者篡改、伪造监测数据，或者不正常运行防治污染设施等逃避监管的方式违法排放污染物。"

16．B　【解析】第五十六条："对依法应当编制环境影响报告书的建设项目，建设单位应当在编制时向可能受影响的公众说明情况，充分征求意见。"

17．B　【解析】"第六十一条　建设单位未依法提交建设项目环境影响评价文件或者环境影响评价文件未经批准，擅自开工建设的，由负有环境保护监督管理职责的部门责令停止建设，处以罚款，并可以责令恢复原状。"

18．A　【解析】"第十九条　编制有关开发利用规划，建设对环境有影响的项目，应当依法进行环境影响评价。未依法进行环境影响评价的开发利用规划，不得组织实施；未依法进行环境影响评价的建设项目，不得开工建设。"

19．B　【解析】"第三十条　开发利用自然资源，应当合理开发，保护生物多样性，保障生态安全，依法制定有关生态保护和恢复治理方案并予以实施。引进外来物种以及研究、开发和利用生物技术，应当采取措施，防止对生物多样性的破坏。"

20．D　【解析】"第六十五条　环境影响评价机构、环境监测机构以及从事环境监测设备和防治污染设施维护、运营的机构，在有关环境服务活动中弄虚作假，对造成的环境污染和生态破坏负有责任的，除依照有关法律法规规定予以处罚外，还应当与造成环境污染和生态破坏的其他责任者承担连带责任。"

21．C　【解析】第四十七条："各级人民政府及其有关部门和企业事业单位，应当依照《中华人民共和国突发事件应对法》的规定，做好突发环境事件的风险控制、应急准备、应急处置和事后恢复等工作。县级以上人民政府应当建立环境污染公共监测预警机制，组织制定预警方案；环境受到污染，可能影响公众健康和环境安全时，依法及时公布预警信息，启动应急措施。企业事业单位应当按照国家有关规定制定突发环境事件应急预案，报环境保护主管部门和有关部门备案。"

22．A　【解析】第四十二条："排放污染物的企业事业单位，应当建立环境保护责任制度，明确单位负责人和相关人员的责任。重点排污单位应当按照国家有关规定和监测规范安装使用监测设备，保证监测设备正常运行，保存原始监测记录。严禁通过暗管、渗井、渗坑、灌注或者篡改、伪造监测数据，或者不正常运行防治污染设施等逃避监管的方式违法排放污染物。"

23．B　【解析】"第五条　环境保护坚持保护优先、预防为主、综合治理、公众参与、损害担责的原则。"

24．C　【解析】"第三十条　开发利用自然资源，应当合理开发，保护生物多样性，保障生态安全，依法制定有关生态保护和恢复治理方案并予以实施。引进外来物种以及研究、开发和利用生物技术，应当采取措施，防止对生物多样性的破坏。"

25．A　【解析】"第三十三条　各级人民政府应当加强对农业环境的保护，促进农业环境保护新技术的使用，加强对农业污染源的监测预警，统筹有关部门采取措施，防治土壤污染和土地沙化、盐渍化、贫瘠化、石漠化、地面沉降以及防治植被破坏、水土流失、水体富营养化、水源枯竭、种源灭绝等生态失调现象，推广植物病虫害的综合防治。县级、乡级人民政府应当提高农村环境保护公共服务水平，推动农村环境综合整治。"

26．D　【解析】"第四十一条　建设项目中防治污染的设施，应当与主体工程同时设计、同时施工、同时投产使用。防治污染的设施应当符合经批准的环境影响评价文件的要求，不得擅自拆除或者闲置。"

27．B　【解析】"第四十五条　国家依照法律规定实行排污许可管理制度。实行排污许可管理的企业事业单位和其他生产经营者应当按照排污许可证的要求排放污染物；未取得排污许可证的，不得排放污染物。"

28．A　【解析】"第六十一条　建设单位未依法提交建设项目环境影响评价文件或者环境影响评价文件未经批准，擅自开工建设的，由负有环境保护监督管理职责的部门责令停止建设，处以罚款，并可以责令恢复原状。"

29．D　【解析】"第四十六条　国家对严重污染环境的工艺、设备和产品实行淘汰制度。任何单位和个人不得生产、销售或者转移、使用严重污染环境的工艺、设备和产品。禁止引进不符合我国环境保护规定的技术、设备、材料和产品。"

30．D　【解析】第四十七条："突发环境事件应急处置工作结束后，有关人民政府应当立即组织评估事件造成的环境影响和损失，并及时将评估结果向社会公布。"该项工作应由政府组织完成。

31．B　【解析】"第六十一条　建设单位未依法提交建设项目环境影响评价文件或者环境影响评价文件未经批准，擅自开工建设的，由负有环境保护监督管理职责的部门责令停止建设，处以罚款，并可以责令恢复原状。"

第六十三条："企业事业单位和其他生产经营者有下列行为之一，尚不构成犯罪的，除依照有关法律法规规定予以处罚外，由县级以上人民政府环境保护主管部门或者其他有关部门将案件移送公安机关，对其直接负责的主管人员和其他直接责任人员，处十日以上十五日以下拘留；情节较轻的，处五日以上十日以下拘留：
（一）建设项目未依法进行环境影响评价，被责令停止建设，拒不执行的"。

二、不定项选择题

1．AB　【解析】第十九条："编制有关开发利用规划，建设对环境有影响的项目，应当依法进行环境影响评价。"

2．ABD　【解析】第三十条："开发利用自然资源，应当合理开发，保护生物多样性，保障生态安全，依法制定有关生态保护和恢复治理方案并予以实施。"

3．AB　【解析】"四十一条　建设项目中防治污染的设施，应当与主体工程同时设计、同时施工、同时投产使用。防治污染的设施应当符合经批准的环境影响评价文件的要求，不得擅自拆除或者闲置。"

4．BC　【解析】"第五十六条　对依法应当编制环境影响报告书的建设项目，建设单位应当在编制时向可能受影响的公众说明情况，充分征求意见。负责审批建设项目环境影响评价文件的部门在收到建设项目环境影响报告书后，除涉及国家秘密和商业秘密的事项外，应当全文公开；发现建设项目未充分征求公众意见的，应当责成建设单位征求公众意见。"

5. AC　【解析】第十九条："未依法进行环境影响评价的开发利用规划，不得组织实施；未依法进行环境影响评价的建设项目，不得开工建设。"

6. ABC　【解析】第四十二条："排放污染物的企业事业单位，应当建立环境保护责任制度，明确单位负责人和相关人员的责任。重点排污单位应当按照国家有关规定和监测规范安装使用监测设备，保证监测设备正常运行，保存原始监测记录。"

7. ABCD　【解析】"第四十五条　国家依照法律规定实行排污许可管理制度。实行排污许可管理的企业事业单位和其他生产经营者应当按照排污许可证的要求排放污染物；未取得排污许可证的，不得排放污染物。"

8. BD　【解析】第二十九条："国家在重点生态功能区、生态环境敏感区和脆弱区等区域划定生态保护红线，实行严格保护。"

9. ACD　【解析】"第四十四条　国家实行重点污染物排放总量控制制度。重点污染物排放总量控制指标由国务院下达，省、自治区、直辖市人民政府分解落实。企业事业单位在执行国家和地方污染物排放标准的同时，应当遵守分解落实到本单位的重点污染物排放总量控制指标。对超过国家重点污染物排放总量控制指标或者未完成国家确定的环境质量目标的地区，省级以上人民政府环境保护主管部门应当暂停审批其新增重点污染物排放总量的建设项目环境影响评价文件。"

10. ABC　【解析】第四十七条："各级人民政府及其有关部门和企业事业单位，应当依照《中华人民共和国突发事件应对法》的规定，做好突发环境事件的风险控制、应急准备、应急处置和事后恢复等工作。企业事业单位应当按照国家有关规定制定突发环境事件应急预案，报环境保护主管部门和有关部门备案。在发生或者可能发生突发环境事件时，企业事业单位应当立即采取措施处理，及时通报可能受到危害的单位和居民，并向环境保护主管部门和有关部门报告。突发环境事件应急处置工作结束后，有关人民政府应当立即组织评估事件造成的环境影响和损失，并及时将评估结果向社会公布。"

11. BCD　【解析】第四十九条："畜禽养殖场、养殖小区、定点屠宰企业等的选址、建设和管理应当符合有关法律法规规定。从事畜禽养殖和屠宰的单位和个人应当采取措施，对畜禽粪便、尸体和污水等废弃物进行科学处置，防止污染环境。"

"第五十条　各级人民政府应当在财政预算中安排资金，支持农村饮用水水源地保护、生活污水和其他废弃物处理、畜禽养殖和屠宰污染防治、土壤污染防治和农村工矿污染治理等环境保护工作。"

12. A　【解析】第十九条："未依法进行环境影响评价的开发利用规划，不得组织实施；未依法进行环境影响评价的建设项目，不得开工建设。"

13．AC 【解析】"第三十三条　各级人民政府应当加强对农业环境的保护，促进农业环境保护新技术的使用，加强对农业污染源的监测预警，统筹有关部门采取措施，防治土壤污染和土地沙化、盐渍化、贫瘠化、石漠化、地面沉降以及防治植被破坏、水土流失、水体富营养化、水源枯竭、种源灭绝等生态失调现象，推广植物病虫害的综合防治。县级、乡级人民政府应当提高农村环境保护公共服务水平，推动农村环境综合整治。"

第四十九条："县级人民政府负责组织农村生活废弃物的处置工作。"

"第五十一条　各级人民政府应当统筹城乡建设污水处理设施及配套管网，固体废物的收集、运输和处置等环境卫生设施，危险废物集中处置设施、场所以及其他环境保护公共设施，并保障其正常运行。"

14．AC 【解析】"第十九条　编制有关开发利用规划，建设对环境有影响的项目，应当依法进行环境影响评价。未依法进行环境影响评价的开发利用规划，不得组织实施；未依法进行环境影响评价的建设项目，不得开工建设。"

15．ABCD 【解析】第三十三条："各级人民政府应当加强对农业环境的保护，促进农业环境保护新技术的使用，加强对农业污染源的监测预警，统筹有关部门采取措施，防治土壤污染和土地沙化、盐渍化、贫瘠化、石漠化、地面沉降以及防治植被破坏、水土流失、水体富营养化、水源枯竭、种源灭绝等生态失调现象，推广植物病虫害的综合防治。"

16．AC 【解析】第二十九条："各级人民政府对具有代表性的各种类型的自然生态系统区域，珍稀、濒危的野生动植物自然分布区域，重要的水源涵养区域，具有重大科学文化价值的地质构造、著名溶洞和化石分布区、冰川、火山、温泉等自然遗迹，以及人文遗迹、古树名木，应当采取措施予以保护，严禁破坏。"

17．ABC 【解析】第四十二条："严禁通过暗管、渗井、渗坑、灌注或者篡改、伪造监测数据，或者不正常运行防治污染设施等逃避监管的方式违法排放污染物。"

18．ABCD 【解析】第四十九条："各级人民政府及其农业等有关部门和机构应当指导农业生产经营者科学种植和养殖，科学合理施用农药、化肥等农业投入品，科学处置农用薄膜、农作物秸秆等农业废弃物，防止农业面源污染。禁止将不符合农用标准和环境保护标准的固体废物、废水施入农田。施用农药、化肥等农业投入品及进行灌溉，应当采取措施，防止重金属和其他有毒有害物质污染环境。畜禽养殖场、养殖小区、定点屠宰企业等的选址、建设和管理应当符合有关法律法规规定。从事畜禽养殖和屠宰的单位和个人应当采取措施，对畜禽粪便、尸体和污水等废弃物进行科学处置，防止污染环境。"因此，所有选项都不属于禁止行为。

二、《环境影响评价法》

一、单项选择题

1. 根据《环境影响评价法》，下列说法正确的是（   ）。（2016 年考题）

A. 建设项目可能造成很小环境影响的，应当填报环境影响登记表

B. 建设项目可能造成轻度环境影响的，应当编制环境影响报告表，对产生的环境影响进行分析或者专项评价

C. 建设项目可能造成重大环境影响的，应当编制环境影响报告书，对产生的环境影响进行全面分析或评价

D. 建设项目可能造成重大环境影响的，应当编制环境影响报告表，对产生的环境影响进行分析或专项评价

2. 根据《环境影响评价法》，国家根据建设项目对环境影响的（   ），对建设项目的环境影响实行分类管理。（2016 年、2021 年考题）

A. 影响范围 　　　　　　　　　B. 影响程度

C. 影响类别 　　　　　　　　　D. 影响因子

3. 根据《环境影响评价法》，审批部门应当自收到环境影响报告书之日起（   ）日内，作出审批决定并书面通知建设单位。（2016 年考题）

A. 15 　　　　B. 30 　　　　C. 60 　　　　D. 45

4. 根据《环境影响评价法》，环境影响评价必须（   ），综合考虑规划或者建设项目实施后对各种环境因素及其所构成的生态系统可能造成的影响，为决策提供科学依据。（2017 年考题）

A. 客观、公开、公平 　　　　　B. 客观、公开、公正

C. 客观、公正、公平 　　　　　D. 公开、公正、公平

5. 根据《环境影响评价法》，该法所称环境影响评价是指（   ）。（2018 年考题）

A. 对规划和建设项目实施后可能造成的环境影响进行分析、预测和评估，提出预防或者减轻不良环境影响的对策和措施的方法与制度

B. 对规划和建设项目实施后可能造成的环境、社会影响进行分析、预测和评估，

提出预防或者减轻不良影响的对策和措施的方法与制度

C. 对规划和建设项目实施后可能造成的环境影响进行分析、预测和评估，提出预防或者减轻不良环境影响的对策和措施，进行跟踪监测的方法与制度

D. 对规划和建设项目实施后可能造成的环境、社会影响进行分析、预测和评估，提出预防或者减轻不良影响的对策和措施，进行跟踪监测或评估的方法与制度

6. 根据《环境影响评价法》，下列由国务院有关部门、设区的市级以上地方人民政府及其有关部门组织编制的规划中，属于应当组织进行环境影响评价，并向规划审批机关提出环境影响报告书的是（　　　）。（2018 年考题）

A. 土地利用的有关规划

B. 工业、农业、畜牧业专项规划

C. 文化、旅游、城市建设有关的专项规划

D. 区域、流域、海域的建设、开发利用规划

7. 根据《环境影响评价法》，关于建设项目环境影响评价分类管理的说法，正确的是（　　　）。（2018 年考题）

A. 建设项目的环境影响评价分类管理名录，由国务院制定并公布

B. 对环境影响很小、需要进行环境影响评价的项目，应当填报环境影响登记表

C. 可能造成轻度环境影响的建设项目，应当编制环境影响报告表，对产生的环境影响进行专项评价

D. 可能造成重大环境影响的建设项目，应当编制环境影响报告书，对产生的环境影响进行全面评价

8. 根据《环境影响评价法》，下列规划中，属于应当在规划编制过程中组织进行环境影响评价，编写环境影响篇章或者说明的是（　　　）。（2019 年考题）

A. 地方铁路建设规划

B. 某地区城际铁路网建设规划

C. 设区的市级以上矿产资源开发利用规划

D. 设区的市级以上矿产资源勘查规划

9. 根据《环境影响评价法》，建设项目环境影响报告表存在环境影响评价结论不合理等严重质量问题的，（　　　）。（2019 年考题）

A. 编制主持人三年内禁止从事环境影响报告书编制工作

B. 主要编制人员终身禁止从事环境影响报告表编制工作

C. 上述行为若构成犯罪，要依法追究编制主持人刑事责任，并五年内禁止从事环境影响报告书、环境影响报告表编制工作

D. 上述行为若构成犯罪，要依法追究编制主持人和主要编制人员刑事责任，并终身禁止从事环境影响报告书、环境影响报告表编制工作

10. 某建设项目环境影响评价文件在 2018 年 9 月获得甲省生态环境主管部门批复，2019 年 1 月，建设单位决心改变原生产工艺，采用新的生产工艺，按相关规定属于生产工艺发生重大变动，此时该类型项目的环境影响评价文件审批权限已调整下放到乙市生态环境主管部门。根据《环境影响评价法》，下列说法中，正确的是（　　）。（2019 年考题）

A. 该环境影响评价文件原批复有效，无须再次报批

B. 该环境影响评价文件应报甲省生态环境主管部门重新审批

C. 该环境影响评价文件应报乙市生态环境主管部门重新审批

D. 该环境影响评价文件应报甲省生态环境主管部门重新审核

11. 根据《环境影响评价法》，建设项目的环境影响报告书应当包括的内容有（　　）。（2019 年考题）

A. 工程分析
B. 环境风险评价
C. 清洁生产和循环经济分析
D. 对建设项目实施环境监测的建议

12. 根据《环境影响评价法》，下列关于跟踪评价的说法，错误的是（　　）。（2019 年考题）

A. 跟踪评价的对象是对环境有重大影响的规划

B. 组织进行跟踪评价的主体是环境影响评价机构

C. 跟踪评价的时间是对环境有重大影响的规划实施后

D. 跟踪评价结果报告该规划的原审批机关

13. 根据《环境影响评价法》，下列设区的市级以上地方人民政府及其有关部门组织编制的规划中，属于应当编制环境影响报告书的是（　　）。（2020 年考题）

A. 城镇体系规划
B. 土地利用规划
C. 种植业发展规划
D. 水利指导性规划

14. 根据《环境影响评价法》，下列评价内容中，不属于建设项目环境影响报告书中应当包括的内容是（　　）。（2020 年考题）

A. 建设项目周围环境现状

B. 建设项目对环境影响的经济损益分析

C. 对建设项目实施环境监测的建议

D. 建设项目跟踪评价及环境保护措施的论证

15. 根据《环境影响评价法》，下列情形中，属于应当重新报批建设项目环境影响评价文件的是（　　）。（2020 年考题）

A. 建设项目的规模发生变动

B. 建设项目的环境影响评价文件自批准之日起超过五年

C. 建设项目的地点发生重大变动

D. 建设单位发生变动

二、不定项选择题

1. 根据《环境影响评价法》，环境影响评价必须（　　）。（2016 年考题）

A. 客观、公开、公正

B. 促进社会可持续发展

C. 为决策提供科学依据

D. 综合考虑规划或者建设项目实施后对各种环境因素及其所构成的生态系统可能造成的影响

2. 根据《环境影响评价法》，下列规划中，应当在规划编制过程中编写环境影响篇章或者说明的有（　　）。（2016 年考题）

A. 全国防洪规划

B. 省级内河航运规划

C. 民用机场总体规划

D. 油（气）田总体开发方案

3. 根据《环境影响评价法》，应当编制规划环境影响报告书的规划有（　　）。（2017 年考题）

A. 全国港口布局规划

B. 某省跨流域调水规划

C. 某省海域开发利用规划

D. 油（气）田总体开发方案

4. 根据《环境影响评价法》环境影响评价分类管理的有关规定，下列说法中，正确的是（　　）。（2017 年考题）

A. 建设项目对环境可能造成轻度影响的，应当编制环境影响报告表

B. 建设项目对环境可能造成中度影响的，应当编制环境影响报告表

C. 建设项目对环境可能造成重大影响的，应当编制环境影响报告书

D. 建设项目对环境影响很小，不需要进行环境影响评价的，应当填报环境影响评价登记表

5. 根据《环境影响评价法》，在项目建设运行过程中产生不符合经审批的环境影响评价文件的情形的，下列说法中，正确的有（　　）。（2017 年考题）

A. 建设单位应当组织环境影响的后评价，采取改进措施

B. 原环评单位应当组织环境影响的后评价，采取改进措施

C. 建设单位的上级主管部门可以责成建设单位进行环境影响的后评价，采取改进措施

D. 原环境影响评价文件审批部门可以责成建设单位进行环境影响的后评价，采取改进措施

6. 根据《环境影响评价法》，下列内容中，属于建设项目环境影响报告书应当包括的内容有（　　）。（2018 年考题）

A．公众参与 　　　　　　　　　B．环境风险评价

C．建设项目周围环境现状 　　　D．建设项目环境保护措施及其技术、经济论证

7．根据《环境影响评价法》，下列关于建设项目环境影响报告书（表）存在严重质量问题的法律责任的说法，错误的有（　　）。（2020 年考题）

A．对建设单位处一百万元以上二百万元以下的罚款

B．对接受委托编制环境影响评价文件的技术单位处所收费用三倍以上五倍以下的罚款

C．将接受委托编制环境影响评价文件的技术单位纳入征信黑名单

D．编制主持人和主要编制人员五年内禁止从事环境影响报告书、环境影响报告表编制工作

参考答案

一、单项选择题

1．B　【解析】第十六条：“（一）可能造成重大环境影响的，应当编制环境影响报告书，对产生的环境影响进行全面评价；（二）可能造成轻度环境影响的，应当编制环境影响报告表，对产生的环境影响进行分析或者专项评价；（三）对环境影响很小、不需要进行环境影响评价的，应当填报环境影响登记表。”

2．B　【解析】第十六条：“国家根据建设项目对环境的影响程度，对建设项目的环境影响评价实行分类管理。”

3．C　【解析】第二十二条：“审批部门应当自收到环境影响报告书之日起六十日内，收到环境影响报告表之日起三十日内，分别作出审批决定并书面通知建设单位。”

4．B　【解析】“第四条　环境影响评价必须客观、公开、公正，综合考虑规划或者建设项目实施后对各种环境因素及其所构成的生态系统可能造成的影响，为决策提供科学依据。”

5．C　【解析】“第二条　本法所称环境影响评价，是指对规划和建设项目实施后可能造成的环境影响进行分析、预测和评估，提出预防或者减轻不良环境影响的对策和措施，进行跟踪监测的方法与制度。”

6．B　【解析】环发〔2004〕98 号文件中关于《编制环境影响报告书的规划的具体范围（试行）》第一类：工业的有关专项规划；第二类：农业的有关专项规划；第三类：畜牧业的有关专项规划。

7．D　【解析】“第十六条　国家根据建设项目对环境的影响程度，对建设项

目的环境影响评价实行分类管理。建设单位应当按照下列规定组织编制环境影响报告书、环境影响报告表或者填报环境影响登记表（以下统称环境影响评价文件）：（一）可能造成重大环境影响的，应当编制环境影响报告书，对产生的环境影响进行全面评价；（二）可能造成轻度环境影响的，应当编制环境影响报告表，对产生的环境影响进行分析或者专项评价；（三）对环境影响很小、不需要进行环境影响评价的，应当填报环境影响登记表。建设项目的环境影响评价分类管理名录，由国务院生态环境主管部门制定并公布。"

8．D 【解析】环发〔2004〕98号文件中关于《编制环境影响篇章或说明的规划的具体范围（试行）》第十三类：自然资源开发指导性专项规划，包括设区的市级以上矿产资源勘查规划。

9．D 【解析】第三十二条："编制单位有本条第一款、第二款规定的违法行为的，编制主持人和主要编制人员五年内禁止从事环境影响报告书、环境影响报告表编制工作；构成犯罪的，依法追究刑事责任，并终身禁止从事环境影响报告书、环境影响报告表编制工作。"

10．C 【解析】第二十四条："建设项目的环境影响评价文件经批准后，建设项目的性质、规模、地点、采用的生产工艺或者防治污染、防止生态破坏的措施发生重大变动的，建设单位应当重新报批建设项目的环境影响评价文件。"

《环境保护部办公厅关于建设项目重大变动环境影响评价文件审批权限的复函》（环办函〔2015〕1242号）规定：建设项目的环境影响评价文件经批准后，建设项目的性质、规模、地点、采用的生产工艺或者防治污染、防止生态破坏的措施发生重大变动的，建设单位应当按现行分级审批规定，向有审批权的环境保护部门报批项目重大变动环境影响评价文件。

11．D 【解析】"第十七条 建设项目的环境影响报告书应当包括下列内容：（一）建设项目概况；（二）建设项目周围环境现状；（三）建设项目对环境可能造成影响的分析、预测和评估；（四）建设项目环境保护措施及其技术、经济论证；（五）建设项目对环境影响的经济损益分析；（六）对建设项目实施环境监测的建议；（七）环境影响评价的结论。"

12．B 【解析】"第十五条 对环境有重大影响的规划实施后，编制机关应当及时组织环境影响的跟踪评价，并将评价结果报告审批机关；发现有明显不良环境影响的，应当及时提出改进措施。"

13．C 【解析】"第八条 国务院有关部门、设区的市级以上地方人民政府及其有关部门，对其组织编制的工业、农业、畜牧业、林业、能源、水利、交通、城市建设、旅游、自然资源开发的有关专项规划（以下简称专项规划），应当在该专项规划草案上报审批前，组织进行环境影响评价，并向审批该专项规划的机关提出环境影响报告书。前款所列专项规划中的指导性规划，按照本法第七条的规定进行环境影响评价。"

14．D　【解析】"第十七条　建设项目的环境影响报告书应当包括下列内容：（一）建设项目概况；（二）建设项目周围环境现状；（三）建设项目对环境可能造成影响的分析、预测和评估；（四）建设项目环境保护措施及其技术、经济论证；（五）建设项目对环境影响的经济损益分析；（六）对建设项目实施环境监测的建议；（七）环境影响评价的结论。"

15．C　【解析】"第二十四条　建设项目的环境影响评价文件经批准后，建设项目的性质、规模、地点、采用的生产工艺或者防治污染、防止生态破坏的措施发生重大变动的，建设单位应当重新报批建设项目的环境影响评价文件。建设项目的环境影响评价文件自批准之日起超过五年，方决定该项目开工建设的，其环境影响评价文件应当报原审批部门重新审核；原审批部门应当自收到建设项目环境影响评价文件之日起十日内，将审核意见书面通知建设单位。"

二、不定项选择题

1．ACD　【解析】"第四条　环境影响评价必须客观、公开、公正，综合考虑规划或者建设项目实施后对各种环境因素及其所构成的生态系统可能造成的影响，为决策提供科学依据。"

2．AC　【解析】环发〔2004〕98 号文件中关于《编制环境影响篇章或说明的规划的具体范围（试行）》第三类：流域的建设、开发利用规划中第 2 条全国防洪规划；第十类：交通指导性专项规划中第 3 条、民用机场总体规划。

3．BD　【解析】环发〔2004〕98 号文件中关于《编制环境影响报告书的规划的具体范围（试行）》第五类：水利的有关专项规划中第 2 条设区的市级以上跨流域调水规划；第四类：能源的有关专项规划中第 1 条油（气）田总体开发方案。

4．ACD　【解析】第十六条："（一）可能造成重大环境影响的，应当编制环境影响报告书，对产生的环境影响进行全面评价；（二）可能造成轻度环境影响的，应当编制环境影响报告表，对产生的环境影响进行分析或者专项评价；（三）对环境影响很小、不需要进行环境影响评价的，应当填报环境影响登记表。"

5．AD　【解析】"第二十七条　在项目建设、运行过程中产生不符合经审批的环境影响评价文件的情形的，建设单位应当组织环境影响的后评价，采取改进措施，并报原环境影响评价文件审批部门和建设项目审批部门备案；原环境影响评价文件审批部门也可以责成建设单位进行环境影响的后评价，采取改进措施。"

6．CD　【解析】第十七条："建设项目的环境影响报告书应当包括下列内容：（一）建设项目概况；（二）建设项目周围环境现状；（三）建设项目对环境可能造成影响的分析、预测和评估；（四）建设项目环境保护措施及其技术、经济论证；（五）建设项目对环境影响的经济损益分析；（六）对建设项目实施环境监测的建议；（七）环境影响评价的结论。"

7. AC 【解析】"第三十二条　建设项目环境影响报告书、环境影响报告表存在基础资料明显不实，内容存在重大缺陷、遗漏或者虚假，环境影响评价结论不正确或者不合理等严重质量问题的，由设区的市级以上人民政府生态环境主管部门对建设单位处五十万元以上二百万元以下的罚款，并对建设单位的法定代表人、主要负责人、直接负责的主管人员和其他直接责任人员，处五万元以上二十万元以下的罚款。接受委托编制建设项目环境影响报告书、环境影响报告表的技术单位违反国家有关环境影响评价标准和技术规范等规定，致使其编制的建设项目环境影响报告书、环境影响报告表存在基础资料明显不实，内容存在重大缺陷、遗漏或者虚假，环境影响评价结论不正确或者不合理等严重质量问题的，由设区的市级以上人民政府生态环境主管部门对技术单位处所收费用三倍以上五倍以下的罚款；情节严重的，禁止从事环境影响报告书、环境影响报告表编制工作；有违法所得的，没收违法所得。编制单位有本条第一款、第二款规定的违法行为的，编制主持人和主要编制人员五年内禁止从事环境影响报告书、环境影响报告表编制工作；构成犯罪的，依法追究刑事责任，并终身禁止从事环境影响报告书、环境影响报告表编制工作。"

三、规划环境影响评价

一、单项选择题

1. 根据《规划环境影响评价条例》，下列规划中，需要进行环境影响评价的规划是（ ）。（2016年考题）
   - A. 国家经济区规划
   - B. 某县的公共交通规划
   - C. 某县的矿产资源勘查规划
   - D. 某直辖市"十三五"发展规划

2. 根据《规划环境影响评价条例》，下列关于公众参与的说法中，正确的是（ ）。（2016年考题）
   - A. 规划的环境影响篇章或者说明以及环境影响报告书，应当征求公众意见
   - B. 规划编制机关在专项规划批准后，规划环境影响评价文件报审前，应当征求公众意见
   - C. 规划编制机关采取调查问卷、座谈会、论证会、听证会等形式，公开征求有关单位、专家和公众对环境影响报告书的意见
   - D. 规划环境影响评价机构采取调查问卷、座谈会、论证会、听证会等形式，公开征求有关单位、专家和公众对环境影响篇章的意见

3. 根据《规划环境影响评价条例》以及《关于做好矿产资源规划环境影响评价工作的通知》，下列规划中，需编制环境影响报告书的规划是（ ）。（2016年考题）
   - A. 全国地质勘查规划
   - B. 全国矿产资源规划
   - C. 某省稀土资源总体规划
   - D. 某国家规划矿区开发利用规划

4. 某省审批的矿产资源开发利用规划环境影响报告书编制完成后上报审查。根据《规划环境影响评价条例》，该省的下列做法中，正确的是（ ）。（2017年考题）
   - A. 规划审批机关在审批该规划前，召集环境保护主管部门和专家组成审查小组，对环境影响报告书进行审查
   - B. 规划审批机关在审批该规划后，召集环境保护主管部门和专家组成审查小组，对环境影响报告书进行审查
   - C. 环境保护主管部门召集有关部门代表和专家组成审查小组，在该规划审批前，

对环境影响报告书进行审查

    D. 环境保护主管部门召集有关部门代表和专家组成审查小组，在该规划审批后，对环境影响报告书进行审查

5. 根据《规划环境影响评价条例》，规划环境影响报告书审查意见不包括（　　）。（2017 年考题）

    A. 评价方法的适当性

    B. 环境影响评价结论的科学性

    C. 规划优化调整建议的合理性

    D. 预防或减轻不良环境影响的对策和措施的合理性和有效性

6. 根据《关于加强规划环境影响评价与建设项目环境影响评价联动工作的意见》，下列说法中，错误的是（　　）。（2017 年考题）

    A. 对符合规划环评结论及审查要求的建设项目，其环评文件应按照规划环评的意见进行简化

    B. 对于已经完成规划环评主要工作任务的具指导意义的综合规划，可以实施规划环评与规划所包含的项目环评的联动工作

    C. 经审查小组审查发现规划环评没有完成主要工作任务的，应采用适当方式建议有关部门对规划环评进行完善，并经审查小组审查后方能开展联动工作

    D. 按照规划环评结论和审查意见，对于相关项目环评应简化的内容，可采用在项目环评文件中引用规划环评结论，减少环评文件内容或章节等方式实现

7. 根据《关于以改善环境质量为核心加强环境影响评价管理的通知》，强化"三线一单"约束作用，除了环境质量底线、环境准入负面清单外，还应包含（　　）。（2017 年考题）

    A. 生态保护红线，资源利用上线　　　B. 生态保护红线，环境容量上线

    C. 生态空间管控红线，资源利用上线　D. 生态空间管控红线，环境容量上线

8. 根据《规划环境影响评价条例》，下列内容中，不属于环境影响篇章或说明应包括的内容是（　　）。（2018 年考题）

    A. 环境影响评价结论

    B. 预防或者减轻不良环境影响的对策和措施

    C. 规划实施对环境可能造成影响的分析、预测和评估

    D. 资源环境承载能力分析、不良环境影响的分析和预测以及相关规划的环境协调性分析

9. 根据《规划环境影响评价条例》，关于专项规划环境影响报告书审查程序的说法，错误的是（　　）。（2018 年考题）

    A. 审查小组应当递交书面审查意见

B. 审查小组中有关部门代表人数不得少于审查小组总人数的二分之一

C. 参与环境影响报告书编制的专家，不得作为该环境影响报告书审查小组的组员

D. 设区的市级以上人民政府审批的专项规划，在审批前由其环境保护主管部门召集有关部门代表和专家组成审查小组，对环境影响报告书进行审查

10. 根据《规划环境影响评价条例》，下列内容中，规划环境影响报告书审查意见应当包括的是（　　）。（2018年考题）

A. 评价方法的适当性　　　　　　　B. 评价内容的全面性

C. 基础资料、数据的完整性　　　　D. 环境影响分析、预测和评估的客观性

11. 某规划实施过程中产生重大不良环境影响，根据《规划环境影响评价条例》关于规划环境影响跟踪评价有关规定，下列说法正确的是（　　）。（2018年考题）

A. 规划编制机关应当及时提出改进措施、暂停规划实施，向规划审批机关报告

B. 规划编制机关应当及时提出改进措施、暂停规划实施，向环境保护主管部门报告

C. 规划编制机关应当及时提出改进措施，向规划审批机关报告，并通报环境保护等有关部门

D. 规划编制机关应当委托跟踪评价单位提出改进措施，向环境保护主管部门报告，并通报规划审批机关等有关部门

12. 根据《关于加强规划环境影响评价与建设项目环境影响评价联动工作的意见》，下列规划中，属于可以实施规划环评与规划包含的项目环评联动工作的是（　　）。（2018年考题）

A. 未完成规划环评主要工作任务的某渔业发展规划

B. 已完成规划环评主要工作任务的某渔业发展规划

C. 未完成规划环评主要工作任务的某产业园区规划

D. 已完成规划环评主要工作任务的某矿产资源开发规划

13. 根据《关于加强规划环境影响评价与建设项目环境影响评价联动工作的意见》，下列工作任务中，不属于产业园区规划环评应当包括内容是（　　）。（2018年考题）

A. 提出园区污染物排放总量上限要求和环境准入条件

B. 结合城市或区域环境目标提出园区产业发展的负面清单

C. 提出优化产业定位、布局、结构、规模以及重大环境基础设施建设方案的建议

D. 提出避让环境敏感目标和重要生态环境功能区等要求，明确生态环境保护的对策措施

14. 根据《关于规划环境影响评价加强空间管制、总量管控和环境准入的指导意见（试行）》，下列关于空间管制、总量管控和环境准入的说法，错误的是（　　）。（2018年考题）

A. 空间管制、总量管控和环境准入应作为规划环境影响评价成果的重要内容

B. 加强环境准入，是指在符合空间管制和总量管控要求的基础上，提出区域（流域）产业发展的环境准入条件，推动产业转型升级和绿色发展

C. 加强空间管制，是指在明确并保护生态空间的前提下，提出优化生产空间和生活空间的意见和要求，推进构建有利于产业发展的国土空间开发格局

D. 加强总量管控，是指以推进环境质量改善为目标，明确区域流域及重点行业污染物排放总量上限，作为调控区域内产业规模和开发强度的依据

15. 某规划环境影响评价技术机构因弄虚作假，导致其编制的环境影响评价文件严重失实。根据《规划环境影响评价条例》，该技术机构应受到的处罚是（　　　）。（2019 年考题）

A. 构成犯罪的，依法追究刑事责任

B. 处所造成损失的 1 倍以上 3 倍以下罚款

C. 对该环境影响评价项目负责人依法给予处分

D. 由负责审查该环境影响评价文件的环境保护主管部门予以通报

16. 根据《规划环境影响评价条例》以及《关于做好矿产资源规划环境影响评价工作的通知》，下列规划中，需编制环境影响报告书的是（　　　）。（2019 年考题）

A. 省级地质勘查规划　　　　　　　B. 全国矿产资源规划

C. 省级矿产资源总体规划　　　　　D. 设区的市级矿产资源总体规划

17. 根据《规划环境影响评价条例》，对规划进行环境影响评价，应当分析、预测和评估的内容有（　　　）。（2019 年考题）

A. 规划实施可能对环境和人群健康产生的一定时间内的累积影响

B. 规划实施可能对相关区域、流域、海域生态系统产生的整体影响

C. 规划实施可能对社会环境、生态环境、人群健康产生的累积影响

D. 规划实施的经济效益、社会效益、环境效益与生态效益之间以及当前利益与长远利益之间的关系

18. 根据《关于开展规划环境影响评价会商的指导意见（试行）》（环发〔2015〕179 号），（　　　）是依法组织开展规划环境影响评价会商的主体。（2019 年考题）

A. 规划编制机关

B. 规划审批机关

C. 规划环境影响涉及的省（区、市）人民政府或者相关部门

D. 规划编制技术机构

19. 根据《规划环境影响评价条例》，设区的市级以上人民政府审批的专项规划，在审批前由其环境保护主管部门召集有关部门代表和专家组成审查小组，对环境影响报告书进行审查。下列关于审查小组的说法，错误的有（　　　）。（2019 年考题）

A. 参与环境影响报告书编制的专家，不得作为该环境影响报告书审查小组的成员

B. 审查小组中专家人数少于审查小组总人数的四分之三的，审查小组的审查意见无效

C. 审查小组的专家应当从依法设立的专家库内相关专业的专家名单中随机抽取

D. 审查意见应当经审查小组四分之三以上成员签字同意

20. 根据《规划环境影响评价条例》，环境影响篇章或说明应当包括（　　　）。（2020 年考题）

A. 规划草案的环境合理性和可行性　　B. 规划草案的调整建议

C. 环境影响评价结论　　　　　　　　D. 与相关规划的环境协调性分析

21. 根据《规划环境影响评价条例》，下列关于专项规划环境影响报告书的审查程序的说法，正确的是（　　　）。（2020 年考题）

A. 规划编制机关在报送审批专项规划草案时，可以不附送环境影响报告书

B. 审查小组中专家人数不得少于审查小组总人数的三分之二

C. 设区的市级以上人民政府审批的专项规划，其环境影响报告书审查小组的专家应当由审批部门确定

D. 省级以上人民政府有关部门审批的专项规划，其环境影响报告书的审查办法，由国务院生态环境主管部门会同国务院有关部门制定

22. 根据《规划环境影响评价条例》，下列情形中，属于审查小组应当提出不予通过环境影响报告书意见的是（　　　）。（2020 年、2021 年考题）

A. 基础资料、数据严重失实的

B. 依据现有知识水平和技术条件，对规划实施可能产生的不良环境影响的程度或者范围不能作出准确判断的

C. 未提出跟踪评价要求的

D. 规划实施可能造成重大不良环境影响，并且无法提出切实可行的预防或者减轻对策和措施的

23. 根据《规划环境影响评价条例》，下列内容中，不属于规划环境影响的跟踪评价应当包括的是（　　　）。（2021 年考题）

A. 规划实施后环境政策和标准更新变化的比较分析和评估

B. 规划实施中所采取的预防或者减轻不良环境影响的对策和措施有效性的分析和评估

C. 公众对规划实施所产生的环境影响的意见

D. 跟踪评价的结论

24. 根据《关于规划环境影响评价加强空间管制、总量管控和环境准入的指导意见（试行）》，下列说法中错误的是（　　　）。（2021 年考题）

A. 规划环评应将空间管制、总量管控和环境准入作为评价成果的重要内容

B. 规划环评工作应在规划编制完成后介入，并将空间管制、总量管控和环境准入成果反馈给规划编制单位

C. 加强空间管制，是指在明确并保护生态空间的前提下，提出优化生产空间和生活空间的意见和要求，推进构建有利于环境保护的国土空间开发格局

D. 加强环境准入，是指在符合空间管制和总量管控要求的基础上，提出区域（流域）产业发展的环境准入条件，推动产业转型升级和绿色发展

二、不定项选择题

1. 根据《规划环境影响评价条例》，下列关于某省交通规划环境影响报告书审查的说法，正确的有（   ）。（2016 年考题）

A. 应当在交通规划审批前审查该环境影响报告书

B. 审查小组应当提出环境影响报告书的书面审查意见

C. 应当由专业环境影响技术评估机构召集环境影响报告书审查会

D. 应当由有关部门代表、专家及公众组成环境影响报告书审查小组

2. 根据《关于加强规划环境影响评价与建设项目环境影响评价联动工作的意见》，产业园区规划环评的主要工作任务应包括（   ）。（2016 年考题）

A. 提出园区环境准入条件

B. 提出园区污染物排放总量上限要求

C. 结合城市或区域环境目标提出园区产业发展的负面清单

D. 提出优化产业定位、布局、结构、规模以及重大环境基础设施建设方案的建议

3. 根据《规划环境影响评价条例》，规划环境影响的跟踪评价应包括的内容有（   ）。（2017 年考题）

A. 跟踪评价的结论

B. 有关单位、专家对规划实施所产生的环境影响的意见采纳情况

C. 规划实施中采取的预防或者减轻不良环境影响对策和措施有效性的分析和评估

D. 规划实施后实际产生的环境影响与环境影响评价文件预测可能产生的环境影响之间的比较分析和评估

4. 根据《规划环境影响评价条例》，下列内容中，属于规划环境影响跟踪评价应当包括的有（   ）。（2018 年考题）

A. 跟踪评价的结论

B. 规划修订建议及改进措施

C. 公众对规划实施所产生的环境影响的意见

D. 规划实施后实际产生的环境影响与环境影响评价文件预测可能产生的环境影响之间的比较分析和评估

5. 根据《关于规划环境影响评价加强空间管制、总量管控和环境准入的指导意见（试行）》，关于环境准入的说法，正确的有（　　）。（2018 年考题）

A. 对规划区域资源环境影响突出、经济社会贡献偏小的行业原则上应列入限制准入

B. 根据环境保护政策规划、总量管控要求、清洁生产标准等，明确应限制或禁止的生产工艺或产品清单

C. 如果规划拟发展的行业不满足单位面积（单位产值）的水耗、能耗、污染物排放量、环境风险等一项或多项指标的要求，应将其直接列入环境准入负面清单禁止规划建设

D. 当区域（流域）环境质量现状超标时，应在推动落实污染物减排方案的同时根据环境质量改善目标，针对超标因子涉及的行业、工艺、产品等，提出更加严格的环境准入要求

6. 根据《规划环境影响评价条例》，审查小组应当提出对环境影响报告书进行修改并重新审查的情形有（　　）。（2019 年考题）

A. 评价方法选择不当的

B. 基础资料、数据失实的

C. 环境影响评价结论不明确、不合理或者错误的

D. 依据现有知识水平和技术条件，对规划实施可能产生的不良环境影响的程度或者范围不能作出科学判断的

7. 根据《环境影响评价法》《规划环境影响评价条例》，规划环境影响报告书应当包括的内容有（　　）。（2019 年考题）

A. 规划草案的环境合理性和可行性

B. 预防或者减轻不良环境影响的对策和措施的合理性和有效性

C. 与相关规划的环境协调性分析

D. 规划草案的调整建议

8. 根据《关于规划环境影响评价加强空间管制、总量管控和环境准入的指导意见（试行）》（环办环评〔2016〕14 号），下列关于"严格总量管控，推进环境质量改善"的说法，正确的是（　　）。（2019 年考题）

A. 当规划区域环境目标、产业结构和生产力布局以及水文、气象条件等发生重大变化时，应动态调整区域行业污染物总量管控要求

B. 估算污染物排放总量管控限值，应选择较小的时间尺度开展估算，有条件的可采用以天为单位提出污染物排放总量管控限值

C. 当区域环境质量现状超标或重点行业污染物排放已超出总量管控要求时，必要时，可提出暂缓区域内新增相关污染物排放项目建设等建议，控制行业发展规模，推动环境质量改善

D. 纳入排放总量管控的主要污染物一般应包括二氧化硫、氮氧化物、挥发性有机物、烟粉尘等大气污染因子

9. 根据《关于加强规划环境影响评价与建设项目环境影响评价联动工作的意见》，对于如下情形：（　　），有关单位和各级环保部门不得以规划已开展环评为理由，随意简化规划所包含项目环评的工作内容，甚至降低评价类别。（2019年考题）

A. 在项目环评审查中，发现规划环境影响报告书经审查没有完成相应工作任务、不能为项目环评提供指导和约束的

B. 在项目环评审查中，发现相关规划在实施过程中产生不良影响的

C. 规划环评结论与审查意见未得到有效落实的

D. 规划环评结论科学，能为建设项目环评提供有效指导和约束的

10. 根据《规划环境影响评价条例》，下列评价内容中，属于对规划进行环境影响评价应当分析、预测和评估的内容有（　　）。（2020年考题）

A. 规划实施的经济利益和长远利益之间的关系

B. 规划实施的经济效益、社会效益与环境效益之间的关系

C. 规划实施可能对环境和人群健康产生的短期影响和长远影响

D. 规划实施可能对相关区域、流域、海域生态系统产生的整体影响

11. 根据《规划环境影响评价条例》，不属于规划环境影响跟踪评价应当包括的评价内容有（　　）。（2020年考题）

A. 跟踪评价的结论

B. 预防或者减轻不良环境影响的对策和措施

C. 公众意见采纳与不采纳情况及其理由的说明

D. 规划实施后实际产生的环境影响与环境影响评价文件预测可能产生的环境影响之间的比较分析和评估

12. 根据《关于规划环境影响评价加强空间管制、总量管控和环境准入的指导意见（试行）》，下列图件中，属于规划环评空间管制成果的有（　　）。（2020年考题）

A. 优化后的生产空间分布图

B. 优化后的生活空间分布图

C. 优化后的生态空间分布图

D. 生产、生活、生态空间及其组成区块开发管制总图

13. 根据《规划环境影响评价条例》，下列内容中，不属于专项规划环境影响评价文件中应当包括的内容是（　　）。（2021年考题）

A. 规划实施对环境可能造成影响的分析、预测和评估

B. 规划草案的环境合理性和经济技术可行性

C. 预防或者减轻不良环境影响的对策和措施的合理性和有效性

D．提升环境绩效水平的合理性和有效性

14．根据《规划环境影响评价条例》，有下列（　　　　）情形的，审查小组应当提出对环境影响报告书进行修改并重新审查的意见。（2021 年考题）

A．内容存在其他重大缺陷的

B．环境影响评价结论错误的

C．对不良环境影响的分析、预测和评估不准确的

D．未附具对公众意见采纳与不采纳情况及其理由的说明的

15．根据《关于进一步加强产业园区规划环境影响评价工作的意见》，以下说法中，正确的有（　　　　）。（2021 年考题）

A．产业园区招商引资、入园建设项目环评审批等应将规划环评结论及审查意见作为重要依据

B．产业园区规划审批机关在审批规划时，应将规划环评结论及审查意见作为决策的重要依据

C．产业园区管理机构应切实担负起规划环评的主体责任，对规划环评的质量和结论负责，并接受所属人民政府的监督

D．产业园区入园建设项目开展环评工作时，应以产业园区规划环评为依据，重点分析项目环评与规划环评结论及审查意见的符合性

参考答案

一、单项选择题

1．A　【解析】国家经济区规划属于需编制环境影响篇章或说明的区域的建设、开发利用规划。

2．C　【解析】第十三条：“规划编制机关对可能造成不良环境影响并直接涉及公众环境权益的专项规划，应当在规划草案报送审批前，采取调查问卷、座谈会、论证会、听证会等形式，公开征求有关单位、专家和公众对环境影响报告书的意见。但是，依法需要保密的除外。”注意篇章或者说明没有征求公众意见的要求。

3．D　【解析】根据《关于做好矿产资源规划环境影响评价工作的通知》：“需编写环境影响篇章或说明的矿产资源规划包括：全国矿产资源规划，全国及省级地质勘查规划，设区的市级矿产资源总体规划，重点矿种等专项规划。需编制环境影响报告书的矿产资源规划包括：省级矿产资源总体规划，设区的市级以上矿产资源开发利用专项规划，国家规划矿区、大型规模以上矿产地开发利用规划。县级矿产资源规划原则上不开展规划环境影响评价，各省级人民政府有规定的按照其规定执行。”

4．C　【解析】第十七条："设区的市级以上人民政府审批的专项规划，在审批前由其环境保护主管部门召集有关部门代表和专家组成审查小组，对环境影响报告书进行审查。"

5．C　【解析】第十九条："审查意见应当包括下列内容：（一）基础资料、数据的真实性；（二）评价方法的适当性；（三）环境影响分析、预测和评估的可靠性；（四）预防或者减轻不良环境影响的对策和措施的合理性和有效性；（五）公众意见采纳与不采纳情况及其理由的说明的合理性；（六）环境影响评价结论的科学性。"

6．B　【解析】原文为："对于已经完成规划环评主要工作任务的重点领域规划，可以实施规划环评与规划所包含的项目环评的联动工作。"

7．A　【解析】"三线一单"，即落实"生态保护红线、环境质量底线、资源利用上线和环境准入负面清单"约束。

8．A　【解析】第十一条："环境影响篇章或者说明应当包括下列内容：（一）规划实施对环境可能造成影响的分析、预测和评估。主要包括资源环境承载能力分析、不良环境影响的分析和预测以及与相关规划的环境协调性分析。（二）预防或者减轻不良环境影响的对策和措施。主要包括预防或者减轻不良环境影响的政策、管理或者技术等措施。环境影响报告书除包含上述内容外，还应当包含环境影响评价结论。"可见，A选项环境影响评价结论不属于规划环境影响篇章或者说明内容。

9．B　【解析】第十七条："设区的市级以上人民政府审批的专项规划，在审批前由其环境保护主管部门召集有关部门代表和专家组成审查小组，对环境影响报告书进行审查。审查小组应当提交书面审查意见。"

"第十八条　审查小组的专家应当从依法设立的专家库内相关专业的专家名单中随机抽取。但是，参与环境影响报告书编制的专家不得作为该环境影响报告书审查小组的成员。审查小组中专家人数不得少于审查小组总人数的二分之一；少于二分之一的，审查小组的审查意见无效。"注意：仅是对专项规划环境影响报告书的审查（没有对篇章和说明的审查）。

10．A　【解析】第十九条："审查意见应当包括下列内容：（一）基础资料、数据的真实性；（二）评价方法的适当性；（三）环境影响分析、预测和评估的可靠性；（四）预防或者减轻不良环境影响的对策和措施的合理性和有效性；（五）公众意见采纳与不采纳情况及其理由的说明的合理性；（六）环境影响评价结论的科学性。"

11．C　【解析】"第二十七条　规划实施过程中产生重大不良环境影响的，规划编制机关应当及时提出改进措施，向规划审批机关报告，并通报环境保护等有关部门。"

12．D　【解析】《关于加强规划环境影响评价与建设项目环境影响评价联动工作的意见》规定："（三）对于已经完成规划环评主要工作任务的重点领域规划，可以实施规划环评与规划所包含的项目环评的联动工作。（四）本意见所指重点领域的规划环评是指包含重大项目布局、结构、规模等的规划环评，暂限定于本意见（五）至（九）中所列的相关领域规划环评（产业园区规划环评，公路、铁路及轨道交通规划环评，港口、航道规划环评，矿产资源开发规划环评，水利水电开发规划环评）。对于具有指导意义的综合性规划，其规划环评原则上不作为与项目环评联动的依据。"

13. D　【解析】《关于加强规划环境影响评价与建设项目环境影响评价联动工作的意见》规定："（五）产业园区规划环评。应以推进区域环境质量改善以及做好园区环境风险防控为目标，在判别园区现有资源、环境重大问题的基础上，基于区域资源环境承载能力，针对园区规划方案，在主体功能区规划、城市总体规划尺度上判定园区选址、布局和主导产业选择的环境合理性，提出优化产业定位、布局、结构、规模以及重大环境基础设施建设方案的建议；提出园区污染物排放总量上限要求和环境准入条件，并结合城市或区域环境目标提出园区产业发展的负面清单。"

14. C　【解析】《关于规划环境影响评价加强空间管制、总量管控和环境准入的指导意见（试行）》规定："（一）规划环评应充分发挥优化空间开发布局、推进区域（流域）环境质量改善以及推动产业转型升级的作用，并在执行相关技术导则和技术规范的基础上，将空间管制、总量管控和环境准入作为评价成果的重要内容。（二）加强空间管制，是指在明确并保护生态空间的前提下，提出优化生产空间和生活空间的意见和要求，推进构建有利于环境保护的国土空间开发格局。加强总量管控，是指应以推进环境质量改善为目标，明确区域（流域）及重点行业污染物排放总量上限，作为调控区域内产业规模和开发强度的依据。加强环境准入，是指在符合空间管制和总量管控要求的基础上，提出区域（流域）产业发展的环境准入条件，推动产业转型升级和绿色发展。"

15. A　【解析】"第三十四条　规划环境影响评价技术机构弄虚作假或者有失职行为，造成环境影响评价文件严重失实的，由国务院环境保护主管部门予以通报，处所收费用 1 倍以上 3 倍以下的罚款；构成犯罪的，依法追究刑事责任。"

16. C　【解析】《关于做好矿产资源规划环境影响评价工作的通知》规定："需编制环境影响报告书的矿产资源规划包括：省级矿产资源总体规划，设区的市级以上矿产资源开发利用专项规划，国家规划矿区、大型规模以上矿产地开发利用规划。"

17. B　【解析】"第八条　对规划进行环境影响评价，应当分析、预测和评估以下内容：（一）规划实施可能对相关区域、流域、海域生态系统产生的整体影响；（二）规划实施可能对环境和人群健康产生的长远影响；（三）规划实施的经济效益、社会效益与环境效益之间以及当前利益与长远利益之间的关系。"

18. A　【解析】《关于开展规划环境影响评价会商的指导意见（试行）》规定："（一）会商主体。规划编制机关是依法组织开展规划环评和会商的主体。"

19．B　【解析】"第十八条　审查小组的专家应当从依法设立的专家库内相关专业的专家名单中随机抽取。但是，参与环境影响报告书编制的专家，不得作为该环境影响报告书审查小组的成员。审查小组中专家人数不得少于审查小组总人数的二分之一；少于二分之一的，审查小组的审查意见无效。"

第十九条："审查意见应当经审查小组四分之三以上成员签字同意。审查小组成员有不同意见的，应当如实记录和反映。"

20．D　【解析】"第十一条　环境影响篇章或者说明应当包括下列内容：（一）规划实施对环境可能造成影响的分析、预测和评估。主要包括资源环境承载能力分析、不良环境影响的分析和预测以及与相关规划的环境协调性分析。（二）预防或者减轻不良环境影响的对策和措施。主要包括预防或者减轻不良环境影响的政策、管理或者技术等措施。环境影响报告书除包括上述内容外，还应当包括环境影响评价结论。主要包括规划草案的环境合理性和可行性，预防或者减轻不良环境影响的对策和措施的合理性和有效性，以及规划草案的调整建议。"

21．D　【解析】"第十六条　规划编制机关在报送审批专项规划草案时，应当将环境影响报告书一并附送规划审批机关审查；未附送环境影响报告书的，规划审批机关应当要求其补充；未补充的，规划审批机关不予审批。"

"第十七条　设区的市级以上人民政府审批的专项规划，在审批前由其环境保护主管部门召集有关部门代表和专家组成审查小组，对环境影响报告书进行审查。审查小组应当提交书面审查意见。省级以上人民政府有关部门审批的专项规划，其环境影响报告书的审查办法，由国务院环境保护主管部门会同国务院有关部门制定。"

"第十八条　审查小组的专家应当从依法设立的专家库内相关专业的专家名单中随机抽取。但是，参与环境影响报告书编制的专家，不得作为该环境影响报告书审查小组的成员。审查小组中专家人数不得少于审查小组总人数的二分之一；少于二分之一的，审查小组的审查意见无效。"

22．D　【解析】"第二十一条　有下列情形之一的，审查小组应当提出不予通过环境影响报告书的意见：（一）依据现有知识水平和技术条件，对规划实施可能产生的不良环境影响的程度或者范围不能作出科学判断的；（二）规划实施可能造成重大不良环境影响，并且无法提出切实可行的预防或者减轻对策和措施的。"

23．A　【解析】"第二十五条　规划环境影响的跟踪评价应当包括下列内容：（一）规划实施后实际产生的环境影响与环境影响评价文件预测可能产生的环境影响之间的比较分析和评估；（二）规划实施中所采取的预防或者减轻不良环境影响的对策和措施有效性的分析和评估；（三）公众对规划实施所产生的环境影响的意见；（四）跟踪评价的结论。"

24．B　【解析】"一、总体要求和适用范围：（三）规划环评工作要尽早介入规划编制，并将空间管制、总量管控和环境准入成果充分融入规划编制、决策和实施的全过程，切实发挥优化规划目标定位、功能分区、产业布局、开发规模和结构的作用，推进区域（流域）环境质量改善，维护生态安全。"

二、不定项选择题

1. AB 　【解析】《环境影响评价法》第十三条："设区的市级以上人民政府在审批专项规划草案，作出决策前，应当先由人民政府指定的环境保护行政主管部门或者其他部门召集有关部门代表和专家组成审查小组，对环境影响报告书进行审查。审查小组应当提出书面审查意见。"

2. ABCD 　【解析】《关于加强规划环境影响评价与建设项目环境影响评价联动工作的意见》规定："（五）产业园区规划环评。应以推进区域环境质量改善以及做好园区环境风险防控为目标，在判别园区现有资源、环境重大问题的基础上，基于区域资源环境承载能力，针对园区规划方案，在主体功能区规划、城市总体规划尺度上判定园区选址、布局和主导产业选择的环境合理性，提出优化产业定位、布局、结构、规模以及重大环境基础设施建设方案的建议；提出园区污染物排放总量上限要求和环境准入条件，并结合城市或区域环境目标提出园区产业发展的负面清单。"

3. ACD 　【解析】选项 B 的正确说法是：公众对规划实施所产生的环境影响的意见。

4. ACD 　【解析】第二十五条："规划环境影响的跟踪评价应当包括下列内容：（一）规划实施后实际产生的环境影响与环境影响评价文件预测可能产生的环境影响之间的比较分析和评估；（二）规划实施中所采取的预防或者减轻不良环境影响的对策和措施有效性的分析和评估；（三）公众对规划实施所产生的环境影响的意见；（四）跟踪评价的结论。"

5. BCD 　【解析】《关于规划环境影响评价加强空间管制、总量管控和环境准入的指导意见（试行）》规定："（十九）对规划区域资源环境影响突出、经济社会贡献偏小的行业原则上应列入禁止准入类。（二十）根据环境保护政策规划、总量管控要求、清洁生产标准等，明确应限制或禁止的生产工艺或产品清单。""（十八）根据区域资源禀赋和生态环境保护要求，选取单位面积（单位产值）的水耗、能耗、污染物排放量、环境风险等一项或多项指标，作为制定规划区域行业环境准入负面清单的否定性指标并确定其限值。如果规划拟发展的行业不满足上述指标的要求，应将其直接列入环境准入负面清单，禁止规划建设。""（二十一）当区域（流域）环境质量现状超标时，应在推动落实污染物减排方案的同时，根据环境质量改善目标，针对超标因子涉及的行业、工艺、产品等，提出更加严格的环境准入要求。"

6. ABC 　【解析】第二十条："有下列情形之一的，审查小组应当提出对环境影响报告书进行修改并重新审查的意见：（一）基础资料、数据失实的；（二）评价方法选择不当的；（三）对不良环境影响的分析、预测和评估不准确、不深入，需要进一步论证的；（四）预防或者减轻不良环境影响的对策和措施存在严重缺陷的；（五）环境影响评价结论不明确、不合理或者错误的；（六）未附具对公众意见采纳与不采纳情况及其理由的说明，或者不采纳公众意见的理由明显不合理的；（七）内容存在其他重大缺陷或者遗漏的。"选项 D 为第二十一条审查小组应当提出不予通过环境影响报告书的意见的情形。

7．ABCD　【解析】第十一条："环境影响篇章或者说明应当包括下列内容：（一）规划实施对环境可能造成影响的分析、预测和评估。主要包括资源环境承载能力分析、不良环境影响的分析和预测以及与相关规划的环境协调性分析。（二）预防或者减轻不良环境影响的对策和措施。主要包括预防或者减轻不良环境影响的政策、管理或者技术等措施。环境影响报告书除包括上述内容外，还应当包括环境影响评价结论。主要包括规划草案的环境合理性和可行性，预防或者减轻不良环境影响的对策和措施的合理性和有效性，以及规划草案的调整建议。"

8．ABCD　【解析】《关于规划环境影响评价加强空间管制、总量管控和环境准入的指导意见（试行）》规定："（十一）根据国家、地方环境质量改善目标及相关行业污染控制要求，结合现状环境污染特征和突出环境问题，确定纳入排放总量管控的主要污染物。一般应包括化学需氧量、氨氮、总磷/磷酸盐等水污染因子，二氧化硫、氮氧化物、挥发性有机物、烟粉尘等大气污染因子，以及其他与区域突出环境问题密切相关的主要特征污染因子。"

"（十二）……估算污染物排放总量管控限值，应综合考虑污染源排放强度和特征、最不利排放位置、污染治理设施运行状况，以及环境监测水平、污染物排放监管能力等；还应选择较小的时间尺度开展估算，有条件的可采用以天为单位提出污染物排放总量管控限值。"

"（十四）当区域环境质量现状超标或重点行业污染物排放已超出总量管控要求时，应根据环境质量改善目标，提出区域或者行业污染物减排任务，推动制定污染物减排方案以及加快淘汰落后产能、促进产业结构调整、提升技术工艺、加强节能节水控污等措施。必要时，可提出暂缓区域内新增相关污染物排放项目建设等建议，控制行业发展规模，推动环境质量改善。"

"（十六）当规划区域环境目标、产业结构和生产力布局以及水文、气象条件等发生重大变化时，应动态调整区域行业污染物总量管控要求，结合规划和规划环评的修编或者跟踪评价对区域能够承载的污染物排放总量重新进行估算，不断完善相关总量管控要求。"

9．ABC　【解析】《关于加强规划环境影响评价与建设项目环境影响评价联动工作的意见》：" (十五)：对于在项目环评审查中，发现规划环境影响报告书经审查没有完成相应工作任务、不能为项目环评提供指导和约束的，或是发现相关规划在实施过程中产生重大不良影响的，或是规划环评结论与审查意见未得到有效落实的，有关单位和各级环保部门不得以规划已开展环评为理由，随意简化规划所包含项目环评的工作内容，甚至降低评价类别。"

10. BD 【解析】第八条：" 对规划进行环境影响评价，应当分析、预测和评估以下内容：（一）规划实施可能对相关区域、流域、海域生态系统产生的整体影响；（二）规划实施可能对环境和人群健康产生的长远影响；（三）规划实施的经济效益、社会效益与环境效益之间以及当前利益与长远利益之间的关系。"

11. BC 【解析】第二十五条：" 规划环境影响的跟踪评价应当包括下列内容：（一）规划实施后实际产生的环境影响与环境影响评价文件预测可能产生的环境影响之间的比较分析和评估；（二）规划实施中所采取的预防或者减轻不良环境影响的对策和措施有效性的分析和评估；（三）公众对规划实施所产生的环境影响的意见；（四）跟踪评价的结论。"

12. ABD 【解析】" (九)规划环评的空间管制成果，应包括生态空间分布图和优化后的生活空间、生产空间分布图，生产、生活、生态空间及其组成区块开发管制总图，以及其他必要的支撑性图件。"

13. BD 【解析】第十条：" 编制专项规划，应当在规划草案报送审批前编制环境影响报告书。"第十一条：" 环境影响报告书除包括上述内容外，还应当包括环境影响评价结论。主要包括规划草案的环境合理性和可行性，预防或者减轻不良环境影响的对策和措施的合理性和有效性，以及规划草案的调整建议。"

14. ABCD 【解析】第二十条：" 有下列情形之一的，审查小组应当提出对环境影响报告书进行修改并重新审查的意见：（一）基础资料、数据失实的；（二）评价方法选择不当的；（三）对不良环境影响的分析、预测和评估不准确、不深入，需要进一步论证的；（四）预防或者减轻不良环境影响的对策和措施存在严重缺陷的；（五）环境影响评价结论不明确、不合理或者错误的；（六）未附具对公众意见采纳与不采纳情况及其理由的说明，或者不采纳公众意见的理由明显不合理的；（七）内容存在其他重大缺陷或者遗漏的。"

15. ABCD 【解析】以上选项均为《关于进一步加强产业园区规划环境影响评价工作的意见》中第（二）（三）（四）条内容。

四、建设项目环境影响评价

一、单项选择题

1. 根据《关于切实加强风险防范严格环境影响评价管理的通知》，化工石化、有色冶炼、制浆造纸等可能引发环境风险的项目，在符合国家产业政策和清洁生产水平要求、满足污染物排放标准以及污染物排放总量控制指标的前提下，必须在（　　）的产业园区内布设。（2016年考题）

A. 依法设立，并经规划环评

B. 依法设立，环境保护基础设施齐全

C. 环境保护基础设施齐全，并经规划环评

D. 依法设立，环境保护基础设施齐全并经规划环评

2. 某石油炼制建设项目建设内容发生变动，根据《关于印发环评管理中部分行业建设项目重大变动清单的通知（试行）》，该项目下列变动中，不属于重大变动的是（　　）。（2016年考题）

A. 原料方案发生变化

B. 新增溶剂脱沥青生产装置

C. 储罐总数量增大25%，储罐总容积增大25%

D. 地下水污染防治分区调整，降低地下水污染防渗等级

3. 某企业计划建设大型化工项目，根据《环境影响评价法》和《建设项目环境影响评价文件分级审批规定》，不具有该项目环境影响评价文件审批权限的部门是（　　）。（2016年考题）

A. 县级环境保护行政主管部门　　　　B. 省级环境保护行政主管部门

C. 地级市环境保护行政主管部门　　　D. 国务院环境保护行政主管部门

4. 根据《建设项目环境保护事中事后监督管理办法（试行）》，不属于事中监督管理内容的是（　　）。（2016年考题）

A. 施工期环境管理和环境监测开展情况

B. 竣工环境保护验收和排污许可证的实施情况

C. 开展环境影响后评价及落实相应改进措施的情况

D. 环境保护法律法规的遵守情况和环境保护部门做出的行政处罚决定落实情况

5. 根据《环境影响评价法》，在项目建设、运行过程中产生不符合经审批的环境影响评价文件的情形的，建设单位应当组织环境影响的后评价，采取改进措施并（　　）。（2016 年考题）

A. 报原环境影响评价文件审批部门和建设项目审批部门审批

B. 报原环境影响评价文件审批部门和建设项目审批部门备案

C. 报具有该项目环境影响评价文件审批权限部门和建设项目审批部门审批

D. 报具有该项目环境影响评价文件审批权限部门和建设项目审批部门备案

6. 根据《关于进一步加强水电建设环境保护工作的通知》，下列关于水电建设项目环境影响评价的说法中，错误的是（　　）。（2017 年考题）

A. 围堰工程和河床内导流工程纳入"三通一平"工程范围

B. 水生生态保护的相关措施应列入水电项目筹建及准备期工作内容

C. 在水电建设项目环境影响评价中要有"三通一平"工程环境影响回顾评价内容

D. 水电项目筹建及准备期相关工程应作为一个整体项目纳入"三通一平"工程开展环境影响评价

7. 根据《环境影响评价法》，下列关于建设项目环境影响评价文件重新报批和重新审核的说法中，正确的是（　　）。（2017 年考题）

A. 建设项目投资主体发生变化，建设单位应当重新报批建设项目的环境影响评价文件

B. 建设项目防治污染的措施发生重大变动，建设单位应当重新报批建设项目的环境影响评价文件

C. 建设项目自环境影响评价文件批准之日起五年建成投产，其环境影响评价文件应当报原审批单位重新审核

D. 建设项目自环境影响评价文件批准之日起三年，方决定该项目开工建设，其环境影响评价文件应当报原审批单位重新审核

8. 某热电联产火电机组建设内容发生变动。根据《关于印发环评管理中部分行业建设项目重大变动清单的通知（试行）》，不属于该建设项目重大变动的是（　　）。（2017 年考题）

A. 冷却方式变化　　　　　　　　B. 排烟高度降低

C. 配套灰场重新选址　　　　　　D. 供热替代量减少 10% 以下

9. 根据《建设项目环境影响评价文件分级审批规定》，下列建设项目的环境影响评价文件，由环境保护部负责审批的是（　　）。（2017 年考题）

A. 核设施建设项目

B. 机密工程建设项目

C. 由国务院备案的建设项目

D．由国务院有关部门备案的对环境可能造成影响的建设项目

10．某城市拟新建燃煤热电联产项目，目前该城市区域颗粒物超标，根据《火电建设项目环境影响评价文件审批原则（试行）》，（　　）符合该项目环境影响评价文件的审批原则。（2017年考题）

A．封闭煤场

B．严格控制工业用水取用地下水

C．煤场采用防风抑尘网及覆盖的抑尘措施

D．单位发电量的煤耗、水耗和污染物排放量等指标达到清洁生产水平

11．根据《"十三五"环境影响评价改革实施方案》，下列关于加强规划环评与项目环评联动的说法中，错误的是（　　）。（2017年考题）

A．依法将规划环评作为规划所包含项目环评文件审批的刚性约束

B．对已采纳规划环评要求的规划所包含的建设项目，简化相应环评内容

C．项目环评中发现规划实施造成重大不利环境影响的，应及时反馈规划编制机构

D．对高质量完成规划环评、各类管理清单清晰可行的产业园区，降低园区内环评文件的类别

12．根据《建设项目环境影响后评价管理办法（试行）》，（　　）的建设项目，建设和运行过程中产生不符合经审批的环境影响报告书的情形，应当开展环境影响后评价。（2017年考题）

A．化工行业中有重大环境风险，建设地点敏感，且持续排放废水

B．冶金行业中有重大环境风险，建设地点敏感，且持续排放危险废物

C．钢铁行业中有重大环境风险，建设地点敏感，且持续排放大气污染物

D．石化行业中有重大环境风险，建设地点敏感，且持续排放持久性有机物

13．根据《建设项目环境影响后评价管理办法（试行）》，（　　）负责组织环境影响后评价。（2017年考题）

A．建设单位 　　　　　　　　　B．当地人民政府

C．环境影响评价机构 　　　　　D．原环境影响评价文件的审批机构

14．某保密建设项目，建设地点涉及甲市的乙、丙两个县的行政区域，填报环境影响登记表，根据《建设项目环境影响登记表备案管理办法》，关于该项目环境影响登记表备案管理要求的说法，正确的是（　　）。（2018年考题）

A．应向甲市环境保护主管部门备案，采用网上备案方式

B．应向甲市环境保护主管部门备案，采用纸质备案方式

C．应分别向乙、丙两个县级环境保护主管部门备案，采用网上备案方式

D．应分别向乙、丙两个县级环境保护主管部门备案，采用纸质备案方式

15．根据《建设项目环境保护管理条例》，环境保护行政主管部门审批环境影响

报告书，自收到环境影响报告书之日起（　　）内，做出审批决定并书面通知建设单位。（2018 年考题）

　　A. 15 日　　　　　B. 30 日　　　　　C. 60 日　　　　　D. 90 日

　　16. 某高速公路建设项目设计阶段发生重大变动，根据《高速公路建设项目重大变动清单（试行）》，属于重大变动的是（　　）。（2018 年考题）

　　A. 设计车速增加 20%

　　B. 线路长度增加 20%

　　C. 线路横向位移超出 200 m 长度累计达到原线路长度的 20%

　　D. 项目变动导致新增声环境敏感点数量累计达到原敏感点数量的 20%

　　17. 根据《关于做好环境影响评价制度与排污许可制衔接相关工作的通知》，其中涉及环境影响评价有关要求的说法，错误的是（　　）。（2018 年考题）

　　A. 环境影响评价制度是建设项目的环境准入门槛，是申请排污许可证的前提和重要依据

　　B. 改扩建项目的环境影响评价，应当将排污许可证执行情况作为现有工程回顾评价的主要依据

　　C. 分期建设的项目，环境影响报告书以及审批文件应当列明分期建设内容，建设单位根据总允许排放量申请排污许可证

　　D. 纳入排污许可管理的建设项目，可能造成重大环境影响、应当编制环境影响报告书的，原则上实行排污许可重点管理

　　18. 某汽车整车扩建项目位于大气污染防治重点区域内，根据《汽车整车制造建设项目环境影响评价文件审批原则（试行）》，关于该项目环境保护设施和措施要求的说法，错误的是（　　）。（2018 年考题）

　　A. 焊接车间弧焊设备应采用焊接烟尘收集净化装置

　　B. 冲压废料、废动力电池等一般工业固体废物应回收或综合利用

　　C. 涂装车间脱脂等表面处理废液、电泳槽清洗废液应进行预处理

　　D. 水性涂料等低挥发性有机物含量涂料占总涂料使用量比例不低于 50%

　　19. 依据《关于以改善环境质量为核心加强环境影响评价管理的通知》，关于建立"三挂钩"机制的说法，错误的是（　　）。（2018 年考题）

　　A. 现有工程已经造成明显环境问题，应提出有效的整改方案和"以新带老"措施

　　B. 对未达到环境质量目标考核要求的地区，依法暂停审批该地区排放相应重点污染物的项目环评文件

　　C. 对环境质量现状超标的地区，项目拟采取的措施不能满足区域环境质量改善目标要求的，依法不予审批其环评文件

　　D. 对于现有同类型项目环境污染严重，致使环境容量接近承载力的地区，在现有

问题整改到位前，依法暂停审批该地区同类行业的项目环评文件

20．根据《建设项目环境保护事中事后监督管理办法（试行）》，下列内容中，不属于建设项目环境保护事中监督管理主要依据的是（　　）。（2018年考题）

A．依法取得的排污许可证　　　　　　B．经批准的环境影响评价文件

C．环境保护有关技术标准规范　　　　D．环境保护有关法律法规的要求

21．根据《关于强化建设项目环境影响评价事中事后监管的实施意见》，关于加强建设项目环境影响评价事中监管的说法，错误的是（　　）。（2018年考题）

A．对建设单位要重点监督其依法依规履行环评程序、开展公众参与情况

B．对环保部门要重点检查其对建设项目环境保护三同时监督检查情况

C．对环评单位要重点监督其是否依法依规开展作业，确保环评文件的数据资料真实、分析方法正确、结论科学可信

D．对技术评估机构要重点检查其技术评估能力、独立对环评文件进行技术评估并依法依规提出评估意见情况，是否存在乱收费行为

22．根据《建设项目竣工环境保护验收暂行办法》，建设项目环境保护竣工环境的责任主体是（　　）。（2018年考题）

A．建设单位

B．环境保护行政主管部门

C．受建设项目委托的有能力的监测机构

D．受建设项目委托的有能力的技术机构

23．根据《建设项目竣工环境保护验收暂行办法》，关于建设单位竣工环境保护验收的说法，正确的是（　　）。（2018年考题）

A．具备能力的建设单位可自行编制竣工验收监测报告

B．建设单位应将验收报告以及其他档案资料报所在地县级环境保护主管部门存档备查

C．建设单位应在验收报告编制完成后15个工作日内，公开验收报告，公示期限为10个工作日

D．验收报告编制完成后，建设单位应根据验收报告结论提出验收意见，对存在验收不合格问题提出整改建议

24．根据《建设项目环境影响后评价管理办法（试行）》，下列内容中，不属于环境影响后评价文件应当包括的是（　　）。（2018年考题）

A．环境质量变化趋势分析　　　　　　B．不确定性环境影响的表现

C．环境保护设施竣工验收情况　　　　D．环境保护措施的技术、经济论证

25．根据《关于做好生物多样性保护优先区域有关工作的通知》，关于加强生物多样性保护优先区域监管要求的说法，错误的是（　　）。（2018年考题）

A. 城镇绿化中应优先选用本地物种资源

B. 城镇开发建设活动不得破坏古树名木

C. 应优化城镇开发建设活动的规模、结构和布局

D. 禁止高耗能、高排放行业发展，新引入的行业、企业不得对优先区域生物多样性造成影响

26. 某港口建设项目建设内容发生变动，根据《关于印发环评管理中部分行业建设项目重大变动清单的通知》中的附件《港口建设项目重大变动清单（试行）》该项目下列变动中，属于重大变动的是（　　　）。（2019 年考题）

A. 集装箱码头压载水灭活措施弱化

B. 码头设计通过能力增加 20%

C. 危险品储罐数量增加 20%

D. 集装箱危险品堆场位置发生变化，但环境影响及环境风险降低

27. 根据《环境影响评价公众参与办法》，建设单位应当在确定环境影响报告书编制单位后 7 个工作日内，通过网络平台公开相关信息开展公众参与工作，以下不可以作为信息公开的网络平台是（　　　）。（2019 年考题）

A. 建设单位自有网站　　　　　　　B. 建设项目所在地相关政府网站

C. 外地著名环境影响评价专题网站　D. 建设项目所在地公共媒体网站

28. 根据《关于进一步加强涉及自然保护区开发建设活动监督管理的通知》，下列说法中，错误的是（　　　）。（2019 年考题）

A. 建设项目选址（线）应尽可能避让自然保护区

B. 保护区管理机构要对经批准同意在自然保护区内开展的建设项目进行全过程跟踪，开展生态监测，发现问题应当及时处理和报告

C. 对经批准同意在自然保护区内开展的建设项目，要加强对项目施工期和运营期的监督管理，确保各项生态保护措施落实到位

D. 建设项目选址（线），确因重大基础设施建设和自然条件等因素限制无法避让自然保护区的，建设前须征得省级以上自然保护区主管部门同意，并接受监督

29. 根据《建设项目危险废物环境影响评价指南》，不属于产生危险废物建设项目环境影响评价的基本原则的是（　　　）。（2019 年考题）

A. 重点评价，科学估算　　　　　　B. 科学评价，降低风险

C. 全程评价，规范管理　　　　　　D. 客观评价，信息公开

30. 根据《关于做好生物多样性保护优先区域有关工作的通知》（环发〔2015〕177 号），关于加强生物多样性保护优先区域监管的有关规定，下列说法错误的是（　　　）。（2019 年考题）

A. 城镇绿化应优先选用本地物种资源，科学规范外来物种引进，防止外来物种入侵

B. 优先区域内新增规划和项目的环境影响评价要将生物多样性影响评价作为重要内容

C. 新增各类开发建设利用规划应与优先区域保护规划相协调

D. 城镇开发建设活动要避免占用重要物种原生境，尽可能不破坏古树名木

31. 根据《关于生产和使用消耗臭氧层物质建设项目管理有关工作的通知》（环大气〔2018〕5号），生产和使用消耗臭氧层物质建设项目管理的有关规定，下列说法正确的是（　　）。（2019年考题）

A. 新建生产化工原料用途的消耗臭氧层物质的建设项目，生产的消耗臭氧层物质仅用于企业自身下游化工产品的专用原料用途

B. 禁止改建生产和使用作为制冷剂、发泡剂、灭火剂、溶剂、清洗剂、加工助剂、气雾剂、土壤熏蒸剂等受控用途的消耗臭氧层物质的建设项目

C. 扩建生产受控用途的消耗臭氧层物质的建设项目，禁止增加消耗臭氧层物质生产能力

D. 新建、改建、扩建副产四氯化碳的建设项目，可视情况配套建设四氯化碳处置设施

32. 根据《关于进一步加强水生生物资源保护　严格环境影响评价管理的通知》（环发〔2013〕86号），关于加强水生生物资源保护的有关规定，下列说法错误的是（　　）。（2019年考题）

A. 涉及水生生物自然保护区的建设项目环境影响报告书在报送环境保护部门审批前，应报渔业部门备案

B. 水利工程涉及种质资源保护区的，应当按照国家有关规定进行专题评价或论证，并将有关报告作为建设项目环境影响报告书的重要内容

C. 水利开发建设规划可能对水生生物资源及其生境造成不良影响的，对规划环境影响报告书审查时，应将渔业部门以及水生生态、水生生物资源、渔业资源（重点是鱼类）保护等方面的专家纳入审查小组

D. 对水生生物产卵场、索饵场、越冬场以及洄游通道可能造成不良影响的开发建设规划，在环境影响评价中应对重要水生物种资源及其关键栖息场所进行调查监测

33. 下列做法中，未违反《环境影响评价从业人员职业道德规范（试行）》的行为是（　　）。（2019年考题）

A. 个人以环评师名义承接环评文件编制业务

B. 为工作业绩，在未参加编制的环评文件上署名

C. 建设项目存在违反国家产业政策、环保准入规定等情形，及时通告建设单位

D. 选择性采用环评现状监测数据

34. 根据《建设项目环境保护管理条例》，环境影响报告书、环境影响报告表审

批应当重点审查的内容不包括（　　）。（2019 年考题）

　　A. 环境影响分析预测评估的可靠性　　B. 环境影响评价结论的科学性

　　C. 建设项目的环境可行性　　D. 环境保护措施的经济技术可行性

35. 根据环境保护部办公厅《关于加强"未批先建"建设项目环境影响评价管理工作的通知》（环办环评〔2018〕18 号），建设项目环境影响报告书（表）未经批准，建设单位于 2014 年 12 月擅自开工建设，2015 年 1 月 1 日后仍然进行建设，应对建设单位进行的处罚是（　　）。（2019 年考题）

　　A. 对建设单位直接负责的主管人员和其他直接责任人员，依法给予行政处分

　　B. 处建设项目总投资额百分之一以上百分之五以下的罚款，并可以责令恢复原状

　　C. 责令停止建设，处以罚款，并可以责令恢复原状

　　D. 责令停止建设，恢复原状，并处以罚款

36. 根据环境保护部办公厅《关于加强"未批先建"建设项目环境影响评价管理工作的通知》（环办环评〔2018〕18 号），建设项目环境影响报告书（表）未经批准，建设单位擅自开工建设，生态环境主管部门对此违法行为作出了处罚，建设单位主动报批环境影响报告书（表）的，有审批权的生态环境主管部门（　　）。（2019 年考题）

　　A. 应当受理，并根据技术评估和审查结论分别作出相应处理

　　B. 不应受理

　　C. 应当受理，若符合环境影响评价审批要求，则依法作出批准决定，撤销处罚决定

　　D. 应当受理，若依法不予批准该项目环境影响报告书（表），应责令恢复原状

37. 根据《关于以改善环境质量为核心加强环境影响评价管理的通知》（环环评〔2016〕150 号），关于强化"三线一单"约束作用的规定，下列说法错误的是（　　）。（2019 年考题）

　　A. 在生态保护红线范围内，严控各类开发建设活动

　　B. 环境质量底线是改善环境质量的基准线

　　C. 资源利用上线是各地区能源、水、土地等资源消耗不得突破的"天花板"

　　D. 制定环境准入负面清单，充分发挥负面清单对产业发展和项目准入的指导和约束作用

38. 根据《建设项目环境保护管理条例》《建设项目竣工环境保护验收暂行办法》，下列关于建设项目竣工环境保护验收的说法中，正确的是（　　）。（2019 年考题）

　　A. 分期建设、分期投入生产或者使用的建设项目，其相应的环境保护设施应当分期验收

　　B. 建设单位组织成立的验收工作组不得吸收环境影响报告书（表）编制机构代表参加

C. 接受委托编制验收监测（调查）报告技术机构是建设项目竣工环境保护验收的责任主体

D. 接受委托编制验收监测（调查）报告技术机构对所编制的验收监测（调查）报告结论负责

39. 根据《建设项目环境影响后评价管理办法（试行）》，下列关于建设项目环境影响后评价时限要求的说法中，正确的是（　　　）。（2019 年考题）

A. 建设项目环境影响后评价应当在建设项目试生产后三至五年内开展

B. 建设项目环境影响后评价应当在建设项目开工建设后三至五年内开展

C. 建设项目环境影响后评价应当在建设项目正式投入生产或者运营后三至五年内开展

D. 当地生态环境主管部门可以根据建设项目的环境影响和环境要素变化特征，确定开展环境影响后评价的时限

40. 某餐饮连锁企业拟在全市各县开设门店，根据《建设项目环境影响登记表备案管理办法》，关于环境影响登记表备案要求的说法，正确的是（　　　）。（2020 年考题）

A. 门店开业前在该市生态环境主管部门备案

B. 门店开业后在该市生态环境主管部门备案

C. 门店开业前在各门店所在地县级生态环境主管部门备案

D. 门店开业后在各门店所在地县级生态环境主管部门备案

41. 某扩建项目需编制环境影响报告书，拟分期建设。根据《关于做好环境影响评价制度与排污许可制衔接相关工作的通知》，关于该项目环境影响报告书的说法，错误的是（　　　）。（2020 年考题）

A. 应当将排污许可证执行情况作为现有工程回顾评价的主要依据

B. 申请环境影响报告书时，应依法提交现有工程的排污许可证执行报告

C. 明确分期实施后排放口数量、位置以及每个排放口的污染物种类

D. 根据分期实施时的排放标准计算允许排放量，分期实施的允许排放量之和可以高于建设项目的总允许排放量

42. 根据《关于进一步加强石油天然气行业环境影响评价管理的通知》，关于石油天然气行业环境影响评价要求的说法，错误的是（　　　）。（2020 年考题）

A. 油气开采项目原则上应当以区块为单位开展环评

B. 勘探井转为生产井的，可以纳入区块环评

C. 海洋油气勘探工程应当填报环境影响登记表

D. 编制油气开发相关专项规划，应当依法同步编制规划环境影响篇章和说明

43. 根据《石化建设项目环境影响评价文件审批原则（试行）》，关于石化建设项目环境影响评价文件审批原则的说法，错误的是（　　　）。（2020 年考题）

A. 禁止取用地下水

B. 加热炉等采用清洁燃料

C. 新建、扩建项目应位于产业园区，并符合园区规划及规划环境影响评价要求

D. 位于京津冀、长三角、珠三角等区域的新建项目，不得配套建设自备燃煤电站

44. 根据《建设项目环境影响报告书（表）编制监督管理办法》，关于建设项目环境影响报告书（表）编制主体的说法，错误的是（   ）。（2020 年考题）

A. 建设单位不得编制本单位建设项目环境影响评价报告书（表）

B. 技术单位不得与负责审批环境影响报告书（表）的生态环境主管部门存在任何利益关系

C. 任何单位和个人不得为建设单位指定编制环境影响报告书（表）的技术单位

D. 技术单位不得与负责审批环境影响报告书（表）的其他有关审批部门存在任何利益关系

45. 根据《建设项目环境影响报告书（表）编制监督管理办法》，下列建设项目环境影响评价报告书（表）质量问题情形中，不属于由市级以上生态环境主管部门对建设单位、技术单位和编制人员给予通报批评的是（   ）。（2020 年考题）

A. 污染源源强核算方法错误的   B. 未按相关规定提出环境保护措施的

C. 环境影响因素分析不全或者错误的   D. 遗漏自然保护区等环境保护目标的

46. 根据《建设项目环境保护管理条例》，建设单位应当在（   ）将环境影响报告表报有审批权的生态环境主管部门审批。（2021 年考题）

A. 取得立项文件后   B. 开工建设前   C. 开工建设的同时   D. 项目建设完成后

47. 根据《建设项目环境保护管理条例》，建设项目有（   ）情形的，生态环境主管部门应当对环境影响报告书作出不予批准的决定。（2021 年考题）

A. 建设项目类型不符合园区规划

B. 所在区域环境质量未达到国家或者地方环境质量标准

C. 环境影响报告书内容存在错误

D. 改扩建项目，未针对项目原有环境污染和生态破坏提出有效防治措施

48. 根据《污染影响类建设项目重大变动清单（试行)》，以下（   ）属于重大变动。（2021 年考题）

A. 生产能力增大 25%

B. 位于达标区的建设项目生产能力增大，导致可吸入颗粒物排放量增加 5%

C. 生产能力增大，导致废水第一类污染物排放量增加 10%以下

D. 废水直接排放口位置变化

49. 根据《关于做好环境影响评价制度与排污许可制衔接相关工作的通知》，以下关于分期建设项目申请排污许可证的说法中，错误的是（   ）。（2021 年考题）

A．环境影响报告书应当列明分期建设内容

B．环境影响报告书应当明确分期实施后排放口数量、位置

C．环境影响报告书应当明确分期实施后与污染物排放相关的主要内容，建设单位可在全部建设完成后一次性申请排污许可证

D．分期实施的允许排放量之和不得高于建设项目的总允许排放量

50．根据《汽车整车制造建设项目环境影响评价文件审批原则（试行）》，以下说法中错误的是（　　）。（2021年考题）

A．原则上不再审批传统燃油汽车生产新设企业的项目

B．大气污染防治重点区域内新建、扩建汽车项目，涂装工艺应采用水性涂料等低挥发性有机物含量涂料

C．各燃烧类处理设施采用天然气等清洁能源作为燃料

D．制定周边环境质量的自行监测计划，明确网点布设、监测因子、监测频次和信息公开要求

51．根据《建设项目环境影响后评价管理办法（试行）》，以下建设项目运行过程中产生不符合经审批的环境影响报告书情形中，不属于应当开展环境影响后评价的是（　　）。（2021年考题）

A．实际环境影响程度和范围较大，且主要环境影响在项目建成运行一定时期后逐步显现的煤炭开采项目

B．穿越自然保护区的铁路项目

C．有重大环境风险，建设地点敏感，且持续排放重金属的有色金属冶炼项目

D．建设地点敏感，且涉及高挥发性有机物排放的注塑项目

52．根据《建设项目环境影响后评价管理办法（试行）》，建设项目环境影响后评价应当在（　　）开展。（2021年考题）

A．建设项目竣工环境保护验收完成，正式投入生产或者运营后

B．建设项目正式投入生产或者运营后三年后，待其主要环境影响逐步显现时

C．建设项目正式投入生产或者运营后三至五年内

D．建设项目正式投入生产或者运营五年后，待其主要环境影响逐步显现时

53．根据《建设项目环境影响报告书（表）编制监督管理办法》，以下单位中，可以作为技术单位主持编制环境影响报告书（表）的是（　　）。（2021年考题）

A．生态环境主管部门设立的事业单位

B．由建设单位法定代表人出资的单位

C．由生态环境主管部门作为业务主管单位的社会组织出资的单位

D．个体工商户

54．根据《建设项目环境影响报告书（表）编制监督管理办法》，以下环境影响

报告书（表）存在的问题中，（　　　）属于严重质量问题。（2021年考题）

A. 降低环境影响评价标准的

B. 遗漏环境保护目标的

C. 环境影响预测与评价结果错误的

D. 缩小环境影响评价范围，致使环境影响评价结论不合理的

55. 根据《建设项目环境影响报告书（表）编制监督管理办法》，以下情形中不属于环境影响评价信用管理对象的失信行为的是（　　　）。（2021年考题）

A. 编制人员信息发生变化，未在二十个工作日内在信用平台变更的

B. 未进行环境影响评价质量控制的

C. 环境影响报告表的主要编制人员为编制单位的临聘人员的

D. 环境影响报告书主要编制人员未取得环境影响评价工程师职业资格证书的

56. 根据《建设项目环境影响报告书（表）编制单位和编制人员信息公开管理规定（试行）》，以下不属于编制主持人基本情况信息的是（　　　）。（2021年考题）

A. 身份证件类型及号码　　　　B. 登记行业类别

C. 全职情况材料　　　　　　　D. 环境影响评价工程师职业资格证书取得时间

二、不定项选择题

1. 《建设项目环境影响评价分类管理名录》所称环境敏感区包括（　　　）。（2015年考题）

A. 重要湿地　　　　　　　　　B. 自然保护区

C. 工业集中区　　　　　　　　D. 以行政办公为主要功能的区域

2. 根据《关于印发建设项目环境影响评价信息公开机制方案的通知》，要求建设单位公开的环评信息包括（　　　）。（2016年考题）

A. 建设项目开工前的信息　　　B. 环境影响报告书编制信息

C. 建设项目施工过程中的信息　D. 建设项目环境影响评价审批信息

3. 根据《建设项目环境保护事中事后监督管理办法（试行）》，建设项目审批和事中监督管理过程中发现环境影响文件存在（　　　）的，应当依法对环境影响评价机构和相关人员进行处罚。（2016年考题）

A. 信息公开内容不完整　　　　B. 重要环境保护目标遗漏

C. 主要环境保护措施缺失　　　D. 环境影响评价结论错误

4. 根据《建设项目环境影响后评价管理办法（试行）》，（　　　）应当开展环境影响后评价。（2016年考题）

A. 穿越重要生态环境敏感区的高速公路建设项目

B. 生产原料、工艺和环保措施发生重大变动的化工建设项目

C. 当地环境保护主管部门认为应当开展环境影响后评价的造纸项目

D. 有重大环境风险，建设地点敏感，且持续排放持久性有机污染物的建设项目

5. 根据《建设项目环境影响后评价管理办法（试行）》，受建设单位或生产经营单位委托，可以承担后评价文件编制的工作机构有（　　）。（2016年考题）

A. 大专院校　　B. 工程设计单位　　C. 相关评估机构　　D. 环境影响评价机构

6. 根据《关于进一步加强环境影响评价管理防范环境风险的通知》，环境风险预测设定的最大可信事故应包括（　　）。（2017年考题）

A. 项目施工过程中生产设施发生火灾事故

B. 项目施工过程中生产设施发生爆炸事故

C. 项目营运过程中生产设施发生火灾、爆炸事故

D. 项目营运过程中生产设施发生危险物质泄漏事故

7. 根据《建设项目环境影响评价信息公开机制方案》，到2016年底，建立全过程、全覆盖的建设项目环评信息公开机制，保障公众对项目建设的环境影响（　　）。（2017年考题）

A. 知情权　　　　B. 参与权　　　　C. 审核权　　　　D. 监督权

8. 根据《关于以改善环境质量为核心加强环境影响评价管理的通知》，下列说法中，错误的有（　　）。（2017年考题）

A. 禁止在优先保护类耕地集中区域新建制革项目

B. 对环境质量现状超标的地区，依法不予审批该地区建设项目环评文件

C. 对未达到环境质量目标考核要求的地区，依法暂停审批该地区新增排放污染物的项目环评文件

D. 对于现有同类型项目环境污染严重，致使环境容量接近承载能力的地区，在现有问题整改到位前，依法暂停审批该地区新建同类行业的项目环评文件

9. 根据《建设项目环境保护事中事后监督管理办法（试行）》，属于事中监督管理的内容有（　　）。（2017年考题）

A. 施工期环境监理和环境监测开展情况

B. 竣工环境保护验收和排污许可证的实施情况

C. 开展环境影响后评价及落实相应改进措施的情况

D. 环境保护法律法规的遵守情况和环境保护部门作出的行政处罚决定落实情况

10. 根据《建设项目环境影响评价分类管理名录》，下列区域中，属于环境敏感区的有（　　）。（2018年考题）

A. 基本农田　　　　　　　　　B. 海洋特别保护区

C. 水生生物的自然产卵场　　　D. 以科研、行政办公等为主要功能的区域

11. 根据《关于进一步加强水电建设环境保护工作的通知》，下列水电工程中属

于应纳入"三通一平"工程，开展环境影响评价的有（　　　）。（2018 年考题）

A. 围堰工程　　　　　　　　　　　B. 河床内导流工程

C. 筹建及准备期相关工程　　　　　D. 水生生态保护的相关措施工程

12. 根据《建设项目环境保护管理条例》，下列环影响报告书（表）内容中属于环境保护行政主管部门审批应当重点审查的有（　　　）。（2018 年考题）

A. 建设项目的环境可行性　　　　　B. 环境保护措施的有效性

C. 基础资料、数据的准确性　　　　D. 环境影响评价结论的科学性

13. 根据《建设项目环境影响后评价管理办法（试行）》，下列单位中，属于原则上不得承担建设项目环境影响后评价文件编制工作的有（　　　）。（2018 年考题）

A. 大专院校

B. 承担该建设项目设计的工程设计单位

C. 承担该建设项目环境影响报告书技术评估的评估机构

D. 编制该建设项目环境影响报告书的环境影响评价机构

14. 根据《建设项目环境保护管理条例》，生态环境主管部门应当对建设项目环境影响报告书、环境影响报告表作出不予批准决定的情形有（　　　）。（2019 年考题）

A. 建设项目的环境影响报告书、环境影响报告表的基础资料数据明显不实

B. 所在区域环境质量未达到国家或者地方环境质量标准，且建设项目拟采取的措施不能满足区域环境质量改善目标管理要求

C. 建设项目的环境影响报告书、环境影响报告表的内容存在重大缺陷、遗漏

D. 改建、扩建和技术改造项目，未针对项目原有环境污染和生态破坏提出有效防治措施

15. 根据《建设项目环境保护事中事后监督管理办法（试行）》（环发〔2015〕16 号），事后监督管理的主要依据是（　　　）。（2019 年考题）

A. 依法取得的排污许可证

B. 经批准的环境影响评价文件及批复文件

C. 环境影响后评价提出的改进措施

D. 环境保护有关法律法规的要求和技术标准规范

16. 根据《环境影响评价公众参与办法》建设单位向生态环境主管部门报批环境影响报告书前，应当组织编写建设项目环境影响评价公众参与说明，公众参与说明主要内容包括（　　　）。（2019 年考题）

A. 环境影响报告书编制情况

B. 公众参与的过程、范围和内容

C. 公众意见收集整理和归纳分析情况

D. 公众意见采纳情况，或者未采纳情况、理由及向公众反馈的情况等

17. 根据《建设项目竣工环境保护验收暂行办法》，建设项目竣工环境保护验收的主要依据包括（　　）。（2019 年考题）

A. 建设项目环境保护相关法律、法规、规章、标准和规范性文件

B. 建设项目竣工环境保护验收技术规范

C. 建设项目环境影响报告书（表）及审批部门审批决定

D. 建设项目可研资料及立项审批文件

18. 根据《关于印发建设项目竣工环境保护验收现场检查及审查要点的通知》（环办〔2015〕113 号）中的附件《公路建设项目验收现场检查及审查要点》，公路建设项目验收现场检查及审查要点内容有（　　）。（2019 年考题）

A. 核查工程建设性质、内容、线位、主要技术指标、控制点与环评文件及批复的一致性

B. 公路中心线两侧声环境敏感点分布情况，敏感点建设时序、执行声环境功能区标准情况

C. 服务设施污水处理设施建设、运行和排放情况

D. 突发环境事件应急预案编制、备案和演练情况

19. 根据《建设项目环境影响后评价管理办法（试行）》，下列建设项目运行过程中产生不符合经审批的环境影响报告书情形的，应当开展环境影响后评价的有（　　）。（2019 年考题）

A. 穿越重要生态环境敏感区的建设项目

B. 冶金行业中有重大环境风险，建设地点敏感，且持续排放重金属的建设项目

C. 化工行业中有重大环境风险，建设地点敏感，且持续排放持久性有机污染物的建设项目

D. 铁路行业中实际环境影响程度和范围较大，且主要环境影响在项目建成运行一定时期后逐步显现的建设项目

20. 根据《建设项目危险废物环境影响评价指南》，下列分析内容中，属于危险废物贮存场所（设施）环境影响分析应当包括的内容有（　　）。（2020 年考题）

A. 危险废物贮存场选址的可行性

B. 危险废物贮存场所环境风险评价

C. 危险废物贮存场所（设施）的能力是否满足要求

D. 危险废物贮存过程中对环境空气、地表水、地下水、土壤以及环境敏感保护目标可能造成的影响

21. 根据《建设项目环境影响后评价管理办法（试行）》，下列建设项目运行过程中产生不符合经审批的环境影响报告书的情形中，属于应当开展环境影响后评价的有（　　）。（2020 年考题）

A. 位于城市近郊的医药项目   B. 穿越自然保护区的高速公路项目

C. 位于某港口的石化项目   D. 主要环境影响逐步显现的铅冶炼项目

22. 根据《建设项目环境影响报告书（表）编制监督管理办法》，关于编制单位和编制人员信息公开的有关说法，错误的有（　　　）。（2020 年考题）

A. 编制人员信用编号由编制单位根据单位信息生成，在信用平台发布

B. 编制单位和编制人员应当对提交信息的真实性、准确性和完整性负责

C. 编制单位和编制人员应当通过信用平台提交本单位和本人的基本情况信息

D. 编制单位相关信息发生变化的，应当自发生变化之日起三十个工作日内在信用平台变更

23. 根据《建设项目环境影响评价分类管理名录》，以下属于名录所称环境敏感区的有（　　　）。（2021 年考题）

A. 依法设立的各级各类保护区域   B. 对建设项目产生的环境影响特别敏感的区域

C. 饮用水水源准保护区   D. 水生生物的自然产卵场、索饵场、越冬场

24. 根据《污染影响类建设项目重大变动清单（试行）》，以下不属于重大变动的情形有（　　　）。（2021 年考题）

A. 废水间接排放口位置发生变化

B. 废气无组织排放改为有组织排放

C. 生产能力增大 10%，导致间接排放的废水中第一类污染物排放量增加 5%

D. 调整总平面布置，导致环境防护距离增大，但未新增敏感点

25. 根据《关于进一步加强石油天然气行业环境影响评价管理的通知》，以下说法中，正确的有（　　　）。（2021 年考题）

A. 油气开采项目原则上应当以区块为单位开展环评

B. 编制油气开发相关专项规划，应当依法同步编制规划环境影响报告书

C. 各级生态环境主管部门在审批区块环评时，应首先征求行业主管部门的意见

D. 陆地油气长输管道项目，原则上应当单独编制环评文件

26. 根据《建设项目环境保护管理条例》，环境保护行政主管部门审批环境影响报告书、环境影响报告表，应当重点审查（　　　）。（2021 年考题）

A. 环境保护措施的有效性   B. 环境质量现状的真实性

C. 环境影响评价结论的科学性   D. 环境影响分析预测评估的可靠性

27. 根据《环境影响评价法》，建设项目环境影响报告书存在基础资料明显不实，内容存在重大缺陷、遗漏或者虚假，环境影响评价结论不正确或者不合理等严重质量问题的，设区的市级以上人民政府生态环境主管部门可采取的处罚有（　　　）。（2021 年考题）

A. 对建设单位处五十万元以上二百万元以下的罚款

B. 对报告书编制技术单位处所收费用五倍以上十倍以下的罚款

C. 对建设单位的法定代表人处五万元以上二十万元以下的罚款

D. 对报告书编制技术单位法定代表人处五万元以上二十万元以下的罚款

参考答案

一、单项选择题

1. D 【解析】化工石化、有色冶炼、制浆造纸等可能引发环境风险的项目，在符合国家产业政策和清洁生产水平要求、满足污染物排放标准以及污染物排放总量控制指标的前提下，必须在依法设立、环境保护基础设施齐全并经规划环评的产业园区内布设。

2. C 【解析】根据该通知中的《石油炼制与石油化工建设项目重大变动清单（试行）》，"一次炼油加工能力、乙烯裂解加工能力增大 30%及以上；储罐总数量或总容积增大 30%及以上"属于重大变动。

3. A 【解析】《建设项目环境影响评价文件分级审批规定》第八条："第五条规定以外的建设项目环境影响评价文件的审批权限，由省级环境保护部门参照第四条及下述原则提出分级审批建议，报省级人民政府批准后实施，并抄报环境保护部。""（二）化工、造纸、电镀、印染、酿造、味精、柠檬酸、酶制剂、酵母等污染较重的建设项目环境影响评价文件由省级或地级市环境保护部门负责审批。"

4. C 【解析】《建设项目环境保护事中事后监督管理办法（试行）》第六条："事中监督管理的内容主要是，经批准的环境影响评价文件及批复中提出的环境保护措施落实情况和公开情况；施工期环境监理和环境监测开展情况；竣工环境保护验收和排污许可证的实施情况；环境保护法律法规的遵守情况和环境保护部门做出的行政处罚决定落实情况。"按照相关要求开展环境影响后评价情况的监督管理是事后监督管理内容。

5. B 【解析】《环境影响评价法》第二十七条："在项目建设、运行过程中产生不符合经审批的环境影响评价文件的情形的，建设单位应当组织环境影响的后评价，采取改进措施，并报原环境影响评价文件审批部门和建设项目审批部门备案；原环境影响评价文件审批部门也可以责成建设单位进行环境影响的后评价，采取改进措施。"

6. A 【解析】根据《关于进一步加强水电建设环境保护工作的通知》："要规范水电项目'三通一平'工程环境影响评价工作。水电项目筹建及准备期相关工程应作为一个整体项目纳入'三通一平'工程开展环境影响评价。水生生态保护的相关措施应列为水电项目筹建及准备期工作内容；围堰工程（包括分期围堰）和河床内导流工程作为主体工程内容，不纳入'三通一平'工程范围。在水电建设项目环境影响评价中要有'三通一平'工程环境影响回顾性评价内容。"

7．B　【解析】《环境影响评价法》第二十四条："建设项目的环境影响评价文件经批准后，建设项目的性质、规模、地点、采用的生产工艺或者防治污染、防止生态破坏的措施发生重大变动的，建设单位应当重新报批建设项目的环境影响评价文件。建设项目的环境影响评价文件自批准之日起超过五年，方决定该项目开工建设的，其环境影响评价文件应当报原审批部门重新审核；原审批部门应当自收到建设项目环境影响评价文件之日起十日内，将审核意见书面通知建设单位。"

8．D　【解析】该通知附件中《火电建设项目重大变动清单（试行）》："热电联产机组供热替代量减少 10%及以上。"

9．A　【解析】《建设项目环境影响评价文件分级审批规定》第五条："环境保护部负责审批下列类型的建设项目环境影响评价文件：（一）核设施、绝密工程等特殊性质的建设项目；（二）跨省、自治区、直辖市行政区域的建设项目；（三）由国务院审批或核准的建设项目，由国务院授权有关部门审批或核准的建设项目，由国务院有关部门备案的对环境可能造成重大影响的特殊性质的建设项目。"

10．A　【解析】《火电建设项目环境影响评价文件审批原则（试行）》：煤场和灰场采取有效的抑尘措施，厂界无组织排放符合相关标准限值要求。在环境敏感区或区域颗粒物超标地区设置封闭煤场。工业用水禁止取用地下水。单位发电量的煤耗、水耗和污染物排放量等指标达到清洁生产先进水平。

11．D　【解析】《"十三五"环境影响评价改革实施方案》：对高质量完成规划环评、各类管理清单清晰可行的产业园区，试点降低园区内部分行业项目环评文件的类别。注意"试点"两个字。

12．D　【解析】《建设项目环境影响后评价管理办法（试行）》："第三条　下列建设项目运行过程中产生不符合经审批的环境影响报告书情形的，应当开展环境影响后评价……（二）冶金、石化和化工行业中有重大环境风险，建设地点敏感，且持续排放重金属或者持久性有机污染物的建设项目。"

13．A　【解析】《建设项目环境影响后评价管理办法（试行）》第六条："建设单位或者生产经营单位负责组织开展环境影响后评价工作，编制环境影响后评价文件，并对环境影响后评价结论负责。"

14．D　【解析】《建设项目环境影响登记表备案管理办法》第六条："建设项目的建设地点涉及多个县级行政区域的，建设单位应当分别向各建设地点所在地的县级环境保护主管部门备案"。第七条："建设项目环境影响登记表备案采用网上备案方式。对国家规定需要保密的建设项目，建设项目环境影响登记表备案采用纸质备案方式。"

15．C　【解析】《建设项目环境保护管理条例》第九条："环境保护行政主管部门审批环境影响报告书、环境影响报告表，应当重点审查建设项目的环境可行性、环境影响分析预测评估的可靠性、环境保护措施的有效性、环境影响评价结论的科学性等，并分别自收到环境影响报告书之日起 60 日内、收到环境影响报告表之日起 30 日内，作出审批决定并书面通知建设单位。"

16．A　【解析】《高速公路建设项目重大变动清单（试行）》："规模：1.车道数或设计车速增加。2. 线路长度增加 30%及以上。地点：3. 线路横向位移超出 200 米的长度累计达到原线路长度的 30%及以上。4. 工程线路、服务区等附属设施或特大桥、特长隧道等发生变化，导致评价范围内出现新的自然保护区、风景名胜区、饮用水水源保护区等生态敏感区，或导致出现新的城市规划区和建成区。5. 项目变动导致新增声环境敏感点数量累计达到原敏感点数量的 30%及以上。"

17．C　【解析】《关于做好环境影响评价制度与排污许可制衔接相关工作的通知》："四、分期建设的项目，环境影响报告书（表）以及审批文件应当列明分期建设内容，明确分期实施后排放口数量、位置以及每个排放口的污染物种类、允许排放浓度和允许排放量、排放方式、排放去向、自行监测计划等与污染物排放相关的主要内容，建设单位应据此分期申请排污许可证。"

18．D　【解析】《汽车整车制造建设项目环境影响评价文件审批原则（试行）》第四条："大气污染防治重点区域内新建、扩建汽车项目，水性涂料等低挥发性有机物含量涂料占总涂料使用量比例不低于 80%。"

19．B　【解析】《关于以改善环境质量为核心加强环境影响评价管理的通知》："对未达到环境质量目标考核要求的地区，除民生项目与节能减排项目外，依法暂停审批该地区新增排放相应重点污染物的项目环评文件。"

20．A　【解析】《建设项目环境保护事中事后监督管理办法（试行）》第三条："事中监督管理的主要依据是经批准的环境影响评价文件及批复文件、环境保护有关法律法规的要求和技术标准规范。"

21．B　【解析】根据《关于强化建设项目环境影响评价事中事后监管的实施意见》，对环保部门要重点检查其对建设项目环境保护"三同时"监督检查情况，是事后监管的内容。

22．A　【解析】《建设项目竣工环境保护验收暂行办法》第四条："建设单位是建设项目竣工环境保护验收的责任主体。"

23．A　【解析】《建设项目竣工环境保护验收暂行办法》第十一条："（三）验收报告编制完成后 5 个工作日内，公开验收报告，公示的期限不得少于 20 个工作日。建设单位公开上述信息的同时，应当向所在地县级以上环境保护主管部门报送相关信息，并接受监督检查。"第七条："验收监测（调查）报告编制完成后，建设单位应当根据验收监测（调查）报告结论，逐一检查是否存在本办法第八条所列验收不合格的情形，提出验收意见。存在问题的，建设单位应当进行整改，整改完成后方可提出验收意见。"

24．D　【解析】《建设项目环境影响后评价管理办法（试行）》第七条："建设项目环境影响后评价文件应当包括以下内容：（一）建设项目过程回顾，包括环境影响评价、环境保护措施落实、环境保护设施竣工验收、环境监测情况，以及公众意见收集调查情况等；（二）建设项目工程评价，包括项目地点、规模、生产工艺或者运行调度方式，环境污染或者生态影响的来源、影响方式、程度和范围等；（三）区域环境变化评价，包括建设项目周围区域环境敏感目标变化、污染源或者其他影响源变化、环境质量现状和变化趋势分析等；（四）环境保护措施有效性评估，包括环境影响报告书规定的污染防治、生态保护和风险防范措施是否适用、有效，能否达到国家或者地方相关法律、法规、标准的要求等；（五）环境影响预测验证，包括主要环境要素的预测影响与实际影响差异，原环境影响报告书内容和结论有无重大漏项或者明显错误，持久性、累积性和不确定性环境影响的表现等；（六）环境保护补救方案和改进措施；（七）环境影响后评价结论。"

25．D　【解析】《关于做好生物多样性保护优先区域有关工作的通知》规定："优先区域内要优化城镇开发建设活动的规模、结构和布局，严格控制高耗能、高排放行业发展，新引入的行业、企业不得对优先区域生物多样性造成影响。城镇开发建设活动要避免占用重要物种原生境，不得破坏古树名木，保护城市生物多样性。城镇绿化应优先选用本地物种资源，科学规范外来物种引进，防止外来物种入侵。"

26．A　【解析】《港口建设项目重大变动清单（试行）》："3.码头设计通过能力增加30%及以上。""5.危险品储罐数量增加30%及以上。""7.集装箱危险品堆场位置发生变化导致环境风险增加。""11.矿石码头堆场防尘、液化码头油气回收、集装箱码头压载水灭活等主要环境保护措施或环境风险防范措施弱化或降低。"

27．C　【解析】《环境影响评价公众参与办法》第九条："建设单位应当在确定环境影响报告书编制单位后7个工作日内，通过其网站、建设项目所在地公共媒体网站或者建设项目所在地相关政府网站（以下统称网络平台），公开下列信息。"

28．D　【解析】《关于进一步加强涉及自然保护区开发建设活动监督管理的通知》："建设项目选址（线）应尽可能避让自然保护区，确因重大基础设施建设和自然条件等因素限制无法避让的，要严格执行环境影响评价等制度，涉及国家级自然保护区的，建设前须征得省级以上自然保护区主管部门同意，并接受监督。"

29．D　【解析】根据《建设项目危险废物环境影响评价指南》，基本原则：（一）重点评价，科学估算。（二）科学评价，降低风险。（三）全程评价，规范管理。

30．D　【解析】《关于做好生物多样性保护优先区域有关工作的通知》规定："城镇开发建设活动要避免占用重要物种原生境，不得破坏古树名木，保护城市生物多样性。"

31．A　【解析】根据《关于生产和使用消耗臭氧层物质建设项目管理有关工作的通知》："三、新建、改建、扩建生产化工原料用途的消耗臭氧层物质的建设项目，生产的消耗臭氧层物质仅用于企业自身下游化工产品的专用原料用途，不得对外销售。""一、禁止新建、扩建生产和使用作为制冷剂、发泡剂、灭火剂、溶剂、清洗剂、加工助剂、气雾剂、土壤熏蒸剂等受控用途的消耗臭氧层物质的建设项目。二、改建、异址建设生产受控用途的消耗臭氧层物质的建设项目，禁止增加消耗臭氧层物质生产能力。""四、新建、改建、扩建副产四氯化碳的建设项目，应当配套建设四氯化碳处置设施。"

32．A　【解析】《关于进一步加强水生生物资源保护　严格环境影响评价管理的通知》："（四）涉及水生生物自然保护区的建设项目环境影响报告书在报送环境保护部门审批前，应征求渔业部门意见。"

33．C　【解析】《环境影响评价从业人员职业道德规范（试行）》："（五）不出借、出租个人有关资格证书、岗位证书，不以个人名义私自承接有关业务，不在本人未参与编制的有关技术文件中署名。""（四）如实向建设单位介绍环评相关政策要求。对建设项目存在违反国家产业政策或者环保准入规定等情形的，要及时通告。""（三）不弄虚作假，不歪曲事实，不隐瞒真实情况，不编造数据信息，不给出有歧义或误导性的工作结论。积极阻止对其所做工作或由其指导完成工作的歪曲和误用。"

34．D　【解析】《建设项目环境保护管理条例》第九条："环境保护行政主管部门审批环境影响报告书、环境影响报告表，应当重点审查建设项目的环境可行性、环境影响分析预测评估的可靠性、环境保护措施的有效性、环境影响评价结论的科学性等。"

35．C　【解析】《关于加强"未批先建"建设项目环境影响评价管理工作的通知》："建设项目于 2015 年 1 月 1 日新《中华人民共和国环境保护法》（以下简称《环境保护法》）施行后开工建设，或者 2015 年 1 月 1 日之前已经开工建设且之后仍然进行建设的，应当适用新《环境保护法》第六十一条规定进行处罚。"

《环境保护法》第六十一条："建设单位未依法提交建设项目环境影响评价文件或者环境影响评价文件未经批准，擅自开工建设的，由负有环境保护监督管理职责的部门责令停止建设，处以罚款，并可以责令恢复原状。"

36．A　【解析】《关于加强"未批先建"建设项目环境影响评价管理工作的通知》："三、环保部门应当按照本通知第一条、第二条规定对'未批先建'等违法行为作出处罚，建设单位主动报批环境影响报告书（表）的，有审批权的环保部门应当受理，并根据技术评估和审查结论分别作出相应处理：（一）对符合环境影响评价审批要求的，依法作出批准决定，并出具审批文件。（二）对存在《建设项目环境保护管理条例》第十一条所列情形之一的，环保部门依法不予批准该项目环境影响报告书（表），并可以依法责令恢复原状。"

37．A　【解析】《关于以改善环境质量为核心加强环境影响评价管理的通知》："（一）……除受自然条件限制、确实无法避让的铁路、公路、航道、防洪、管道、干渠、通讯、输变电等重要基础设施项目外，在生态保护红线范围内，严控各类开发建设活动，依法不予审批新建工业项目和矿产开发项目的环评文件。（二）环境质量底线是国家和地方设置的大气、水和土壤环境质量目标，也是改善环境质量的基准线。""（三）资源是环境的载体，资源利用上线是各地区能源、水、土地等资源消耗不得突破的'天花板'。""（四）……要在规划环评清单式管理试点的基础上，从布局选址、资源利用效率、资源配置方式等方面入手，制定环境准入负面清单，充分发挥负面清单对产业发展和项目准入的指导和约束作用。"

38．A　【解析】《建设项目环境保护管理条例》第十八条："分期建设、分期投入生产或者使用的建设项目，其相应的环境保护设施应当分期验收。"

《建设项目竣工环境保护验收暂行办法》第九条："验收工作组可以由设计单位、施工单位、环境影响报告书（表）编制机构、验收监测（调查）报告编制机构等单位代表以及专业技术专家等组成，代表范围和人数自定。"第四条："建设单位是建设项目竣工环境保护验收的责任主体。"第五条："建设单位不具备编制验收监测（调查）报告能力的，可以委托有能力的技术机构编制。建设单位对受委托的技术机构编制的验收监测（调查）报告结论负责。"

39．C　【解析】《建设项目环境影响后评价管理办法（试行）》第八条："建设项目环境影响后评价应当在建设项目正式投入生产或者运营后三至五年内开展。原审批环境影响报告书的环境保护主管部门也可以根据建设项目的环境影响和环境要素变化特征，确定开展环境影响后评价的时限。"

40．C　【解析】《建设项目环境影响登记表备案管理办法》第六条："建设项目的建设地点涉及多个县级行政区域的，建设单位应当分别向各建设地点所在地的县级环境保护主管部门备案。"

41．D　【解析】D 的正确说法为：分期实施的允许排放量之和不得高于建设项目的总允许排放量。

42．D　【解析】D 的正确说法为：编制油气开发相关专项规划，应当依法同步编制规划环境影响报告书。

43．A　【解析】A 的正确说法为：严格控制取用地下水。

44．A　【解析】A 的正确说法为：建设单位具备环境影响评价技术能力的，可以自行对其建设项目开展环境影响评价，编制环境影响报告书（表）。

45．D　【解析】D 是需要进行处罚的情形。

46．B　【解析】《建设项目环境保护管理条例》第九条："依法应当编制环境影响报告书、环境影响报告表的建设项目，建设单位应当在开工建设前将环境影响报告书、环境影响报告表报有审批权的环境保护行政主管部门审批。"

47．D　【解析】注意 A、C 选项都不在《建设项目环境保护管理条例》第十一条规定范围内，B 选项的正确说法是："所在区域环境质量未达到国家或者地方环境质量标准，且建设项目拟采取的措施不能满足区域环境质量改善目标管理要求。"

48．C　【解析】《污染影响类建设项目重大变动清单（试行）》："2. 生产、处置或储存能力增大 30% 及以上的。""4. ……位于达标区的建设项目生产、处置或储存能力增大，导致污染物排放量增加 10% 及以上的。""3. 生产、处置或储存能力增大，导致废水第一类污染物排放量增加的。""9. ……废水直接排放口位置变化，导致不利环境影响加重的。"

49．C　【解析】《关于做好环境影响评价制度与排污许可制衔接相关工作的通知》："四、分期建设的项目，环境影响报告书（表）以及审批文件应当列明分期建设内容，明确分期实施后排放口数量、位置以及每个排放口的污染物种类、允许排放浓度和允许排放量、排放方式、排放去向、自行监测计划等与污染物排放相关的主要内容，建设单位应据此分期申请排污许可证。"注意应分期申请。

50．B　【解析】《汽车整车制造建设项目环境影响评价文件审批原则（试行）》中 B 选项的正确说法是："大气污染防治重点区域内新建、扩建汽车项目，水性涂料等低挥发性有机物含量涂料占总涂料使用量比例不低于 80%。"

51．D　【解析】D 选项不在《建设项目环境影响后评价管理办法（试行）》第三条规定的范围内。

52．C　【解析】《建设项目环境影响后评价管理办法（试行）》第八条："建设项目环境影响后评价应当在建设项目正式投入生产或者运营后三至五年内开展。"

53．B　【解析】A、C 均属于《建设项目环境影响报告书（表）编制监督管理办法》第九条中规定的不得作为技术单位编制环境影响报告书（表），D 属于第九条中规定的不得主持编制环境影响报告书（表）。

54．D　【解析】《建设项目环境影响报告书（表）编制监督管理办法》第二十六条："有前款规定的情形，致使环境影响评价结论不正确、不合理或者同时有本办法第二十七条规定情形的，依照本办法第二十七条的规定予以处罚。"

55．D　【解析】《建设项目环境影响报告书（表）编制监督管理办法》第十条："环境影响报告书（表）的编制主持人和主要编制人员应当为编制单位中的全职人员，环境影响报告书（表）的编制主持人还应当为取得环境影响评价工程师职业资格证书的人员。"不要求主要编制人员取得环境影响评价工程师职业资格证书。

56．B　【解析】《建设项目环境影响报告书（表）编制单位和编制人员信息公开管理规定（试行）》中没有行业类别的说法。

二、不定项选择题

1. ABD 【解析】《建设项目环境影响评价分类管理名录》第三条："本名录所称环境敏感区，是指依法设立的各级各类保护区域和对建设项目产生的环境影响特别敏感的区域，主要包括下列区域：（一）国家公园、自然保护区、风景名胜区、世界文化和自然遗产地、海洋特别保护区、饮用水水源保护区；（二）除（一）外的生态保护红线管控范围，永久基本农田、基本草原、自然公园（森林公园、地质公园、海洋公园等）、重要湿地、天然林，重点保护野生动物栖息地，重点保护野生植物生长繁殖地，重要水生生物的自然产卵场、索饵场、越冬场和洄游通道，天然渔场，水土流失重点预防区和重点治理区、沙化土地封禁保护区、封闭及半封闭海域；（三）以居住、医疗卫生、文化教育、科研、行政办公为主要功能的区域，以及文物保护单位。"

2. ABC 【解析】建设项目环境影响报告书（表）审批信息属环境保护主管部门环评信息公开的内容。建设单位需公开建设项目建成后的信息，包括向社会公开建设项目环评提出的各项环境保护设施和措施执行情况、竣工环境保护验收监测和调查结果。

3. BCD 【解析】《建设项目环境保护事中事后监督管理办法（试行）》第十二条："建设项目审批和事中监督管理过程中发现环境影响评价文件存在重要环境保护目标遗漏、主要环境保护措施缺失、环境影响评价结论错误、因环境影响评价文件所提污染防治和生态保护措施不合理而造成重大环境污染事故或存在重大环境风险隐患的，对环境影响评价机构和相关人员，除依照《环境影响评价法》的规定降低资质等级或者吊销资质证书并处罚款外，还应当依法追究连带责任。"

4. A 【解析】《建设项目环境影响后评价管理办法（试行）》第三条："下列建设项目运行过程中产生不符合经审批的环境影响报告书情形的，应当开展环境影响后评价：（一）水利、水电、采掘、港口、铁路行业中实际环境影响程度和范围较大，且主要环境影响在项目建成运行一定时期后逐步显现的建设项目，以及其他行业中穿越重要生态环境敏感区的建设项目；（二）冶金、石化和化工行业中有重大环境风险，建设地点敏感，且持续排放重金属或者持久性有机污染物的建设项目；（三）审批环境影响报告书的环境保护主管部门认为应当开展环境影响后评价的其他建设项目。"

5. ABCD 【解析】建设单位或者生产经营单位可以委托环境影响评价机构、工程设计单位、大专院校和相关评估机构等编制环境影响后评价文件。

6. ABCD 【解析】《关于进一步加强环境影响评价管理防范环境风险的通知》："环境风险预测设定的最大可信事故应包括项目施工、营运等过程中生产设施发生火灾、爆炸，危险物质发生泄漏等事故。"

7．ABD 【解析】《建设项目环境影响评价信息公开机制方案》："到2016年底，建立全过程、全覆盖的建设项目环评信息公开机制，保障公众对项目建设的环境影响知情权、参与权和监督权。"

8．ABCD 【解析】选项A的正确说法是："严格控制在优先保护类耕地集中区域新建有色金属冶炼、石油加工、化工、焦化、电镀、制革等项目。"选项B的正确说法是："对环境质量现状超标的地区，项目拟采取的措施不能满足区域环境质量改善目标管理要求的，依法不予审批其环评文件。"选项C的正确说法是："对未达到环境质量目标考核要求的地区，除民生项目与节能减排项目外，依法暂停审批该地区新增排放相应重点污染物的项目环评文件。"选项D的正确说法是："对于现有同类型项目环境污染或生态破坏严重、环境违法违规现象多发，致使环境容量接近或超过承载能力的地区，在现有问题整改到位前，依法暂停审批该地区同类行业的项目环评文件。"（不一定是新建）。

9．ABD 【解析】《建设项目环境保护事中事后监督管理办法（试行）》第六条："事中监督管理的内容主要是，经批准的环境影响评价文件及批复中提出的环境保护措施落实情况和公开情况；施工期环境监理和环境监测开展情况；竣工环境保护验收和排污许可证的实施情况；环境保护法律法规的遵守情况和环境保护部门做出的行政处罚决定落实情况。"

10．BD 【解析】《建设项目环境影响评价分类管理名录》第三条：本名录所称环境敏感区是指依法设立的各级各类保护区域和对建设项目产生的环境影响特别敏感的区域，主要包括下列区域：（一）国家公园、自然保护区、风景名胜区、世界文化和自然遗产地、海洋特别保护区、饮用水水源保护区；（二）除（一）外的生态保护红线管控范围，永久基本农田、基本草原、自然公园（森林公园、地质公园、海洋公园等）、重要湿地、天然林，重点保护野生动物栖息地，重点保护野生植物生长繁殖地，重要水生生物的自然产卵场、索饵场、越冬场和洄游通道，天然渔场，水土流失重点预防区和重点治理区、沙化土地封禁保护区、封闭及半封闭海域；（三）以居住、医疗卫生、文化教育、科研、行政办公为主要功能的区域，以及文物保护单位。

11．CD 【解析】《关于进一步加强水电建设环境保护工作的通知》规定，"水电项目筹建及准备期相关工程应作为一个整体项目纳入'三通一平'工程开展环境影响评价。水生生态保护的相关措施应列为水电项目筹建及准备期工作内容；围堰工程（包括分期围堰）和河床内导流工程作为主体工程内容，不纳入'三通一平'工程范围。在水电建设项目环境影响评价中要有'三通一平'工程环境影响回顾性评价内容。"

12．ABD 【解析】《建设项目环境保护管理条例》第九条："环境保护行政主管部门审批环境影响报告书、环境影响报告表，应当重点审查建设项目的环境可行性、环境影响分析预测评估的可靠性、环境保护措施的有效性、环境影响评价结论的科学性等。"

13．D　【解析】《建设项目环境影响后评价管理办法（试行）》第六条："建设单位或者生产经营单位负责组织开展环境影响后评价工作，编制环境影响后评价文件，并对环境影响后评价结论负责。建设单位或者生产经营单位可以委托环境影响评价机构、工程设计单位、大专院校和相关评估机构等编制环境影响后评价文件。编制建设项目环境影响报告书的环境影响评价机构，原则上不得承担该建设项目环境影响后评价文件的编制工作。"

14．ABCD　【解析】《建设项目环境保护管理条例》第十一条："建设项目有下列情形之一的，环境保护行政主管部门应当对环境影响报告书、环境影响报告表作出不予批准的决定：（一）建设项目类型及其选址、布局、规模等不符合环境保护法律法规和相关法定规划；（二）所在区域环境质量未达到国家或者地方环境质量标准，且建设项目拟采取的措施不能满足区域环境质量改善目标管理要求；（三）建设项目采取的污染防治措施无法确保污染物排放达到国家和地方排放标准，或者未采取必要措施预防和控制生态破坏；（四）改建、扩建和技术改造项目，未针对项目原有环境污染和生态破坏提出有效防治措施；（五）建设项目的环境影响报告书、环境影响报告表的基础资料数据明显不实，内容存在重大缺陷、遗漏，或者环境影响评价结论不明确、不合理。"

15．ABCD　【解析】《建设项目环境保护事中事后监督管理办法（试行）》第三条："事后监督管理的主要依据是依法取得的排污许可证、经批准的环境影响评价文件及批复文件、环境影响后评价提出的改进措施、环境保护有关法律法规的要求和技术标准规范。"

16．BCD　【解析】《环境影响评价公众参与办法》第十九条："公众参与说明应当包括下列主要内容：（一）公众参与的过程、范围和内容；（二）公众意见收集整理和归纳分析情况；（三）公众意见采纳情况，或者未采纳情况、理由及向公众反馈的情况等。"

17．ABC　【解析】《建设项目竣工环境保护验收暂行办法》第三条："建设项目竣工环境保护验收的主要依据包括：（一）建设项目环境保护相关法律、法规、规章、标准和规范性文件；（二）建设项目竣工环境保护验收技术规范；（三）建设项目环境影响报告书（表）及审批部门审批决定。"

18．ABCD　【解析】《公路建设项目验收现场检查及审查要点》："一、工程建设情况。核查工程建设性质、内容、线位、主要技术指标、控制点与环评文件及批复的一致性。""二、环境保护措施落实情况。……（二）声环境：公路中心线两侧声环境敏感点分布情况，敏感点建设时序、执行声环境功能区标准情况。……（三）水环境：服务设施污水处理设施建设、运行和排放情况。……（五）环境风险防范：环境风险防范设施、环境应急装备、物资配置情况，突发环境事件应急预案编制、备案和演练情况。"

19．ABCD　【解析】《建设项目环境影响后评价管理办法（试行）》第三条："下列建设项目运行过程中产生不符合经审批的环境影响报告书情形的，应当开展环境影响后评价：（一）水利、水电、采掘、港口、铁路行业中实际环境影响程度和范围较大，且主要环境影响在项目建成运行一定时期后逐步显现的建设项目，以及其他行业中穿越重要生态环境敏感区的建设项目；（二）冶金、石化和化工行业中有重大环境风险，建设地点敏感，且持续排放重金属或者持久性有机污染物的建设项目；（三）审批环境影响报告书的环境保护主管部门认为应当开展环境影响后评价的其他建设项目。"

20．ACD　【解析】环境风险评价是环境影响评价技术要求之一，不在环境影响分析内容之列。

21．B　【解析】第三条："下列建设项目运行过程中产生不符合经审批的环境影响报告书情形的，应当开展环境影响后评价：（一）水利、水电、采掘、港口、铁路行业中实际环境影响程度和范围较大，且主要环境影响在项目建成运行一定时期后逐步显现的建设项目，以及其他行业中穿越重要生态环境敏感区的建设项目；（二）冶金、石化和化工行业中有重大环境风险，建设地点敏感，且持续排放重金属或者持久性有机污染物的建设项目。"

22．AD　【解析】A 的正确说法是："生态环境部在信用平台建立编制单位和编制人员的诚信档案，并生成编制人员信用编号；"D 的正确说法是："相关信息发生变化的，应当自发生变化之日起二十个工作日内在信用平台变更。"

23．AB　【解析】第三条：本名录所称环境敏感区是指依法设立的各级各类保护区域和对建设项目产生的环境影响特别敏感的区域。C 选项饮用水水源准保护区不属于饮用水水源保护区。D 选项应前面加"重要"两个字。

24．ABD　【解析】生产、处置或储存能力增大，导致废水第一类污染物排放量增加的，属于该文件规定的重大变动。

25．ABD　【解析】C 选项的正确说法是："各级生态环境主管部门在审批区块环评时，不得违规设置或保留水土保持、规划选址用地（用海）预审、行业或下级生态环境主管部门预审等前置条件。"

26．ACD　【解析】第九条："环境保护行政主管部门审批环境影响报告书、环境影响报告表，应当重点审查建设项目的环境可行性、环境影响分析预测评估的可靠性、环境保护措施的有效性、环境影响评价结论的科学性等。"

27．AC　【解析】第三十二条："对技术单位处所收费用三倍以上五倍以下的罚款。"没有对技术单位法定代表人的处罚条款。

五、环境影响评价相关法律法规

（一）《大气污染防治法》

一、单项选择题

1. 根据《大气污染防治法》大气环境质量限期达标规划的规定，城市大气环境质量限期达标规划应（　　）。（2016年考题）

A. 报国务院环境保护主管部门批准

B. 报国务院环境保护主管部门备案

C. 征求有关行政管理部门以及公众的意见

D. 根据大气污染防治的要求和经济、技术条件适时进行评估、修订

2. 根据《大气污染防治法》燃烧污染防治有关规定，在集中供热管网覆盖地区，下列行为，正确的是（　　）。（2016年考题）

A. 新建天然气锅炉　　　　　　　B. 拆除所有燃煤供热锅炉

C. 扩建采用脱硫煤的锅炉　　　　D. 改建未能达标排放的燃煤供热锅炉

3. 某木制品加工厂采用含有挥发性有机物的粘胶，生产符合欧盟产品质量标准的室内木制地板。根据《大气污染防治法》工业污染防治有关规定，其产品中的挥发性有机物含量应当符合（　　）。（2016年考题）

A. 欧盟产品质量标准要求　　　　B. 国家产品质量标准要求

C. 环境空气质量标准要求　　　　D. 室内空气质量标准要求

4. 某露天贮煤场，煤炭贮量40万t，堆高12 m，采用10 m高的防尘网进行扬尘控制。根据《大气污染防治法》扬尘污染防治有关要求，该贮煤场应进一步完善的扬尘污染防治措施是（　　）。（2016年考题）

A. 设置挡煤墙

B. 定期压实煤堆

C. 围绕煤堆建2 m高的实体围墙

D．防尘网高度加至 12 m 以上，并对煤堆进行有效覆盖

5．根据《大气污染防治法》重点区域大气污染联合防治有关规定，在国家大气污染防治重点区域内新建用煤项目，应当实行（　　）。（2016 年考题）

A．清洁生产审核　　　　　　　　B．节能降耗审核

C．煤炭等量替代　　　　　　　　D．清洁能源替代

6．某省人民政府拟制定该省挥发性有机污染物排放标准。根据《大气污染防治法》大气污染防治标准的有关规定，该标准的制定应当以（　　）为依据。（2017 年考题）

A．大气环境质量标准和大气污染物排放标准

B．大气环境质量标准和国家经济、技术条件

C．大气污染物排放标准和国家经济、技术条件

D．地方大气环境质量标准和地方经济、技术条件

7．根据《大气污染防治法》大气污染源监测的有关规定，企业单位、其他生产经营者应当对其排放的有毒有害大气污染物（　　）。（2017 年考题）

A．进行监测

B．安装自动监测设备进行监测

C．进行监测，并保存原始监测记录

D．安装使用自动监测设备，并与环境保护主管部门的监控设备联网

8．某企业采用挥发性有机物含量低的涂料，在靠近厂界的露天场地进行涂装作业，经监测该侧厂界浓度超标。根据《大气污染防治法》工业污染防治的有关规定，该企业优先考虑的整改措施是（　　）。（2017 年考题）

A．减少涂料的使用量

B．在厂界外设置大气环境防护距离

C．将涂装作业迁至室内进行，并按规定安装使用相应的污染防治措施

D．将涂装作业迁至厂区中央露天场地进行，并确保各厂界污染物浓度达标

9．根据《大气污染防治法》恶臭气体污染防治的有关规定，产生恶臭气体的企业单位，应当科学选址，设置（　　），并安装净化装置或采取其他措施，防止排放恶臭气体。（2017 年考题）

A．环境防护距离　　　　　　　　B．卫生防护距离

C．合理的防护距离　　　　　　　D．大气环境防护距离

10．根据《大气污染防治法》，关于重点排污单位污染源监测有关规定的说法，正确的是（　　）。（2018 年考题）

A．重点排污单位应当对自动监测数据的真实性和准确性负责

B．环境监测机构应当对自动监测数据的真实性和准确性负责

C. 环境保护主管部门及环境监测机构应当对自动监测数据的真实性和准确性负责

D. 重点排污单位及其委托的第三方监测机构应当对自动监测数据的真实性和准确性负责

11. 根据《大气污染防治法》，下列原油成品油码头装置中，属于按国家有关规定应当安装并保持正常使用的是（　　）。（2018 年考题）

A. 油气处理装置　　　　　　　　　B. 油气监控装置

C. 油气报警装置　　　　　　　　　D. 油气回收装置

12. 根据《大气污染防治法》，关于扬尘污染防治有关规定的说法，正确的是（　　）。（2018 年考题）

A. 建筑土方在施工场地内堆存的，应当进行资源化处理

B. 建筑土方在施工场地内堆存的，应当采用密闭式防尘网遮盖

C. 建筑土方在施工场地内堆存的，应当采取相应水土流失防治措施

D. 建筑土方在施工场地内堆存的，应当采取喷淋等方式防治扬尘污染

13. 位于大气污染防治重点区域的甲省拟建设可能对相邻乙省大气环境质量产生重大影响的建设项目。根据《大气污染防治法》，关于该项目大气污染联合防治有关要求的说法，正确的是（　　）。（2018 年考题）

A. 甲省应及时向乙省通报该项目有关信息，进行会商

B. 该项目环境影响评价文件无须考虑对乙省的环境影响

C. 该项目环境影响评价文件审批应征得乙省人民政府的同意

D. 该项目环境影响评价文件应由国务院环境保护主管部门审批

14. 根据《大气污染防治法》，下列说法中，错误的是（　　）。（2019 年考题）

A. 各级人民政府及其农业行政等有关部门应当鼓励和支持秸秆、落叶综合利用

B. 禁止露天焚烧秸秆、落叶

C. 各级人民政府及其农业行政等有关部门应当加大对秸秆还田、收集一体化农业机械的财政补贴力度

D. 县级人民政府应当支持集体经济组织、农民专业合作经济组织、企业等开展秸秆收集、贮存、运输和综合利用服务

15. 贮煤场堆存煤炭高 8 m，环境影响评价污染防治措施应推荐的优先采取的经济技术可行方案是（　　）。（2019 年考题）

A. 建条形仓储煤　　　　　　　　　B. 建 8 m 高围墙

C. 堆层覆盖压实喷雾抑尘　　　　　D. 安装 10 m 高防尘网

16. 根据《大气污染防治法》，重点排污单位（　　）。（2019 年考题）

A. 应当安装、使用大气污染物排放自动监测设备并保证正常运行

B. 大气污染物排放自动监测设备必要时要与生态环境主管部门的监控设备联网

C．应当在本企业内公开废气排放信息，可不对外公开

D．有选择地保存所排放工业废气的原始监测记录

17．根据《大气污染防治法》，下列关于大气环境质量限期达标规划的说法，错误的是（　　　）。（2019 年考题）

A．未达到国家大气环境质量标准城市的人民政府应当及时编制大气环境质量限期达标规划

B．城市大气环境质量限期达标规划应当向社会公开

C．大气环境质量限期达标规划应当报国务院生态环境主管部门备案

D．编制城市大气环境质量限期达标规划应当征求公众意见

18．根据《大气污染防治法》，下列说法，错误的是（　　　）。（2019 年考题）

A．禁止在未配套设立专用烟道的商住综合楼内新建产生油烟、异味、废气的餐饮服务项目

B．任何单位和个人不得在当地人民政府禁止的区域内为露天烧烤食品提供场地

C．禁止私自焚烧沥青、油毡、垃圾以及其他产生有毒有害烟尘和恶臭气体的物质

D．任何单位和个人不得在城市人民政府禁止的时段和区域内燃放烟花爆竹

19．根据《大气污染防治法》，下列关于农业污染防治要求的说法，正确的是（　　　）。（2020 年考题）

A．禁止对树木、花草喷洒剧毒、高毒农药

B．生态环境主管部门应加强对农业生产经营活动排放大气污染物的控制

C．农业生产经营者应减少使用农药，减少氨、挥发性有机物等大气污染物的排放

D．县级人民政府应当组织建立秸秆收集、贮存、运输和综合利用服务体系

20．根据《大气污染防治法》，下列关于燃煤和其他能源污染防治的说法中，错误的是（　　　）。（2021 年考题）

A．限制高硫分、高灰分煤炭的开采

B．新建煤矿应当同步建设配套的煤炭洗选设施

C．已建成的煤矿应当限期建成配套的煤炭洗选设施

D．禁止开采含放射性和砷等有毒有害物质超过规定标准的煤炭

21．根据《大气污染防治法》，关于工业污染防治的说法中，错误的是（　　　）。（2021 年考题）

A．工业企业应当使用低挥发性有机物含量的涂料

B．产生含挥发性有机物废气的生产和服务活动，应当在密闭空间或者设备中进行；无法密闭的，应当采取措施减少废气排放

C．成品油运输船舶应当按照国家有关规定安装油气回收装置并保持正常使用

D．生产和使用有机溶剂的企业，应当采取措施对管道、设备进行日常维护、维修，

减少物料泄漏，对泄漏的物料应当及时收集处理

22. 根据《大气污染防治法》，下列关于扬尘污染防治的说法中，正确的是（   ）。（2021 年考题）

A. 建设单位应当制定具体的施工扬尘污染防治实施方案

B. 从事建筑物拆除的施工单位，应当向住房城乡建设主管部门备案

C. 建筑土方、工程渣土、建筑垃圾在场地内堆存的，应当采用密闭式防尘网遮盖

D. 暂时不能开工的建设用地，建设单位应当对裸露地面进行覆盖；超过一个月的，应当进行绿化、铺装或者遮盖

23. 根据《大气污染防治法》，下列关于重污染天气应对的说法中，错误的是（   ）。（2021 年考题）

A. 县级以上地方人民政府应当将重污染天气应对纳入突发事件应急管理体系

B. 县级以上地方人民政府应当制定重污染天气应急预案

C. 任何单位和个人不得擅自向社会发布重污染天气预报预警信息

D. 县级以上地方人民政府应当依据重污染天气的预警等级，及时启动应急预案

24. 根据《大气污染防治法》，某集中供热燃煤锅炉项目需要采取的措施中，错误的是（   ）。（2021 年考题）

A. 该项目应当实行煤炭的等量或者减量替代

B. 该项目应当采用清洁生产工艺，配套建设除尘、脱硫、脱硝等装置

C. 鼓励该项目采用先进的脱汞技术和装置

D. 该项目应当取得排污许可证

二、不定项选择题

1. 某商住地产项目，一至四层为商业服务设施（包括中餐餐饮），五层及以上为居住层。根据《大气污染防治法》恶臭气体防治有关规定，其环评文件中提出的餐饮设施污染防治措施应包括（   ）。（2016 年考题）

A. 商住楼设置专用烟道

B. 不得设置产生油烟的餐饮服务设施

C. 产生油烟的餐饮服务设施应建在五层以下

D. 餐饮设施安装油烟净化装置并保持正常使用

2. 根据《大气污染防治法》，燃煤和其他能源污染防治有关规定，国家鼓励燃煤单位采用先进的（   ）等大气污染物协同控制的技术和装置减少大气污染物的排放。（2017 年考题）

A. 脱硝   B. 脱酸   C. 脱汞   D. 除尘、脱硫

3. 根据《大气污染防治法》，施工单位应当采取的扬尘污染防治措施有（   ）。

（2017 年考题）

 A. 冲洗地面和车辆

 B. 及时清运建筑垃圾

 C. 在施工工地设置硬质围挡

 D. 暂时不能开工的建设用地，对裸露地面进行覆盖

4. 根据《大气污染防治法》，农业污染防治的有关规定，鼓励和支持采用先进适用技术，对秸秆、落叶等进行（　　　）综合利用。（2017 年考题）

 A. 肥料化   B. 饲料化   C. 减量化   D. 无害化

5. 根据《大气污染防治法》，关于大气环境质量和污染源监测有关规定的说法，正确的有（　　　）。（2018 年考题）

 A. 重点排污单位应当安装、使用大气污染物排放自动监测设备

 B. 重点排污单位应当保证监测设备正常运行并依法公开排放信息

 C. 重点排污单位应将自动监测设备与生态环境主管部门的监控设备联网

 D. 重点排污单位应当委托有相应资质的第三方维护自动监测设备的正常运行

6. 根据《大气污染防治法》，下列依据中，属于国务院生态环境主管部门划定的国家大气污染防治重点区域的有（　　　）。（2018 年考题）

 A. 主体功能区划   B. 大气环境功能区划

 C. 区域大气环境质量状况   D. 大气污染传输扩散规律

7. 根据《大气污染防治法》，关于燃煤污染防治的说法，错误的有（　　　）。（2020 年考题）

 A. 禁止销售不符合民用散煤质量标准的煤炭

 B. 禁止开采含放射性和砷等有毒有害物质的煤炭

 C. 单位存放煤渣、煤灰等物料，应当采取防燃措施，防治大气污染

 D. 未建设煤炭洗选设施的已建成煤矿应当限期建成配套的煤炭洗选设施

8. 某省内一设区市未达到国家大气环境质量标准，根据《大气污染防治法》，以下关于大气污染防治标准和限期达标规划的说法，错误的有（　　　）。（2021 年考题）

 A. 该市人民政府应当及时编制大气环境质量限期达标规划，采取措施，按照国务院或者省级人民政府规定的期限达到大气环境质量标准

 B. 该市的大气环境质量限期达标规划应当报国务院生态环境主管部门备案

 C. 该市人民政府应当每年在向省级人民代表大会报告大气环境质量限期达标规划执行情况

 D. 该市人民政府可在严于国家大气染物排放标准的基础上，制定地方大气污染物排放标准

9. 某项目在生产经营活动中产生恶臭气体，根据《大气污染防治法》，以下说

法，正确的有（　　　）。（2021 年考题）

    A. 该项目应当设置合理的防护距离

    B. 该项目应当安装净化装置或者采取其他措施，防止排放恶臭气体

    C. 该项目应当安装净化装置或者采取其他措施，确保恶臭污染物达标排放

    D. 该项目应当按照国家有关规定建设环境风险预警体系，对排放口和周边环境进行定期监测

参考答案

一、单项选择题

1. D　【解析】第十四条："编制城市大气环境质量限期达标规划，应当征求有关行业协会、企业事业单位、专家和公众等方面的意见。"

第十五条："城市大气环境质量限期达标规划应当向社会公开。直辖市和设区的市的大气环境质量限期达标规划应当报国务院生态环境主管部门备案。"

第十七条："城市大气环境质量限期达标规划应当根据大气污染防治的要求和经济、技术条件适时进行评估、修订。"

2. A　【解析】第三十九条："城市建设应当统筹规划，在燃煤供热地区，推进热电联产和集中供热。在集中供热管网覆盖地区，禁止新建、扩建分散燃煤供热锅炉；已建成的不能达标排放的燃煤供热锅炉，应当在城市人民政府规定的期限内拆除。"

3. B　【解析】第四十四条："生产、进口、销售和使用含挥发性有机物的原材料和产品的，其挥发性有机物含量应当符合质量标准或者要求。"

4. D　【解析】第七十二条："贮存煤炭、煤矸石、煤渣、煤灰、水泥、石灰、石膏、砂土等易产生扬尘的物料应当密闭；不能密闭的，应当设置不低于堆放物高度的严密围挡，并采取有效覆盖措施防治扬尘污染。"

5. C　【解析】第九十条："国家大气污染防治重点区域内新建、改建、扩建用煤项目的，应当实行煤炭的等量或者减量替代。"

6. B　【解析】第九条："国务院生态环境主管部门或者省、自治区、直辖市人民政府制定大气污染物排放标准，应当以大气环境质量标准和国家经济、技术条件为依据。"

7. C　【解析】第二十四条："企业事业单位和其他生产经营者应当按照国家有关规定和监测规范，对其排放的工业废气和本法第七十八条规定名录中所列有毒有害大气污染物进行监测，并保存原始监测记录。"

8. C　【解析】第四十五条："产生含挥发性有机物废气的生产和服务活动，应当在密闭空间或者设备中进行，并按照规定安装、使用污染防治设施；无法密闭

的，应当采取措施减少废气排放。"

9. C 【解析】第八十条："企业事业单位和其他生产经营者在生产经营活动中产生恶臭气体的，应当科学选址，设置合理的防护距离，并安装净化装置或者采取其他措施，防止排放恶臭气体。"

10. A 【解析】第二十五条："重点排污单位应当对自动监测数据的真实性和准确性负责。"

11. D 【解析】第四十七条："储油储气库、加油加气站、原油成品油码头、原油成品油运输船舶和油罐车、气罐车等，应当按照国家有关规定安装油气回收装置并保持正常使用。"

12. B 【解析】第六十九条："施工单位应当在施工工地设置硬质围挡，并采取覆盖、分段作业、择时施工、洒水抑尘、冲洗地面和车辆等有效防尘降尘措施。建筑土方、工程渣土、建筑垃圾应当及时清运；在场地内堆存的，应当采用密闭式防尘网遮盖。工程渣土、建筑垃圾应当进行资源化处理。"

13. A 【解析】第八十九条："重点区域内有关省、自治区、直辖市建设可能对相邻省、自治区、直辖市大气环境质量产生重大影响的项目，应当及时通报有关信息，进行会商。"

14. B 【解析】B 的正确说法是第七十七条："省、自治区、直辖市人民政府应当划定区域，禁止露天焚烧秸秆、落叶等产生烟尘污染的物质。"注意是在人民政府划定的区域内。

15. A 【解析】第七十二条："贮存煤炭、煤矸石、煤渣、煤灰、水泥、石灰、石膏、砂土等易产生扬尘的物料应当密闭；不能密闭的，应当设置不低于堆放物高度的严密围挡，并采取有效覆盖措施防治扬尘污染。"只有 A 选项是密闭贮存。

16. A 【解析】第二十四条："企业事业单位和其他生产经营者应当按照国家有关规定和监测规范，对其排放的工业废气和本法第七十八条规定名录中所列有毒有害大气污染物进行监测，并保存原始监测记录。其中，重点排污单位应当安装、使用大气污染物排放自动监测设备，与生态环境主管部门的监控设备联网，保证监测设备正常运行并依法公开排放信息。监测的具体办法和重点排污单位的条件由国务院生态环境主管部门规定。

重点排污单位名录由设区的市级以上地方人民政府生态环境主管部门按照国务院生态环境主管部门的规定，根据本行政区域的大气环境承载力、重点大气污染物排放总量控制指标的要求以及排污单位排放大气污染物的种类、数量和浓度等因素，商有关部门确定，并向社会公布。"

17. C 【解析】C 的正确说法是第十五条："城市大气环境质量限期达标规划应当向社会公开。直辖市和设区的市的大气环境质量限期达标规划应当报国务院生态环境主管部门备案。"

18．C　【解析】C 的正确说法是第八十二条："禁止在人口集中地区和其他依法需要特殊保护的区域内焚烧沥青、油毡、橡胶、塑料、皮革、垃圾以及其他产生有毒有害烟尘和恶臭气体的物质。"

19．D　【解析】A 的正确说法是：禁止在人口集中地区对树木、花草喷洒剧毒、高毒农药。B 的正确说法是：地方各级人民政府应当推动转变农业生产方式，发展农业循环经济，加大对废弃物综合处理的支持力度，加强对农业生产经营活动排放大气污染物的控制。C 的正确说法是：农业生产经营者应当改进施肥方式，科学合理施用化肥并按照国家有关规定使用农药，减少氨、挥发性有机物等大气污染物的排放。

20．C　【解析】C 的正确说法是：已建成的煤矿除所采煤炭属于低硫分、低灰分或者根据已达标排放的燃煤电厂要求不需要洗选的以外，应当限期建成配套的煤炭洗选设施。

21．A　【解析】A 的正确说法是：工业涂装企业应当使用低挥发性有机物含量的涂料。注意是工业涂装企业。

22．C　【解析】A 的正确说法是：施工单位应当制定具体的施工扬尘污染防治实施方案。B 的正确说法是：应当向负责监督管理扬尘污染防治的主管部门备案。D 的正确说法是：超过三个月的，应当进行绿化、铺装或者遮盖。

23．B　【解析】B 的正确说法是：省、自治区、直辖市、设区的市人民政府以及可能发生重污染天气的县级人民政府，应当制定重污染天气应急预案。

24．A　【解析】A 的正确说法是：国家大气污染防治重点区域内新建、改建、扩建用煤项目的，应当实行煤炭的等量或者减量替代。注意前提条件是在国家大气污染防治重点区域内。

二、不定项选择题

1．AD　【解析】第八十一条："排放油烟的餐饮服务业经营者应当安装油烟净化设施并保持正常使用，或者采取其他油烟净化措施，使油烟达标排放，并防止对附近居民的正常生活环境造成污染。禁止在居民住宅楼、未配套设立专用烟道的商住综合楼以及商住综合楼内与居住层相邻的商业楼层内新建、改建、扩建产生油烟、异味、废气的餐饮服务项目。"

2．ACD　【解析】第四十一条："国家鼓励燃煤单位采用先进的除尘、脱硫、脱硝、脱汞等大气污染物协同控制的技术和装置，减少大气污染物的排放。"

3．ABCD　【解析】第六十九条："施工单位应当在施工工地设置硬质围挡，并采取覆盖、分段作业、择时施工、洒水抑尘、冲洗地面和车辆等有效防尘降尘措施。建筑土方、工程渣土、建筑垃圾应当及时清运；在场地内堆存的，应当采用密闭式防尘网遮盖。工程渣土、建筑垃圾应当进行资源化处理。施工单位应当在施工工地公示扬尘污染防治措施、负责人、扬尘监督管理主管部门等信息。暂时不能开工的建设用地，建设单位应当对裸露地面进行覆盖；超过三个月的，应当进行绿化、铺装或者遮盖。"

4. AB 【解析】第七十六条："各级人民政府及其农业行政等有关部门应当鼓励和支持采用先进适用技术，对秸秆、落叶等进行肥料化、饲料化、能源化、工业原料化、食用菌基料化等综合利用，加大对秸秆还田、收集一体化农业机械的财政补贴力度。"

5. ABC 【解析】第二十四条："企业事业单位和其他生产经营者应当按照国家有关规定和监测规范，对其排放的工业废气和本法第七十八条规定名录中所列有毒有害大气污染物进行监测，并保存原始监测记录。其中，重点排污单位应当安装、使用大气污染物排放自动监测设备，与生态环境主管部门的监控设备联网，保证监测设备正常运行并依法公开排放信息。监测的具体办法和重点排污单位的条件由国务院生态环境主管部门规定。"是否委托有相应资质的第三方维护自动监测设备的正常运行，法律没有作出规定。

6. ACD 【解析】第八十六条："国家建立重点区域大气污染联防联控机制，统筹协调重点区域内大气污染防治工作。国务院生态环境主管部门根据主体功能区划、区域大气环境质量状况和大气污染传输扩散规律，划定国家大气污染防治重点区域，报国务院批准。"

7. BD 【解析】B 的正确说法是：禁止开采含放射性和砷等有毒有害物质超过规定标准的煤炭。D 的正确说法是：已建成的煤矿除所采煤炭属于低硫分、低灰分或者根据已达标排放的燃煤电厂要求不需要洗选的以外，应当限期建成配套的煤炭洗选设施。

8. CD 【解析】C 的正确说法是：第十六条："城市人民政府每年在向本级人民代表大会或者其常务委员会报告环境状况和环境保护目标完成情况时，应当报告大气环境质量限期达标规划执行情况，并向社会公开。"D 选项涉及《环境保护法》第十六条："省、自治区、直辖市人民政府对国家污染物排放标准中未作规定的项目，可以制定地方污染物排放标准；对国家污染物排放标准中已作规定的项目，可以制定严于国家污染物排放标准的地方污染物排放标准。"因此，制定地方大气污染物排放标准是省、自治区、直辖市人民政府的工作。

9. AB 【解析】第八十条："企业事业单位和其他生产经营者在生产经营活动中产生恶臭气体的，应当科学选址，设置合理的防护距离，并安装净化装置或者采取其他措施，防止排放恶臭气体。"

（二）《水污染防治法》

一、单项选择题

1. 根据《水污染防治法》水污染防治原则的有关规定，下列说法中，错误的是（　　）。（2016 年考题）

A. 水污染防治应当有效保护饮用水水源

B. 水污染防治应当坚持预防为主、防治结合、综合治理的原则

C. 水污染防治应当严格控制工业污染、城镇生活污染和农业面源污染

D. 水污染防治应当积极推进生态治理工程建设，预防、控制和减少水环境污染和生态破坏

2. 根据《水污染防治法》，存放可溶性剧毒废渣场所采取的水污染防治措施不包括（　　）。（2016 年考题）

A. 防水的措施　　　　　　　　B. 防淋溶的措施

C. 防渗漏的措施　　　　　　　D. 防流失措施

3. 根据《水污染防治法》水污染防治措施有关规定，人工回灌补给地下水（　　）。（2016 年考题）

A. 不得恶化地下水质　　　　　B. 应达到地下水水质标准

C. 应达到农田灌溉水质标准　　D. 应达到地表水环境质量标准

4. 根据《水污染防治法》城镇水污染防治有关规定，下列说法中，正确的是（　　）。（2016 年考题）

A. 城镇污水集中处理设施免缴排污费

B. 向城镇污水集中处理设施排放污水的企业事业单位，免缴排污费

C. 环境保护主管部门应加强对城镇污水集中处理设施运营的监督管理

D. 环境保护主管部门对城镇污水集中处理设施的出水水质和水量进行监督检查

5. 根据《水污染防治法》关于特殊水体保护的规定，在重要渔业保护区内，不得（　　）。（2016 年考题）

A. 垂钓　　　B. 开展旅游　　　C. 新建排污口　　　D. 从事网箱养殖

6. 根据《水污染防治法》水污染防治原则的有关规定，下列水体中应优先保护的是（　　）。（2017 年考题）

A. 饮用水水源　　B. 重要渔业水体　　C. 江河源头水体　　D. 城镇景观水体

7. 某地区因重点水污染物氨氮指标未能完成总量削减要求而实行"区域限

批"。根据《水污染防治法》的有关规定，该地区下列建设项目中应实行限批的是（　　）。（2017 年考题）

A. 城市河道改造项目　　　　　　　B. 新建城镇污水处理厂项目

C. 新建玉米深加工项目　　　　　　D. 城镇污水处理提标改造项目

8. 某城镇污水处理厂因接纳上游企业改变工艺后的排水而造成该厂排放口出水超标。根据《水污染防治法》水污染防治措施的有关规定，应当对该厂出水水质负责的单位是（　　）。（2017 年考题）

A. 上游企业　　　　　　　　　　　B. 当地环境保护主管部门

C. 城镇污水处理厂的运营单位　　　D. 上游企业和城镇污水处理厂的运营单位

9. 根据《水污染防治法》，关于饮用水水源保护有关的说法，错误的是（　　）。（2018 年考题）

A. 在饮用水水源保护区内，禁止设置排污口

B. 禁止在饮用水水源准保护区内新建、扩建对水体污染严重的建设项目

C. 有关地方人民政府应当在饮用水水源保护区的边界设立明确的地理界标和明显的警示标志

D. 国务院和省、自治区、直辖市人民政府可以根据涉及饮用水水源的建设项目对环境的敏感程度，调整饮用水水源保护区的范围，确保饮用水安全

10. 根据《水污染防治法》，关于水污染排放总量控制制度有关规定的说法，错误的是（　　）。（2018 年考题）

A. 国家对重点水污染物排放实施总量控制制度

B. 国家对水环境质量不达标的地区和污染物实施总量控制制度

C. 省人民政府可以根据本行政区域水环境质量状况和水污染防治工作的需求，对国家重点水污染物之外的其他水污染物排放实行总量控制

D. 省级以上人民政府环境保护主管部门应当对超过重点水污染物排放总量控制指标的地区，暂停审批新增重点水污染物排放总量建设项目的环境影响评价文件

11. 根据《水污染防治法》，某企业废水经处理后排入城镇污水处理厂，以下要求的说法，正确的是（　　）。（2018 年考题）

A. 该企业废水处理后应达到城镇污水处理厂排放标准

B. 该企业废水处理后应达到《污水排放下水道水质标准》

C. 该企业废水处理后应达到国家或者地方规定的水污染物排放标准

D. 该企业废水处理后应达到城镇污水处理厂处理工艺要求的进水水质

12. 根据《水污染防治法》，下列内容中，属于环境保护主管部门应当对城镇污水集中处理设施进行监督管理的是（　　）。（2018 年考题）

A. 进水水质　　　　　　　　　　　B. 设施维护情况

C. 设施运行情况　　　　　　　　　D. 出水水质和水量

13. 某机械加工企业生产废水排向农田灌溉渠道，不能稳定达标，根据《水污染防治法》，关于该企业水污染防治措施相关要求的说法，正确的是（　　）。（2018年考题）

A. 该企业应改进处理工艺，使出水稳定达到污水排放标准

B. 该企业应改进处理工艺，使出水稳定达到农田灌溉水质标准

C. 该企业应改进处理工艺，使出水稳定达到相关回用标准后全部回用

D. 该企业应改进处理工艺，确保下游最近的农田灌溉取水点的水质符合农田灌溉水质标准

14. 根据《水污染防治法》，进入中华人民共和国（　　）的国际航线船舶排放压载水的，应当采用压载水处理装置或者采取其他等效措施，对压载水进行灭活等处理。（2019年考题）

A. 领水　　　　　B. 领海　　　　　C. 内河　　　　　D. 水域

15. 根据《水污染防治法》，下列说法，正确的是（　　）。（2019年考题）

A. 依照本法相关条款规定被淘汰的严重污染水环境的落后设备，可以转让给不发达地区使用

B. 向污水集中处理设施排放工业废水的，应当按照国家有关规定进行预处理，达到集中处理设施处理工艺要求后方可排放

C. 工业集聚区应当配套建设相应的污水集中处理设施，安装自动或手动监测设备

D. 含有毒有害水污染物的工业废水可以稀释排放工业集聚区污水集中处理设施

16. 根据《水污染防治法》，下列做法，不属于逃避监管排放水污染物的是（　　）。（2019年考题）

A. 利用渗井、渗坑、裂隙、溶洞排放水污染物

B. 私设暗管排放水污染物

C. 篡改、伪造水污染物排放监测数据

D. 将废水稀释后排放至本企业自有污水处理站处理

17. 根据《水污染防治法》，下列说法，错误的是（　　）。（2019年考题）

A. 对超过重点水污染物排放总量控制指标的地区，省级以上人民政府生态环境主管部门应当会同有关部门约谈该地区人民政府的主要负责人

B. 对未完成水环境质量改善目标的地区，省级以上人民政府生态环境主管部门应当会同有关部门约谈该地区人民政府的主要负责人

C. 对超过重点水污染物排放总量控制指标的地区，暂停审批新增重点水污染物排放总量的建设项目的环境影响评价文件

D. 对未完成水环境质量改善目标的地区，暂停审批重点水污染物排放总量的建设

项目的环境影响评价文件

18. 某地区未完成水环境质量改善目标，根据《水污染防治法》，下列说法中正确的是（   ）。（2021 年考题）

A. 市级以上人民政府环境保护主管部门应当会同有关部门约谈该地区环境保护主管部门的主要负责人

B. 市级以上人民政府环境保护主管部门应当会同有关部门约谈该地区人民政府的主要负责人

C. 暂停审批该地区新增水污染物排放总量的建设项目的环境影响评价文件

D. 暂停审批该地区新增重点水污染物排放总量的建设项目的环境影响评价文件

19. 某工业集聚区位于城镇污水集中处理设施服务范围内，根据《水污染防治法》，下列说法中正确的是（   ）。（2021 年考题）

A. 该工业集聚区可不安装自动监测设备

B. 该工业集聚区应当配套建设相应的污水集中处理设施

C. 该工业集聚区含有毒有害水污染物的工业废水可统一收集后排入城镇污水集中处理设施

D. 该工业集聚区内企业的工业废水应满足城镇污水集中处理设施处理工艺要求

20. 某电镀企业产生的废水包括含锌废水、含铜废水和有机废水，废水排入工业集聚区污水集中处理设施，根据《水污染防治法》，下列说法中错误的是（   ）。（2021 年考题）

A. 该企业应当取得排污许可证

B. 以上生产废水应当分类收集和处理，不得稀释排放

C. 应预处理达到集中处理设施处理工艺要求后方可排放

D. 应当按照国家有关规定和监测规范，对所排放的水污染物自行监测

21. 某工业集聚区内企业拟向工业集聚区污水集中处理设施排放工业废水，废水中污染物 A 的产生浓度为 2 000 mg/L，国家标准中规定的间接排放限值为 600 mg/L，地方标准中规定的间接排放限值为 500 mg/L，工业集聚区污水集中处理设施处理工艺要求限值为 400 mg/L，根据《水污染防治法》，该企业废水中污染物 A 预处理应达到的排放限值为（   ）。（2021 年考题）

A. 与工业集聚区污水集中处理设施协商确定

B. 400 mg/L   C. 500 mg/L   D. 600 mg/L

二、不定项选择题

1. 根据《水污染防治法》水污染防治措施有关规定，下列场所中，禁止存贮固体废弃物的有（   ）。（2016 年考题）

A．湖泊湿地　　　　　　　　　　B．废弃矿坑

C．水库最高水位线以上的岸坡　　D．湖泊最高水位线以下的滩地

2．根据《水污染防治法》，进行（　　　）等活动，应当采取防护性措施，防治地下水污染。（2016 年考题）

A．采矿　　　B．地下勘探　　　C．存放固体废物　　　D．地下工程兴建

3．根据《水污染防治法》饮用水水资源保护的有关规定，在饮用水水源二级保护区，禁止（　　　）。（2016 年考题）

A．网箱养殖　　　　　　　　　　B．旅游活动

C．新建排放粉尘的建设项目　　　D．改建减少水污染物排放量的建设项目

4．根据《水污染防治法》，禁止私设暗管或者采取其他规避监管的方式排放水污染物的有关规定，下列行为中涉嫌"规避监管"的有（　　　）。（2017 年考题）

A．擅自设立超越排放口

B．将处理后废水经法定排污口排放

C．利用雨污分流的雨水管道排放达标污水

D．将污水通过槽车运至污水处理厂处理后达标排放

5．某医疗机构拟将现有闲置的生活污水处理设施改建为医疗废水处理设施，根据《水污染防治法》水污染防治措施的有关规定，该设施必须进行改建的内容有（　　　）。（2017 年考题）

A．改建排放口　　　　　　　　　B．增加砂滤工艺

C．进行防渗漏处理　　　　　　　D．增设消毒处理单元

6．根据《水污染防治法》，饮用水水源保护的有关规定，饮用水水源二级保护区禁止建设的项目有（　　　）。（2017 年考题）

A．旅游饭店　　　B．主题公园　　　C．网箱养鱼　　　D．水泥粉磨站

7．根据《水污染防治法》，关于水环境质量标准和水污染物排放标准有关规定的说法，正确的有（　　　）。（2018 年考题）

A．向已有地方水污染物排放标准的水体排放污染物的，应当执行地方水污染物排放标准

B．省、自治区、直辖市人民政府对国家水环境质量标准中已作规定的项目，可以制定地方水环境质量标准

C．省、自治区、直辖市人民政府对国家水污染物排放标准中未做规定的项目，可以制定地方水污染物排放标准

D．省、自治区、直辖市人民政府对国家水污染物排放标准中已作规定的项目，可以制定地方水污染物排放标准

8．根据《水污染防治法》，饮用水水源保护区包括（　　　）。（2018 年考题）

A. 准保护区　　　　　　　　　　B. 一级保护区

C. 二级保护区　　　　　　　　　　D. 外围保护地带

9. 根据《环境保护法》《水污染防治法》，下列说法正确的有（　　　）。（2019年考题）

A. 进口者应当在规定的期限内停止进口列入淘汰设备名录中的设备

B. 禁止引进不符合我国环境保护规定的技术、设备、材料和产品

C. 任何单位和个人不得生产、销售或者转移、使用严重污染环境的工艺、设备和产品

D. 工艺的采用者应当在规定的期限内停止采用列入淘汰工艺名录中的工艺

10. 根据《水污染防治法》，关于饮用水水源二级保护区环境保护的说法正确的有（　　　）。（2019年考题）

A. 禁止在饮用水水源二级保护区内新建、改建、扩建排放污染物的建设项目

B. 在饮用水水源二级保护区内已建成的排放污染物的建设项目，由县级以上人民政府责令拆除或者关闭

C. 在饮用水水源二级保护区内从事网箱养殖、旅游等活动的，应当按照规定采取措施，防止污染饮用水水体

D. 禁止在饮用水水源二级保护区内从事网箱养殖、旅游、游泳、垂钓或者其他可能污染饮用水水体的活动

11. 某加油站拟建设地下油罐改造项目，根据《水污染防治法》，属于该项目应当采取地下水污染防治措施的说法，正确的有（　　　）。（2020年考题）

A. 使用双层罐　　　　　　　　　　B. 使用双层罐并建造防渗池

C. 进行防渗漏监测　　　　　　　　D. 设置防渗层和防渗墙

12. 根据《水污染防治法》，水污染防治应当坚持（　　　）的原则。（2021年考题）

A. 预防为主　　　　　　　　　　B. 防治结合

C. 保护优先　　　　　　　　　　D. 综合治理

13. 根据《水污染防治法》，禁止向水体排放的物质有（　　　）。（2021年考题）

A. 油类　　　　　　　　　　　　B. 含有持久性有机污染物的废水

C. 工业废渣、城镇垃圾　　　　　　D. 含有中放射性物质的废水

参考答案

一、单项选择题

1．A　【解析】第三条："水污染防治应当坚持预防为主、防治结合、综合治理的原则，优先保护饮用水水源，严格控制工业污染、城镇生活污染，防治农业面源污染，积极推进生态治理工程建设，预防、控制和减少水环境污染和生态破坏。"

2．B　【解析】第三十七条："存放可溶性剧毒废渣的场所，应当采取防水、防渗漏、防流失的措施。"

3．A　【解析】第四十三条："人工回灌补给地下水，不得恶化地下水质。"

4．D　【解析】第五十条："环境保护主管部门应当对城镇污水集中处理设施的出水水质和水量进行监督检查。"

5．C　【解析】第七十五条："在风景名胜区水体、重要渔业水体和其他具有特殊经济文化价值的水体的保护区内，不得新建排污口。"

6．A　【解析】第三条："水污染防治应当坚持预防为主、防治结合、综合治理的原则，优先保护饮用水水源，严格控制工业污染、城镇生活污染，防治农业面源污染，积极推进生态治理工程建设，预防、控制和减少水环境污染和生态破坏。"

7．C　【解析】第二十条："对超过重点水污染物排放总量控制指标或者未完成水环境质量改善目标的地区，省级以上人民政府环境保护主管部门应当会同有关部门约谈该地区人民政府的主要负责人，并暂停审批新增重点水污染物排放总量的建设项目的环境影响评价文件。"

ABD 三项都不属于新增重点水污染物排放总量的建设项目。

8．C　【解析】第五十条："城镇污水集中处理设施的运营单位，应当对城镇污水集中处理设施的出水水质负责。"

9．D　【解析】D 的正确说法为第六十三条："国务院和省、自治区、直辖市人民政府可以根据保护饮用水水源的实际需要，调整饮用水水源保护区的范围，确保饮用水安全。"

10．B　【解析】B 的正确说法为第二十条："国家对重点水污染物排放实施总量控制制度。"

11．C　【解析】第五十条："向城镇污水集中处理设施排放水污染物，应当符合国家或者地方规定的水污染物排放标准。"

12．D　【解析】第五十条："环境保护主管部门应当对城镇污水集中处理设施的出水水质和水量进行监督检查。"

13．C　【解析】第五十八条："禁止向农田灌溉渠道排放工业废水或者医疗污水。"

14．C　【解析】第五十九条："进入中华人民共和国内河的国际航线船舶排放压载水的，应当采用压载水处理装置或者采取其他等效措施，对压载水进行灭活等处理。禁止排放不符合规定的船舶压载水。"

15．B　【解析】第四十五条："排放工业废水的企业应当采取有效措施，收集和处理产生的全部废水，防止污染环境。含有毒有害水污染物的工业废水应当分类收集和处理，不得稀释排放。工业集聚区应当配套建设相应的污水集中处理设施，安装自动监测设备，与环境保护主管部门的监控设备联网，并保证监测设备正常运行。向污水集中处理设施排放工业废水的，应当按照国家有关规定进行预处理，达到集中处理设施处理工艺要求后方可排放。"

第四十六条："国家对严重污染水环境的落后工艺和设备实行淘汰制度。国务院经济综合宏观调控部门会同国务院有关部门，公布限期禁止采用的严重污染水环境的工艺名录和限期禁止生产、销售、进口、使用的严重污染水环境的设备名录。生产者、销售者、进口者或者使用者应当在规定的期限内停止生产、销售、进口或者使用列入前款规定的设备名录中的设备。工艺的采用者应当在规定的期限内停止采用列入前款规定的工艺名录中的工艺。依照本条第二款、第三款规定被淘汰的设备，不得转让给他人使用。"

16．D　【解析】第三十九条："禁止利用渗井、渗坑、裂隙、溶洞，私设暗管，篡改、伪造监测数据，或者不正常运行水污染防治设施等逃避监管的方式排放水污染物。"

17．D　【解析】第二十条："对超过重点水污染物排放总量控制指标或者未完成水环境质量改善目标的地区，省级以上人民政府环境保护主管部门应当会同有关部门约谈该地区人民政府的主要负责人，并暂停审批新增重点水污染物排放总量的建设项目的环境影响评价文件。"

18．D　【解析】第二十条："对超过重点水污染物排放总量控制指标或者未完成水环境质量改善目标的地区，省级以上人民政府环境保护主管部门应当会同有关部门约谈该地区人民政府的主要负责人，并暂停审批新增重点水污染物排放总量的建设项目的环境影响评价文件。"

19．B　【解析】第四十五条："含有毒有害水污染物的工业废水应当分类收集和处理，不得稀释排放。工业集聚区应当配套建设相应的污水集中处理设施，安装自动监测设备，与环境保护主管部门的监控设备联网，并保证监测设备正常运行。向污水集中处理设施排放工业废水的，应当按照国家有关规定进行预处理，达到集中处理设施处理工艺要求后方可排放。"

20．B　【解析】B选项的正确说法是：含有毒有害水污染物的工业废水应当分类收集和处理，不得稀释排放。而含锌废水、含铜废水和有机废水均不属于《有毒有害水污染物名录（第一批）》中规定的物质。

21．B　【解析】第四十五条："向污水集中处理设施排放工业废水的，应当按照国家有关规定进行预处理，达到集中处理设施处理工艺要求后方可排放。"

二、不定项选择题

1．AD　【解析】第三十八条："禁止在江河、湖泊、运河、渠道、水库最高水位线以下的滩地和岸坡堆放、存贮固体废弃物和其他污染物。"

2．ABD　【解析】第四十二条："兴建地下工程设施或者进行地下勘探、采矿等活动，应当采取防护性措施，防止地下水污染。"

3．CD　【解析】第六十六条："禁止在饮用水水源二级保护区内新建、改建、扩建排放污染物的建设项目；已建成的排放污染物的建设项目，由县级以上人民政府责令拆除或者关闭。在饮用水水源二级保护区内从事网箱养殖、旅游等活动的，应当按照规定采取措施，防止污染饮用水水体。"

4．AC　【解析】第三十九条："禁止利用渗井、渗坑、裂隙、溶洞，私设暗管，篡改、伪造监测数据，或者不正常运行水污染防治设施等逃避监管的方式排放水污染物。超越排放是指有些企业设置了超越管，超越管的作用是当污水处理厂出现问题不能运行时，污水不经处理直接通过超越管排走。"

5．D　【解析】第三十六条："含病原体的污水应当经过消毒处理；符合国家有关标准后，方可排放。只有选项D是必须要做的，其他选项，由于对某医疗机构的复杂程度没有明确而无法确定。"

6．AD　【解析】第六十六条："禁止在饮用水水源二级保护区内新建、改建、扩建排放污染物的建设项目；在饮用水水源二级保护区内从事网箱养殖、旅游等活动的，应当按照规定采取措施，防止污染饮用水水体。"

7．ACD　【解析】第十二条："国务院环境保护主管部门制定国家水环境质量标准。省、自治区、直辖市人民政府可以对国家水环境质量标准中未作规定的项目，制定地方标准，并报国务院环境保护主管部门备案。"

第十四条："国务院环境保护主管部门根据国家水环境质量标准和国家经济、技术条件，制定国家水污染物排放标准。省、自治区、直辖市人民政府对国家水污染物排放标准中未作规定的项目，可以制定地方水污染物排放标准；对国家水污染物排放标准中已作规定的项目，可以制定严于国家水污染物排放标准的地方水污染物排放标准。地方水污染物排放标准需报国务院环境保护主管部门备案。向已有地方水污染物排放标准的水体排放污染物的，应当执行地方水污染物排放标准。"

8．BC　【解析】第六十三条："国家建立饮用水水源保护区制度。饮用水水源保护区分为一级保护区和二级保护区；必要时，可以在饮用水水源保护区外围划定一定的区域作为准保护区。"

9．ABCD　【解析】《水污染防治法》第四十六条："国家对严重污染水环境的落后工艺和设备实行淘汰制度。国务院经济综合宏观调控部门会同国务院有关部门，公布限期禁止采用的严重污染水环境的工艺名录和限期禁止生产、销售、进口、使用的严重污染水环境的设备名录。生产者、销售者、进口者或者使用者应当在规定的期限内停止生产、销售、进口或者使用列入前款规定的设备名录中的设备。工艺的采用者应当在规定的期限内停止采用列入前款规定的工艺名录中的工艺。依照本条第二款、第三款规定被淘汰的设备，不得转让给他人使用。"

《环境保护法》第四十六条："国家对严重污染环境的工艺、设备和产品实行淘汰制度。任何单位和个人不得生产、销售或者转移、使用严重污染环境的工艺、设备和产品。"

10．ABC　【解析】第六十六条："禁止在饮用水水源二级保护区内新建、改建、扩建排放污染物的建设项目；已建成的排放污染物的建设项目，由县级以上人民政府责令拆除或者关闭。在饮用水水源二级保护区内从事网箱养殖、旅游等活动的，应当按照规定采取措施，防止污染饮用水水体。"

11．AC　【解析】第四十条："加油站等的地下油罐应当使用双层罐或者采取建造防渗池等其他有效措施，并进行防渗漏监测，防止地下水污染。"

12．ABD　【解析】第三条："水污染防治应当坚持预防为主、防治结合、综合治理的原则。"

13．ACD　【解析】第三十三条："禁止向水体排放油类、酸液、碱液或者剧毒废液。""第三十四条：禁止向水体排放、倾倒放射性固体废物或者含有高放射性和中放射性物质的废水。"第三十七条："禁止向水体排放、倾倒工业废渣、城镇垃圾和其他废弃物。"

（三）《环境噪声污染防治法》

编者注：2021年12月24日，《中华人民共和国噪声污染防治法》公布，将于2022年6月5日起施行，《中华人民共和国环境噪声污染防治法》同时废止。因此本节内容仅保留了以往考题中与新版《噪声污染防治法》不存在明显矛盾的少量试题，但其具体文字和条款仍然可能不完全一致，请读者阅读时注意。

一、单项选择题

1. 根据《环境噪声污染防治法》交通噪声污染防治有关要求，城市人民政府应当在航空器起飞、降落的净空周围划定限制建设区域，限制建设（   ）。（2016年考题）

　　A. 大型影剧院　　　　　　　　　B. 机关和住宅

　　C. 大型工业企业　　　　　　　　D. 超过净空高度要求的建筑

2. 根据《环境噪声污染防治法》，下列区域中，属于夜间禁止进行产生环境噪声污染建筑施工作业的是（   ）。（2018年考题）

　　A. 航空港　　　B. 乡村居住区　　　C. 城市文教区　　　D. 城市商业区

3 根据《环境噪声污染防治法》，关于交通运输噪声污染防治有关规定的说法，正确的是（   ）。（2018年考题）

　　A. 机动车辆在城市市区范围内行驶禁鸣喇叭

　　B. 机动车辆在城市市区范围内行驶必须减速行驶

　　C. 机动车辆在城市市区范围内行驶必须按照规定使用声响装置

　　D. 机动车辆在城市市区范围内行驶必须减速行驶，并按照规定使用声响装置

4. 根据《环境噪声污染防治法》，关于交通运输噪声污染防治有关规定的说法，错误的是（   ）。（2020年考题）

　　A. 消防车执行非紧急任务时，禁止使用警报器

　　B. 机动船舶在城市市区的内河航道航行，禁止使用声响装置

　　C. 工程抢险车等机动车辆安装、使用警报器，必须符合国务院公安部门的规定

　　D. 机动车辆在城市市区范围内行驶时，必须按照规定使用声响装置

5. 根据《环境噪声污染防治法》，关于社会生活噪声污染防治的说法，错误的是（   ）。（2021年考题）

　　A. 禁止在商业经营活动中使用高音广播喇叭招揽顾客

B. 禁止任何单位、个人在城市市区内使用高音广播喇叭

C. 在城市市区公园组织集会等活动，使用音响器材可能产生干扰周围生活环境的过大音量的，必须遵守当地公安机关的规定

D. 在已竣工交付使用的住宅楼进行室内装修活动，应当限制作业时间

二、不定项选择题

根据《环境噪声污染防治法》，下列交通设施中，属于建设经过已有噪声敏感建筑物集中区域，有可能造成环境污染，应当设置声屏障或者采取其他有效控制环境噪声污染措施的有（　　　）。（2018年考题）

A. 高速公路　　B. 城市主干道　　C. 城市次干道　　D. 城市高架、轻轨道路

参考答案

一、单项选择题

1. B 【解析】第四十条：城市人民政府应当在航空器起飞、降落的净空周围划定限制建设噪声敏感建筑物的区域。

机关和住宅属于噪声敏感建筑物。

2. C 【解析】第三十条：在城市市区噪声敏感建筑物集中区域内，禁止夜间进行产生环境噪声污染的建筑施工作业，但抢修、抢险作业和因生产工艺上要求或者特殊需要必须连续作业的除外。因特殊需要必须连续作业的，必须有县级以上人民政府或者其有关主管部门的证明。前款规定的夜间作业，必须公告附近居民。

城市文教区属于城市市区噪声敏感建筑物集中区域。

3. C 【解析】第三十四条：机动车辆在城市市区范围内行驶，机动船舶在城市市区的内河航道航行，铁路机车驶经或者进入城市市区、疗养区时，必须按照规定使用声响装置。

4. B 【解析】B的正确说法是第三十四条：机动船舶在城市市区的内河航道航行，必须按照规定使用声响装置。

5. B 【解析】B的正确说法是：禁止任何单位、个人在城市市区噪声敏感建筑物集中区域内使用高音广播喇叭。

二、不定项选择题

AD 【解析】第三十六条：建设经过已有的噪声敏感建筑物集中区域的高速公路和城市高架、轻轨道路，有可能造成环境噪声污染的，应当设置声屏障或者采取其他有效的控制环境噪声污染的措施。

（四）《固体废物污染环境防治法》

一、单项选择题

1. 根据《固体废物污染环境防治法》，下列关于危险废物、工业固体废物及固体废物利用、贮存的含义中，错误的是（　　）。（2015 年考题）

A. 列入国家危险废物名录的固体废物属于危险废物

B. 工业固体废物，是指在工业生产活动中产生的固体废物

C. 利用，是指从固体废物中提取物质作为原材料或者燃料的活动

D. 贮存，是指将固体废物最终置于符合环境保护规定要求场所中的活动

2. （　　）适用于《固体废物污染环境防治法》。（2016 年考题）

A. 液态废物污染的防治　　　　　　B. 排入水体的废水的污染防治

C. 固体废物污染海洋环境的防治　　D. 放射性固体废物污染环境的防治

3. 《固体废物污染环境防治法》适用于（　　）污染环境的防治。（2016 年考题）

A. 液态废物　　　　　　　　　　　B. 城市生活污水

C. 固态废物排到海洋　　　　　　　D. 放射性废物

4. 根据《固体废物污染环境防治法》，关于生活垃圾处置设施、场所管理的说法中，错误的是（　　）。（2016 年考题）

A. 禁止擅自关闭生活垃圾处置的设施

B. 关闭生活垃圾处置的设施或场所必须采取措施，防止污染环境

C. 经所在地县人民政府环境保护行政主管部门核准后可以关闭和拆除生活垃圾处置场所

D. 建设生活垃圾处理设施、场所，应当符合国务院生态环境主管部门和国务院住房城乡建设主管部门规定的环境保护和环境卫生标准

5. 根据《固体废物污染环境防治法》，下列活动中属于固体废弃物利用的是（　　）。（2017 年考题）

A. 甲厂利用乙厂的副产品生产合格产品

B. 甲厂利用乙厂废弃的下脚料生产合格产品

C. 甲厂对乙厂生产的污水处理污泥进行焚烧

D. 甲厂利用乙厂产生的余热对本厂污水处理装置生产的污泥进行脱水干化

6. 根据《固体废物污染环境防治法》生活垃圾处理设施和场所的有关规定，生

活垃圾填埋场建设应当符合国务院有关部门规定的（　　）。（2017年考题）

    A. 环境保护指标   B. 环境卫生标准

    C. 环境保护标准或环境卫生标准   D. 环境保护标准和环境卫生标准

7. 根据《固体废物污染环境防治法》，关于危险废物污染环境防治的特别规定，下列说法中，错误的是（　　）。（2017年考题）

    A. 禁止将危险废物混入非危险废物中贮存

    B. 禁止经中华人民共和国过境转移危险废物

    C. 禁止将危险废物与旅客在同一运输工具上载运

    D. 从事收集、贮存、利用危险废物经营活动的单位，必须向县级以上人民政府环境保护行政主管部门申请领取经营许可证

8 根据《固体废物污染环境防治法》，关于确有必要关闭、闲置或拆除生活垃圾处理设施和场所有关规定的说法，正确的是（　　）。（2018年考题）

    A. 应当经所在地市、县人民政府建设主管部门核准，并采取措施，防止污染环境

    B. 应当经所在地市、县人民政府环境卫生行政主管部门核准，并采取措施，防止污染环境

    C. 应当经所在地市、县人民政府环境保护行政主管部门核准，并采取措施，防止污染环境

    D. 应当经所在地的市、县级人民政府环境卫生主管部门商所在地生态环境主管部门同意后核准，并采取防止污染环境的措施

9. 某危险废物经营单位，需超期贮存危险废物，根据《固体废物污染环境防治法》，关于该单位危险废物贮存、处置有关要求的说法，错误的是（　　）。（2018年考题）

    A. 应停止危险废物经营行为

    B. 应按照国家环境保护标准要求的防护措施建设贮存场所

    C. 应报经颁发许可证的生态环境主管部门批准延长贮存期限

    D. 应制定意外事故的防范措施和应急预案，并向所在地生态环境主管部门和其他负有固体废物污染环境防治监督管理职责的部门备案

10. 根据《固体废物污染环境防治法》，下列说法，错误的是（　　）。（2019年考题）

    A. 禁止将危险废物与旅客在同一运输工具上载运

    B. 禁止经中华人民共和国过境转移危险废物

    C. 禁止混合收集、贮存、运输、处置性质不相容的危险废物

    D. 禁止将危险废物混入非危险废物中贮存

11. 根据《固体废物污染环境防治法》，下列废物的污染防治不适用本法的是

（　　　）。（2019 年考题）

　　A. 液态废物（排入水体的废水除外）

　　B. 在生活中产生的虽未丧失利用价值但被抛弃的置于容器中的气态物质

　　C. 在生产中产生的丧失原有利用价值的半固态物质

　　D. 放射性废物

12. 根据《固体废物污染环境防治法》，下列活动中，不属于固体废物处置的是（　　　）。（2020 年考题）

　　A. 废溶剂焚烧　　　　　　　　　B. 采矿废渣填埋

　　C. 废矿物油生产基础油　　　　　D. 生活垃圾焚烧

13. 甲单位已于 2005 年 3 月 8 日终止，但尚有部分工业固体废物未处置，甲单位享有的土地使用权依法转让给了乙单位，根据《固体废物污染环境防治法》，下列单位中，属于应当承担未处置的工业固体废物进行安全处置的费用的是（　　　）。（2020 年考题）

　　A. 甲单位　　　　　　　　　　　B. 乙单位

　　C. 有关人民政府　　　　　　　　D. 所在地县级生态环境主管部门

14. 根据《固体废物污染环境防治法》，下列不属于生活垃圾分类坚持的原则的是（　　　）。（2021 年考题）

　　A. 政府推动　　　　　　　　　　B. 循序渐进

　　C. 城乡统筹　　　　　　　　　　D. 简便易行

15. 甲省 A 市区域内的某企业拟将固体废物转移至乙省 B 市区域内处置，根据《固体废物污染环境防治法》，该企业应向（　　　）提出申请。（2021 年考题）

　　A. 甲省生态环境主管部门　　　　B. A 市生态环境主管部门

　　C. 乙省生态环境主管部门　　　　D. B 市生态环境主管部门

16. 甲省内的某企业拟将固体废物转移至乙省区域内利用，根据《固体废物污染环境防治法》，以下说法中错误的是（　　　）。（2021 年考题）

　　A. 该企业应当报甲省生态环境主管部门备案

　　B. 受托进行固体废物利用的企业，应该将利用情况上报当地生态环境主管部门

　　C. 受托进行固体废物利用的企业，应当依法及时公开固体废物污染环境防治信息

　　D. 受托进行固体废物利用的企业，应当按照国家有关规定，投保环境污染责任保险

17. 根据《固体废物污染环境防治法》，下列关于生活垃圾的说法中，错误的是（　　　）。（2021 年考题）

　　A. 建设生活垃圾处理设施应当符合国务院住房城乡建设主管部门规定的环境卫生标准

B. 相邻地区生活垃圾处理设施可跨行政区域共建共享

C. 生活垃圾处理设施确有必要拆除的,应当经所在地生态环境主管部门核准,并采取防止污染环境的措施

D. 生活垃圾处理单位应当按照国家有关规定,安装使用监测设备,监测设备应当与所在地生态环境主管部门的监控设备联网

18. 根据《固体废物污染环境防治法》,下列关于危险废物运输的说法中,错误的是( )。(2021年考题)

A. 禁止将危险废物与其他货物在同一运输工具上载运

B. 运输危险废物,应当遵守国家有关危险货物运输管理的规定

C. 运输危险废物的单位,应当依法制定意外事故的防范措施和应急预案

D. 运输危险废物的设施应当按照规定设置危险废物识别标志

19. 根据《固体废物污染环境防治法》,下列不属于产生危险废物单位制定的危险废物管理计划中应当包括的是( )。(2021年考题)

A. 危险废物收集措施   B. 危险废物贮存措施

C. 危险废物利用措施   D. 减少危险废物产生量的措施

二、不定项选择题

1. 根据《固体废物污染环境防治法》危险废物污染环境防治的有关规定,下列说法中,正确的有( )。(2016年考题)

A. 收集、贮存危险废物,必须按照危险废物特性分类进行

B. 危险废物管理计划应当报产生危险废物的单位所在地县级以上地方人民政府备案

C. 产生危险废物的单位,必须按照国家有关规定处置危险废物,不得擅自倾倒、堆放

D. 转移危险废物的,必须按照国家有关规定填写危险废物转移联单,并向危险废物移出地设区的市级以上地方人民政府环境保护行政主管部门提出申请

2. 根据《固体废物污染环境防治法》有关规定,产生危险废物单位制定的危险废物管理计划应当包括减少危险废物产生量和降低危险废物危害性的措施以及危险废物( )措施。(2016年考题)

A. 贮存   B. 利用   C. 处置   D. 收集

3. 根据《固体废物污染环境防治法》的有关规定,( )内禁止建设工业固体废物贮存、处置设施和场所。(2017年考题)

A. 基本农田   B. 省级自然保护区

C. 省级风景名胜区   D. 饮用水水源保护区

4. 根据《固体废物污染环境防治法》，下列关于危险废物污染环境防治的规定，（　　）危险废物，应当按照危险废物特性分类进行。（2017 年考题）

　　A. 收集　　　　　B. 贮存　　　　　C. 运输　　　　　D. 处置

5. 根据《固体废物污染环境防治法》，下列关于危险废物污染环境防治的规定，禁止无许可证或者未按照许可证规定从事危险废物（　　）的经营活动。（2017 年考题）

　　A. 收集　　　　　B. 贮存　　　　　C. 运输　　　　　D. 处置

6. 根据《固体废物污染环境防治法》，下列内容中，属于产生危险废物的单位应向所在地生态环境主管部门申报的有（　　）。（2018 年考题）

　　A. 危险废物的流向　　　　　　　　B. 危险废物的贮存资料

　　C. 危险废物的利用资料　　　　　　D. 危险废物的处置资料

7. 根据《固体废物污染环境防治法》，产生危险废物的单位，必须按照国家有关规定制定危险废物管理计划，并向所在地生态环境主管部门申报危险废物的（　　）等有关资料。（2019 年考题）

　　A. 种类、产生量　　　B. 流向　　　C. 贮存　　　D. 处置

8. 根据《固体废物污染环境防治法》，下列场所中，属于禁止倾倒、堆放固体废物的有（　　）。（2020 年考题）

　　A. 运河　　　　　　B. 渠道　　　　　C. 滩地　　　　　D. 水库

9. 根据《固体废物污染环境防治法》，下列禁止堆放固体废物的场所中，错误的有（　　）。（2021 年考题）

　　A. 禁止向运河堆放固体废物　　　　B. 禁止向渠道堆放固体废物

　　C. 禁止向滩地堆放固体废物　　　　D. 禁止向岸坡堆放固体废物

10. 根据《固体废物污染环境防治法》，关于电器电子产品污染防治的有关规定，下列说法中，错误的有（　　）。（2021 年考题）

　　A. 国家建立电器电子产品的使用者责任延伸制度

　　B. 电器电子产品的生产者应当按照规定以自建方式建立与产品销售量相匹配的废旧产品回收体系

　　C. 国家鼓励电器电子产品的生产者开展生态设计，促进资源回收利用

　　D. 国家对废弃电器电子产品等实行多渠道回收和集中处理制度

参考答案

一、单项选择题

1. D 【解析】第一百二十四条："（七）贮存，是指将固体废物临时置于特定设施或者场所中的活动。"

2. A 【解析】第一百二十五条："液态废物的污染防治，适用本法；但是，排入水体的废水的污染防治适用有关法律，不适用本法。"

第二条："固体废物污染海洋环境的防治和放射性固体废物污染环境的防治不适用本法。"

3. A 【解析】第二条："固体废物污染海洋环境的防治和放射性固体废物污染环境的防治不适用本法。"

4. C 【解析】第五十五条："禁止擅自关闭、闲置或者拆除生活垃圾处理设施、场所；确有必要关闭、闲置或者拆除的，应当经所在地的市、县级人民政府环境卫生主管部门商所在地生态环境主管部门同意后核准，并采取防止污染环境的措施。"

5. B 【解析】第一百二十四条："（八）利用，是指从固体废物中提取物质作为原材料或者燃料的活动。"

A 选项用的是副产品，不是固体废物；C 选项没说清焚烧的目的到底是作为燃料，还是仅为处置措施，有可能是处置；D 选项是处置。

6. D 【解析】第五十五条："建设生活垃圾处理设施、场所，应当符合国务院生态环境主管部门和国务院住房城乡建设主管部门规定的环境保护和环境卫生标准。"

7. D 【解析】第八十条："从事收集、贮存、利用、处置危险废物经营活动的单位，应当按照国家有关规定申请取得许可证。"

8. D 【解析】第五十五条："禁止擅自关闭、闲置或者拆除生活垃圾处理设施、场所；确有必要关闭、闲置或者拆除的，应当经所在地的市、县级人民政府环境卫生主管部门商所在地生态环境主管部门同意后核准，并采取防止污染环境的措施。"

9. A 【解析】超期贮存危险废物需要批准，但未规定停止经营。

10. C 【解析】第八十一条："禁止混合收集、贮存、运输、处置性质不相容而未经安全性处置的危险废物。"

11. D 【解析】第二条："固体废物污染海洋环境的防治和放射性固体废物污

染环境的防治不适用本法。"

12．C　【解析】第一百二十四条："（九）处置，是指将固体废物焚烧和用其他改变固体废物的物理、化学、生物特性的方法，达到减少已产生的固体废物数量、缩小固体废物体积、减少或者消除其危险成分的活动，或者将固体废物最终置于符合环境保护规定要求的填埋场的活动。C属于固体废物利用。"

13．B　【解析】第四十一条："对2005年4月1日前已经终止的单位未处置的工业固体废物及其贮存、处置的设施、场所进行安全处置的费用，由有关人民政府承担；但是，该单位享有的土地使用权依法转让的，应当由土地使用权受让人承担处置费用。当事人另有约定的，从其约定；但是，不得免除当事人的污染防治义务。"

14．B　【解析】第六条："生活垃圾分类坚持政府推动、全民参与、城乡统筹、因地制宜、简便易行的原则。"

15．A　【解析】第二十二条："转移固体废物出省、自治区、直辖市行政区域贮存、处置的，应当向固体废物移出地的省、自治区、直辖市人民政府生态环境主管部门提出申请。"

16．B　【解析】第三十七条："受托方运输、利用、处置工业固体废物，应当依照有关法律法规的规定和合同约定履行污染防治要求，并将运输、利用、处置情况告知产生工业固体废物的单位。第三十九条：产生工业固体废物的单位应当向所在地生态环境主管部门提供工业固体废物的种类、数量、流向、贮存、利用、处置等有关资料。"因此，利用情况应由产生工业固体废物的单位提供。

17．C　【解析】C选项的正确说法是：禁止擅自关闭、闲置或者拆除生活垃圾处理设施、场所；确有必要关闭、闲置或者拆除的，应当经所在地的市、县级人民政府环境卫生主管部门商所在地生态环境主管部门同意后核准，并采取防止污染环境的措施。

18．A　【解析】A选项的正确说法是：禁止将危险废物与旅客在同一运输工具上载运。

19．A　【解析】第七十八条："危险废物管理计划应当包括减少危险废物产生量和降低危险废物危害性的措施以及危险废物贮存、利用、处置措施。"

二、不定项选择题

1．AC　【解析】选项B的正确说法是第七十八条："危险废物管理计划应当报产生危险废物的单位所在地生态环境主管部门备案。"选项D的正确说法是第八十二条："转移危险废物的，应当按照国家有关规定填写、运行危险废物电子或者纸质转移联单。跨省、自治区、直辖市转移危险废物的，应当向危险废物移出地省、自治区、直辖市人民政府生态环境主管部门申请。"

2．ABC　【解析】第七十八条："前款所称危险废物管理计划应当包括减少危险废物产生量和降低危险废物危害性的措施以及危险废物贮存、利用、处置措施。"

3．BCD　【解析】第二十一条："在生态保护红线区域、永久基本农田集中区域和其他需要特别保护的区域内，禁止建设工业固体废物、危险废物集中贮存、利用、处置的设施、场所和生活垃圾填埋场。"

4．AB　【解析】第八十一条："收集、贮存危险废物，应当按照危险废物特性分类进行。"

5．ABD　【解析】第八十条："禁止无许可证或者未按照许可证规定从事危险废物收集、贮存、利用、处置的经营活动。"

6．ABD　【解析】第七十八条："产生危险废物的单位，应当按照国家有关规定制定危险废物管理计划；建立危险废物管理台账，如实记录有关信息，并通过国家危险废物信息管理系统向所在地生态环境主管部门申报危险废物的种类、产生量、流向、贮存、处置等有关资料。"

7．ABCD　【解析】第七十八条："产生危险废物的单位，应当按照国家有关规定制定危险废物管理计划；建立危险废物管理台账，如实记录有关信息，并通过国家危险废物信息管理系统向所在地生态环境主管部门申报危险废物的种类、产生量、流向、贮存、处置等有关资料。"

8．ABD　【解析】第二十条：禁止任何单位或者个人向江河、湖泊、运河、渠道、水库及其最高水位线以下的滩地和岸坡以及法律法规规定的其他地点倾倒、堆放、贮存固体废物。

9．CD　【解析】第二十条："禁止任何单位或者个人向江河、湖泊、运河、渠道、水库及其最高水位线以下的滩地和岸坡以及法律法规规定的其他地点倾倒、堆放、贮存固体废物。"

10．AB　【解析】第六十六条："国家建立电器电子、铅蓄电池、车用动力电池等产品的生产者责任延伸制度。电器电子、铅蓄电池、车用动力电池等产品的生产者应当按照规定以自建或者委托等方式建立与产品销售量相匹配的废旧产品回收体系，并向社会公开，实现有效回收和利用。"

（五）《土壤污染防治法》

一、单项选择题

1. 根据《土壤污染防治法》，下列关于土壤污染责任人的说法，错误的是（　　）。（2019 年考题）

A. 土壤污染责任人无法认定的，土地所有权人和使用权人应当共同承担土壤污染风险管控和修复义务

B. 土壤污染责任人不明确或者存在争议的，农用地由地方人民政府农业农村、林业草原主管部门会同生态环境、自然资源主管部门认定

C. 土壤污染责任人变更的，由变更后承继其债权、债务的单位或者个人履行相关土壤污染风险管控和修复义务并承担相关费用

D. 土壤污染责任人不明确或者存在争议的，建设用地由地方人民政府生态环境主管部门会同自然资源主管部门认定

2. 根据《土壤污染防治法》，下列说法，正确的是（　　）。（2019 年考题）

A. 列入建设用地土壤污染风险管控和修复名录的地块，严格控制作为住宅、公共管理与公共服务用地

B. 省级人民政府生态环境主管部门应当会同自然资源等主管部门按照国务院生态环境主管部门的规定，对土壤污染风险评估报告组织评审

C. 用途变更为住宅、公共管理与公共服务用地的，变更前或变更后应当按照规定进行土壤污染状况调查

D. 对土壤污染状况调查报告评审表明污染物含量超过土壤污染风险管控标准的建设用地地块，土地所有权人应当按照国务院生态环境主管部门的规定进行土壤污染风险评估

3. 根据《土壤污染防治法》，关于实施风险管控、修复活动和修复施工单位管理的有关规定，下列说法错误的是（　　）。（2019 年考题）

A. 实施风险管控、修复活动中产生的固体废物以及拆除的设施、设备或者建筑物、构筑物属于危险废物的，应当依照法律法规和相关标准的要求进行处置

B. 修复施工期间，应当设立公告牌，公开相关情况和环境保护措施

C. 修复施工单位转运污染土壤的，应当制定转运计划，将运输时间、方式、线路和污染土壤数量、去向、最终处置措施等，提前报所在地和接收地生态环境主管部门

D. 转运的污染土壤属于危险废物的，建设单位应当依照法律法规和相关标准的要求进行处置

4. 根据《土壤污染防治法》，关于土壤污染的含义的说法，正确的是（　　）。（2019 年考题）

A. 土壤污染是指因人为因素导致某种物质进入陆地表层土壤，引起土壤化学、物理、生物等方面特性的改变，影响土壤功能和有效利用，危害公众健康或者破坏生态环境的现象

B. 土壤污染是指因自然因素导致某种物质进入陆地表层土壤，引起土壤化学、物理、生物等方面特性的改变，影响土壤功能和有效利用，危害公众健康或者破坏生态环境的现象

C. 土壤污染是指因自然及人为因素导致某种物质进入陆地表层土壤，引起土壤化学、物理、生物等方面特性的改变，影响土壤功能和有效利用，危害公众健康或者破坏生态环境的现象

D. 土壤污染是指因人为因素导致某种物质进入陆地表层土壤，引起土壤化学、物理、生物等方面特性的改变，影响土壤功能和有效利用，危害公众健康的现象

5. 根据《土壤污染防治法》，对安全利用类农用地地块，地方人民政府农业农村、林业草原主管部门，应当结合主要作物品种和种植习惯等情况，制定并实施安全利用方案。下列不属于安全利用方案应当包括内容的是（　　）。（2019 年考题）

A. 农艺调控、替代种植

B. 定期开展土壤和农产品协同监测与评价

C. 土壤安全利用评估

D. 其他风险管控措施

6. 根据《土壤污染防治法》，对严格管控类农用地地块，不属于地方人民政府农业农村、林业草原主管部门应当采取的风险管控措施的是（　　）。（2019 年考题）

A. 提出划定特定农产品禁止生产区域的建议，报本级人民政府批准后实施

B. 按照规定开展土壤和农产品协同监测与评价

C. 对农民、农民专业合作社及其他农业生产经营主体进行技术指导和培训

D. 农艺调控、替代种植

7. 根据《土壤污染防治法》，为保护农用地土壤环境，不属于国家鼓励和支持农业生产者采取的措施的是（　　）。（2019 年考题）

A. 使用生物可降解农用薄膜

B. 采用测土配方施肥技术、生物防治等病虫害绿色防控技术

C. 使用符合标准的有机肥、高效肥

D. 按照规定对碱性土壤等进行改良

8．根据《土壤污染防治法》，下列原则中，不属于土壤污染防治应当坚持的是（　　）。（2020年考题）

A．预防为主、统筹规划　　　　　　B．风险管控、污染担责

C．分类管理、公众参与　　　　　　D．保护优先、风险管控

9．根据《土壤污染防治法》，下列地块中，不属于地方人民政府生态环境主管部门应当会同自然资源主管部门进行重点监测的建设用地地块范围的是（　　）。（2020年考题）

A．曾发生过严重洪水灾害的地块　　B．曾用于固体废物堆放的地块

C．曾发生过重大污染事故的地块　　D．曾用于生产有毒物质的地块

10．根据《土壤污染防治法》，关于矿产资源开发区域土壤污染防治监督管理要求的说法，错误的是（　　）。（2020年考题）

A．排土场运营、管理单位应当进行土壤污染状况监测和定期评估

B．尾矿库运营、管理单位应当加强尾矿库的安全管理，采取措施防止土壤污染

C．各级人民政府生态环境、自然资源主管部门应当严格控制可能造成土壤污染的重点污染物排放

D．需要重点监管的尾矿库的运营、管理单位应进行土壤污染状况监测和定期评估

11．根据《土壤污染防治法》，关于土壤污染责任人义务的说法，错误的是（　　）。（2020年考题）

A．土壤污染责任人负有实施土壤污染风险管控和修复的义务

B．国家鼓励和支持有关当事人自愿实施土壤污染风险管控和修复

C．土壤污染责任人无法认定的，土地使用权人应当实施土壤污染风险管控和修复

D．地方人民政府及其有关部门可以根据实际情况组织实施土壤污染风险管控和修复，并承担相应费用

12．根据《土壤污染防治法》，下列说法中不属于土壤污染防治应当坚持的原则的是（　　）。（2021年考题）

A．预防为主、统筹规划　　　　　　B．保护优先、分类管理

C．风险管控、污染担责　　　　　　D．公众参与

13．根据《土壤污染防治法》，下列说法中正确的是（　　）。（2021年考题）

A．土壤污染，是指因人为因素导致某种物质进入陆地表层土壤，引起土壤化学、物理、生物等方面特性的改变，影响土壤功能和有效利用，危害公众健康或者破坏生态环境的现象

B．土地所有者从事土地开发利用活动，企业事业单位和其他生产经营者从事生产经营活动，应当采取有效措施，防止、减少土壤污染，对所造成的土壤污染依法承担责任

C. 国务院自然资源主管部门应当会同国务院生态环境、农业农村、住房城乡建设、水利、卫生健康、林业草原等主管部门建立土壤环境基础数据库，构建全国土壤环境信息平台，实行数据动态更新和信息共享

D. 地方各级人民政府生态环境主管部门应当对本行政区域土壤污染防治和安全利用负责

14. 根据《土壤污染防治法》，下列关于土壤环境预防和保护的说法中，错误的是（　　　）。（2021年考题）

A. 各类涉及土地利用的规划应当依法进行环境影响评价

B. 各类建设项目环境影响评价文件应当包括对土壤可能造成的不良影响及应当采取的相应预防措施等内容

C. 设区的市级以上地方人民政府生态环境主管部门应当定期对土壤污染重点监管单位周边土壤进行监测

D. 土壤污染重点监管单位应当建立土壤污染隐患排查制度

15. 根据《土壤污染防治法》，下列关于尾矿库土壤污染防治的说法中，错误的是（　　　）。（2021年考题）

A. 尾矿库运营、管理单位应当按照规定，加强尾矿库的安全管理，采取措施防止土壤污染

B. 尾矿库运营、管理单位应当按照规定，进行土壤污染状况监测和定期评估

C. 地方人民政府安全生产监督管理部门应当监督尾矿库运营、管理单位履行防治土壤污染的法定义务，防止其发生可能污染土壤的事故

D. 地方人民政府生态环境主管部门应当加强对尾矿库土壤污染防治情况的监督检查和定期评估

16. 根据《土壤污染防治法》，下列关于农用地土壤污染防治的说法中，错误的是（　　　）。（2021年考题）

A. 有土壤污染风险的农用地地块，地方人民政府农业农村、林业草原主管部门应当会同生态环境、自然资源主管部门进行土壤污染状况调查

B. 对产出的农产品污染物含量超标，需要实施修复的农用地地块，土壤污染责任人应当编制修复方案

C. 对安全利用类农用地地块，地方人民政府农业农村、林业草原主管部门，应当制定安全利用方案

D. 禁止向农用地排放重金属或者含有其他有毒有害物质的污水

17. 根据《土壤污染防治法》，下列关于土壤污染状况调查的说法中，错误的是（　　　）。（2021年考题）

A. 实施土壤污染状况调查活动，应当编制土壤污染状况调查报告

B. 土壤污染状况调查报告应当主要包括地块基本信息、污染类型、污染来源以及地下水是否受到污染等内容

C. 土壤污染重点监管单位生产经营用地的用途变更或者在其土地使用权收回、转让前，应当由土地使用权人按照规定进行土壤污染状况调查

D. 从事土壤污染状况调查的单位，应当具备相应的专业能力

18. 根据《土壤污染防治法》，以下关于永久基本农田土壤污染防治的说法中，错误的是（　　）。（2021年考题）

A. 县级以上地方人民政府应当依法将符合条件的优先保护类耕地划为永久基本农田

B. 永久基本农田应实行严格保护

C. 在永久基本农田集中区域，严格控制建设可能造成土壤污染的建设项目

D. 在永久基本农田集中区域，已经建成的可能造成土壤污染的建设项目应当限期关闭拆除

19. 根据《土壤污染防治法》，以下关于建设用地用途变更的说法中，正确的是（　　）。（2021年考题）

A. 用途变更为住宅用地的，变更前应当按照规定进行土壤污染状况调查

B. 用途变更为住宅用地的，土壤污染状况调查报告应由地方人民政府生态环境主管部门组织评审

C. 列入建设用地土壤污染风险管控和修复名录的地块，可以有条件作为公共管理用地

D. 工业企业生产经营用地的用途变更前，应当由土地使用权人按照规定进行土壤污染状况调查

二、不定项选择题

1. 根据《土壤污染防治法》，县级以上地方人民政府及其有关部门应当按照土地利用总体规划和城乡规划，严格执行相关行业企业布局选址要求，禁止在（　　）等单位周边新建、改建、扩建可能造成土壤污染的建设项目。（2019年考题）

A. 居民区　　　　B. 学校　　　C. 医院、疗养院、养老院　　　D. 大型商业区

2. 根据《土壤污染防治法》，土壤污染风险管控和修复，包括（　　）等活动。（2019年考题）

A. 土壤污染状况调查　　　　　　　B. 土壤污染风险评估

C. 风险管控效果评估　　　　　　　D. 后期管理

3. 根据《土壤污染防治法》，关于农用地土壤环境保护的有关规定，下列说法正确的有（　　）。（2019年考题）

A. 禁止向农用地排放可能造成土壤污染的清淤底泥、尾矿、矿渣

B. 禁止将重金属或者其他有毒有害物质含量超标的污染土壤用于土地复垦

C. 禁止生产、销售、使用国家明令禁止的农业投入品

D. 禁止向农用地排放重金属或者其他有毒有害物质含量超标的污水、污泥

4. 根据《土壤污染防治法》，地方人民政府生态环境主管部门应当会同自然资源主管部门对下列（　　）建设用地地块进行重点监测。（2019 年考题）

A. 曾用于回收、处置有毒有害物质的

B. 曾用于固体废物堆放的

C. 曾发生过重大污染事故的

D. 曾用于食品加工企业厂房用地的

5. 根据《土壤污染防治法》，尾矿库运营、管理单位应当按照规定，加强尾矿库的安全管理，采取措施防止土壤污染。（　　）以及其他需要重点监管的尾矿库的运营、管理单位应当按照规定，进行土壤污染状况监测和定期评估。（2019 年考题）

A. 危库　　　　B. 险库　　　　C. 病库　　　　D. 废库

6. 根据《土壤污染防治法》，土壤污染防治应当坚持的原则包括（　　）。（2020 年考题）

A. 保护优先　　　B. 分区管理　　　C. 风险管控　　　D. 公众参与

7. 根据《土壤污染防治法》，地方人民政府生态环境主管部门应当会同自然资源主管部门对（　　）建设用地地块进行重点监测。（2021 年考题）

A. 曾用于铁路枢纽建设的　　　　　B. 曾用于固体废物填埋的

C. 曾发生过特大污染事故的　　　　D. 曾用于城市建设用地的

8. 根据《土壤污染防治法》，以下关于效果评估报告的说法中，正确的有（　　）。（2021 年考题）

A. 实施风险管控效果评估、修复效果评估活动，应当编制效果评估报告

B. 效果评估报告应当主要包括是否达到土壤污染风险评估报告确定的风险管控、修复目标等内容

C. 农用地效果评估报告应报地方人民政府农业农村、生态环境主管部门备案

D. 从事土壤风险管控效果评估的单位，应当具备相应的专业能力，并对其出具的效果评估报告的真实性、准确性、完整性负责

9. 根据《土壤污染防治法》，以下关于风险管控和修复的说法中，错误的有（　　）。（2021 年考题）

A. 实施修复活动中产生的废水、废气和固体废物，应当按照规定进行处理、处置，并达到相关环境保护标准

B. 修复施工期间，应当设立公告牌，公开相关情况和环境保护措施

C. 修复施工单位转运污染土壤的，应当制定转运计划，转运工作完成后及时报所在地和接收地生态环境主管部门备案

D. 实施风险管控、修复活动前，地方人民政府有关部门有权根据实际情况，要求修复施工单位采取移除污染源、防止污染扩散等措施

参考答案

一、单项选择题

1. A 【解析】第四十五条："土壤污染责任人负有实施土壤污染风险管控和修复的义务。土壤污染责任人无法认定的，土地使用权人应当实施土壤污染风险管控和修复。"

2. B 【解析】第六十一条："省级人民政府生态环境主管部门应当会同自然资源等主管部门按照国务院生态环境主管部门的规定，对土壤污染风险评估报告组织评审，及时将需要实施风险管控、修复的地块纳入建设用地土壤污染风险管控和修复名录，并定期向国务院生态环境主管部门报告。列入建设用地土壤污染风险管控和修复名录的地块，不得作为住宅、公共管理与公共服务用地。"

第五十九条："用途变更为住宅、公共管理与公共服务用地的，变更前应当按照规定进行土壤污染状况调查。"

第六十条："对土壤污染状况调查报告评审表明污染物含量超过土壤污染风险管控标准的建设用地地块，土壤污染责任人、土地使用权人应当按照国务院生态环境主管部门的规定进行土壤污染风险评估，并将土壤污染风险评估报告报省级人民政府生态环境主管部门。"

3. D 【解析】第四十一条："转运的污染土壤属于危险废物的，修复施工单位应当依照法律法规和相关标准的要求进行处置。"

4. A 【解析】第二条："本法所称土壤污染，是指因人为因素导致某种物质进入陆地表层土壤，引起土壤化学、物理、生物等方面特性的改变，影响土壤功能和有效利用，危害公众健康或者破坏生态环境的现象。"

5. C 【解析】第五十三条："对安全利用类农用地地块，地方人民政府农业农村、林业草原主管部门，应当结合主要作物品种和种植习惯等情况，制定并实施安全利用方案。安全利用方案应当包括下列内容：（一）农艺调控、替代种植；（二）定期开展土壤和农产品协同监测与评价；（三）对农民、农民专业合作社及其他农业生产经营主体进行技术指导和培训；（四）其他风险管控措施。"

6. D 【解析】第五十四条："对严格管控类农用地地块，地方人民政府农业

农村、林业草原主管部门应当采取下列风险管控措施：（一）提出划定特定农产品禁止生产区域的建议，报本级人民政府批准后实施；（二）按照规定开展土壤和农产品协同监测与评价；（三）对农民、农民专业合作社及其他农业生产经营主体进行技术指导和培训；（四）其他风险管控措施。"

7. D　【解析】第二十九条："国家鼓励和支持农业生产者采取下列措施：（一）使用低毒、低残留农药以及先进喷施技术；（二）使用符合标准的有机肥、高效肥；（三）采用测土配方施肥技术、生物防治等病虫害绿色防控技术；（四）使用生物可降解农用薄膜；（五）综合利用秸秆、移出高富集污染物秸秆；（六）按照规定对酸性土壤等进行改良。"

8. A　【解析】第三条："土壤污染防治应当坚持预防为主、保护优先、分类管理、风险管控、污染担责、公众参与的原则。"

9. A　【解析】第十七条："地方人民政府生态环境主管部门应当会同自然资源主管部门对下列建设用地地块进行重点监测：（一）曾用于生产、使用、贮存、回收、处置有毒有害物质的；（二）曾用于固体废物堆放、填埋的；（三）曾发生过重大、特大污染事故的；（四）国务院生态环境、自然资源主管部门规定的其他情形。"

10. A　【解析】第二十三条："各级人民政府生态环境、自然资源主管部门应当依法加强对矿产资源开发区域土壤污染防治的监督管理，按照相关标准和总量控制的要求，严格控制可能造成土壤污染的重点污染物排放。尾矿库运营、管理单位应当按照规定，加强尾矿库的安全管理，采取措施防止土壤污染。危库、险库、病库以及其他需要重点监管的尾矿库的运营、管理单位应当按照规定，进行土壤污染状况监测和定期评估。"

11. D　【解析】第四十五条："土壤污染责任人负有实施土壤污染风险管控和修复的义务。土壤污染责任人无法认定的，土地使用权人应当实施土壤污染风险管控和修复。地方人民政府及其有关部门可以根据实际情况组织实施土壤污染风险管控和修复。国家鼓励和支持有关当事人自愿实施土壤污染风险管控和修复。"

第四十六条："因实施或者组织实施土壤污染状况调查和土壤污染风险评估、风险管控、修复、风险管控效果评估、修复效果评估、后期管理等活动所支出的费用，由土壤污染责任人承担。"

12. A　【解析】第三条："土壤污染防治应当坚持预防为主、保护优先、分类管理、风险管控、污染担责、公众参与的原则。"

13. A　【解析】B选项的正确说法是：土地使用权人从事……C选项的正确说法是：国务院生态环境主管部门应当会同国务院农业农村、自然资源、……D选项的正确说法是：地方各级人民政府应当对本行政区域土壤污染防治和安全利用负责。

14. B　【解析】B选项的正确说法是：各类涉及土地利用的规划和可能造成土

壤污染的建设项目，应当依法进行环境影响评价。环境影响评价文件应当包括对土壤可能造成的不良影响及应当采取的相应预防措施等内容。注意前提是可能造成土壤污染的建设项目。

15. B 　【解析】B 选项的正确说法是：危库、险库、病库以及其他需要重点监管的尾矿库的运营、管理单位应当按照规定，进行土壤污染状况监测和定期评估。

16. D 　【解析】D 选项的正确说法是：禁止向农用地排放重金属或者其他有毒有害物质含量超标的污水。注意前提是含量超标。

17. B 　【解析】B 选项的正确说法是：土壤污染状况调查报告应当主要包括地块基本信息、污染物含量是否超过土壤污染风险管控标准等内容。污染物含量超过土壤污染风险管控标准的，土壤污染状况调查报告还应当包括污染类型、污染来源以及地下水是否受到污染等内容。注意后续包括内容的前提是污染物含量超过土壤污染风险管控标准。

18. C 　【解析】C 选项的正确说法是：在永久基本农田集中区域，不得新建可能造成土壤污染的建设项目。

19. A 　【解析】B 选项的正确说法是：由地方人民政府生态环境主管部门会同自然资源主管部门组织评审。C 选项的正确说法是：列入建设用地土壤污染风险管控和修复名录的地块，不得作为住宅、公共管理与公共服务用地。D 选项的正确说法是：土壤污染重点监管单位生产经营用地的用途变更前，应当由土地使用权人按照规定进行土壤污染状况调查。

二、不定项选择题

1. ABC 　【解析】第三十二条："县级以上地方人民政府及其有关部门应当按照土地利用总体规划和城乡规划，严格执行相关行业企业布局选址要求，禁止在居民区和学校、医院、疗养院、养老院等单位周边新建、改建、扩建可能造成土壤污染的建设项目。"

2. ABCD 　【解析】第三十五条："土壤污染风险管控和修复，包括土壤污染状况调查和土壤污染风险评估、风险管控、修复、风险管控效果评估、修复效果评估、后期管理等活动。"

3. ABCD 　【解析】第二十八条："禁止向农用地排放重金属或者其他有毒有害物质含量超标的污水、污泥，以及可能造成土壤污染的清淤底泥、尾矿、矿渣等。"

第三十条："禁止生产、销售、使用国家明令禁止的农业投入品。"

第三十三条："禁止将重金属或者其他有毒有害物质含量超标的工业固体废物、生活垃圾或者污染土壤用于土地复垦。"

4. ABC 　【解析】第十七条："地方人民政府生态环境主管部门应当会同自

资源主管部门对下列建设用地地块进行重点监测：（一）曾用于生产、使用、贮存、回收、处置有毒有害物质的；（二）曾用于固体废物堆放、填埋的；（三）曾发生过重大、特大污染事故的；（四）国务院生态环境、自然资源主管部门规定的其他情形。"

5. ABC 【解析】第二十三条："尾矿库运营、管理单位应当按照规定，加强尾矿库的安全管理，采取措施防止土壤污染。危库、险库、病库以及其他需要重点监管的尾矿库的运营、管理单位应当按照规定，进行土壤污染状况监测和定期评估。"

6. ACD 【解析】第三条："土壤污染防治应当坚持预防为主、保护优先、分类管理、风险管控、污染担责、公众参与的原则。"

7. BC 【解析】第十七条："地方人民政府生态环境主管部门应当会同自然资源主管部门对下列建设用地地块进行重点监测：（一）曾用于生产、使用、贮存、回收、处置有毒有害物质的；（二）曾用于固体废物堆放、填埋的；（三）曾发生过重大、特大污染事故的；（四）国务院生态环境、自然资源主管部门规定的其他情形。"

8. ABD 【解析】C的正确说法是：效果评估报告报地方人民政府农业农村、林业草原主管部门备案。

9. CD 【解析】C选项的正确说法是，第四十一条："修复施工单位转运污染土壤的，应当制定转运计划，将运输时间、方式、线路和污染土壤数量、去向、最终处置措施等，提前报所在地和接收地生态环境主管部门。"D选项的正确说法是，第三十九条："实施风险管控、修复活动前，地方人民政府有关部门有权根据实际情况，要求土壤污染责任人、土地使用权人采取移除污染源、防止污染扩散等措施。"

（六）《海洋环境保护法》

一、单项选择题

1．根据《海洋环境保护法》，下列区域中，不必建立海洋自然保护区的是（　　）。（2015 年考题）

A．海洋生物物种高度丰富的区域

B．遭受破坏的海洋自然生态区域

C．具有特殊保护价值的海域、海岸、岛屿

D．具有重大科学文化价值的海洋自然遗迹所在区域

2．根据《海洋环境保护法》海洋生态保护有关规定，下列说法中，正确的是（　　）。（2016 年考题）

A．对具有重要经济、社会价值的已遭到破坏的海洋生态，应当进行保护

B．开发利用海洋资源，应当根据近岸海域环境功能区划合理布局，不得造成海洋生态破坏

C．国务院有关部门和沿海省级人民政府应当根据保护海洋生态的需要，选划、建立海洋自然保护区

D．凡具有特殊地理条件、生态系统、生物与非生物资源及海洋开发利用特殊需要的区域，必须建立海洋特别保护区

3．根据《海洋环境保护法》防治海岸工程建设项目对海洋环境的污染损害的有关规定，下列说法中，正确的是（　　）。（2016 年考题）

A．严格限制在海岸采挖砂石

B．禁止在沿海陆域内新建印染、电镀以及其他严重污染海洋环境的工业生产项目

C．在依法划定的海洋风景名胜区、渔业水域，禁止从事污染、破坏景观的海岸工程建设项目

D．兴建海岸工程建设项目，必须采取有效措施，保护野生动植物及其生存环境和海洋水产资源

4．根据《海洋环境保护法》，海洋功能区划是指依据海洋（　　）以及自然资源和环境特定条件，界定海洋利用的主导功能和使用范畴。（2017 年考题）

A．环境属性和社会属性　　　　　　　B．社会属性和经济属性

C．自然属性和经济属性　　　　　　　D．自然属性和社会属性

5．根据《海洋环境保护法》建立海洋自然保护区的有关规定，下列说法中，错

误的是（　　）。（2017 年考题）

　　A. 国家级海洋自然保护区的建立，须经国务院批准

　　B. 市级海洋自然保护区的建立，须经市级人民政府批准

　　C. 海洋生物物种高度丰富的区域，应当建立海洋自然保护区

　　D. 具有重大科学文化价值的海洋自然遗迹所在区域，应当建立海洋自然保护区

6. 根据《海洋环境保护法》，凡具有特殊地理条件、生态系统、生物与非生物资源及海洋开发利用特殊需要的区域，可以建立（　　），采取有效的保护措施和科学的开发方式进行特殊管理。（2017 年考题）

　　A. 海洋生态功能区 　　　　　　　　　B. 海洋自然保护区

　　C. 海洋主体功能区 　　　　　　　　　D. 海洋特别保护区

7. 根据《海洋环境保护法》，下列说法正确的是（　　）。（2017 年考题）

　　A. 禁止生活污水向海湾排放

　　B. 严格控制生活污水向自净能力较差的海域排放

　　C. 严格限制含营养物质的生活污水向半封闭海排放

　　D. 禁止含有机物和营养物质的工业废水向半封闭海排放

8. 根据《海洋环境保护法》，下列区域中，不属于滨海湿地的是（　　）。（2018 年考题）

　　A. 潮间带 　　　　　　　　　　　　　B. 洪泛地带

　　C. 沿海低地 　　　　　　　　　　　　D. 水深不超过 6 m 的水域

9. 根据《海洋环境保护法》，关于海洋生态保护有关规定的说法，错误的是（　　）。（2018 年考题）

　　A. 国家建立健全海洋生态保护补偿制度

　　B. 禁止毁坏海岸防护设施、沿海防护林、沿海城镇园林和绿地

　　C. 海水养殖应当合理投饵、施肥，禁止使用药物，防止造成海洋环境污染

　　D. 引进海洋动植物物种，应当进行科学论证，避免对海洋生态系统造成危害

10. 根据《海洋环境保护法》，关于防治海岸工程建设项目污染损害海洋环境有关规定的说法，错误的是（　　）。（2018 年考题）

　　A. 在海洋自然保护区、海滨风景名胜区、渔业水域，不得从事污染环境、破坏景观的海岸工程项目建设或者其他活动

　　B. 海岸工程建设项目单位，必须对海洋进行科学调查，根据自然条件和社会条件，合理选址，编制环境影响报告书（表）

　　C. 新建、改建、扩建海岸工程建设项目，必须遵守国家有关建设项目环境保护管理的规定，并把防治污染所需资金纳入建设项目投资计划

　　D. 生态环境主管部门在批准环境影响报告书（表）之前，必须征求海事、渔业行

政主管部门和军队环境保护部门的意见

11. 根据《海洋环境保护法》在沿海陆域内建设工业生产项目的有关规定，下列说法中，正确的是（　　）。（2019 年考题）

A. 禁止在沿海陆域内新建化学制浆造纸、化工、印染、制革、电镀、酿造、炼油、岸边冲滩拆船等工业生产项目

B. 禁止在沿海陆域内新建除化学制浆造纸、化工、印染、制革、电镀、酿造、炼油、岸边冲滩拆船以外的其他严重污染海洋环境的工业生产项目

C. 禁止在沿海陆域内新建不具备有效治理措施的化学制浆造纸、化工、印染、制革、电镀、酿造、炼油、岸边冲滩拆船等工业生产项目

D. 禁止在沿海陆域内新建不具备有效治理措施的污染海洋环境的工业生产项目

12. 根据《海洋环境保护法》，下列说法中，错误的是（　　）。（2019 年考题）

A. 禁止向海域排放含有不易降解的有机物和重金属的废水

B. 禁止向海域排放油类、酸液、碱液、剧毒废液和高、中水平放射性废水

C. 严格限制向海域排放低水平放射性废水

D. 应当严格控制向海湾排放含有机物和营养物质的工业废水、生活污水

13. 根据《海洋环境保护法》，有关内水、滨海湿地、海洋功能区划、海洋环境污染损害的含义，下列说法中，错误的是（　　）。（2019 年考题）

A. 内水是指我国领海基线向内陆一侧的所有海域

B. 滨海湿地是指低潮时水深浅于 8 米的水域及其沿岸浸湿地带，包括水深不超过 8 米的永久性水域、潮间带（或洪泛地带）和沿海低地等

C. 海洋功能区划是指依据海洋自然属性和社会属性，以及自然资源和环境特定条件，界定海洋利用的主导功能和使用范畴

D. 海洋环境污染损害是指直接或者间接地把物质或者能量引入海洋环境，产生损害海洋生物资源、危害人体健康、妨害渔业和海上其他合法活动、损害海水使用素质和减损环境质量等有害影响

14. 根据《海洋环境保护法》，下列有关海洋环境保护的说法中，错误的是（　　）。（2019 年考题）

A. 禁止毁坏海岸防护设施、沿海防护林、沿海城镇园林和绿地

B. 在依法划定的海洋自然保护区不得从事污染环境、破坏景观的海岸工程项目建设

C. 禁止在沿海陆域内新建不具备有效治理措施的酿造等严重污染海洋环境的工业生产项目

D. 禁止在海岸采挖砂石

15. 根据《海洋环境保护法》，下列海域中，不得新建排污口的是（　　）。（2020 年考题）

　　A. 海滨浴场　　　　　　　　　　B. 渔业水域

　　C. 入海河口　　　　　　　　　　D. 重要贝、藻类养殖场

16. 根据《海洋环境保护法》，关于入海排污要求的说法，错误的是（　　　）。（2020 年考题）

　　A. 排放中、低水平放射性废水，必须严格执行国家辐射防护规定

　　B. 禁止向海域排放酸液、碱液

　　C. 排放工业废水必须经过处理，符合国家有关排放标准后，方能排入海域

　　D. 严格控制向海域排放含有不易降解的有机物和重金属的废水

17. 某沿海电厂向海域排放冷却水，根据《海洋环境保护法》，关于该电厂冷却水入海排污的说法，正确的是（　　　）。（2020 年考题）

　　A. 应降温满足国家海洋环境质量标准后排放

　　B. 应保证排放海域邻近海滨浴场的水温符合国家海洋环境质量标准

　　C. 应保证排放海域邻近海洋特别保护区的水温符合国家海洋环境质量标准

　　D. 应保证排放海域邻近渔业水域的水温符合国家海洋环境质量标准

18. 根据《海洋环境保护法》，以下区域可以新建排污口的是（　　　）。（2021 年考题）

　　A. 海洋自然保护区　　　　　　　B. 重要渔业水域

　　C. 海滨风景名胜区　　　　　　　D. 港口、码头水域

19. 根据《海洋环境保护法》，以下防治海岸工程建设项目对海洋环境的污染损害的说法中，错误的是（　　　）。（2021 年考题）

　　A. 在海滨风景名胜区，不得从事破坏景观的海岸工程项目建设

　　B. 海岸工程建设项目单位，必须对海洋环境进行科学调查

　　C. 禁止在沿海陆域内新建化学制浆造纸、化工、印染、制革、电镀、酿造、炼油等工业生产项目

　　D. 严格限制在海岸采挖砂石

二、不定项选择题

1. 根据《海洋环境保护法》海洋生态保护的有关规定，沿海地方各级人民政府应当结合当地自然环境的特点，建设（　　　），对海岸侵蚀和海水入侵地区进行综合治理。（2015 年考题）

　　A. 滨海湿地　　　　　　　　　　B. 沿海防护林

　　C. 海岸防护设施　　　　　　　　D. 沿海城镇园林和绿地

2. 根据《海洋环境保护法》，设置陆源污染物深海离岸排放排污口，应当依据（　　　）和海底工程设施的有关情况规定，具体办法由国务院规定。（2017 年考题）

A．海洋功能区划　　　　　　　　　B．海水动力条件

C．海洋生态保护规划　　　　　　　D．海洋生态保护目标分布

3．根据《海洋环境保护法》，禁止在沿海陆域内新建不具备有效治理措施的（　　），以及其他严重污染海洋环境的工业生产项目。（2017 年考题）

A．化工　　　　　　　　　　　　　B．印染

C．燃气电厂　　　　　　　　　　　D．岸边冲滩拆船

4．根据《海洋环境保护法》，下列海洋生态系统中，属于国务院和沿海地方各级人民政府应当采取有效措施保护的有（　　）。（2018 年考题）

A．海岛、海湾　　　　　　　　　　B．红树林、珊瑚礁

C．滨海湿地、入海河口　　　　　　D．重要渔业水域，海产品养殖水域

5．根据《海洋环境保护法》，关于向海域排放废液或废水有关规定的说法，错误的有（　　）。（2018 年考题）

A．禁止向海域排放含有不易降解的有机物和重金属的废水

B．严格限制向海域排放油类、酸液、碱液、剧毒废液和高、中水平放射性废水

C．严格限制向海域排放低水平放射性废水，确需排放的，必须严格执行国家水污染物排放标准的要求

D．向海域排放含热废水，必须采取有效措施，保证邻近渔业水域的水温符合国家海洋环境质量标准，避免热污染对水产资源的危害

6．某天然渔场，由于过度捕捞造成渔业资源退化，已不能形成渔汛。根据《海洋环境保护法》，关于该海域海洋生态保护的说法，正确的有（　　）。（2018 年考题）

A．应当对该海域海洋生态系统进行恢复

B．应当对该海域捕捞作业进行整治

C．应当在该海域建立海洋自然保护区

D．应当在该海域建立海洋特别保护区

参考答案

一、单项选择题

1．B　【解析】第二十二条："凡具有下列条件之一的，应当建立海洋自然保护区：（一）典型的海洋自然地理区域、有代表性的自然生态区域，以及遭受破坏但经保护能恢复的海洋自然生态区域；（二）海洋生物物种高度丰富的区域，或者珍稀、濒危海洋生物物种的天然集中分布区域；（三）具有特殊保护价值的海域、海岸、岛屿、滨海湿地、入海河口和海湾等；（四）具有重大科学文化价值的海洋自然遗迹所

在区域；（五）其他需要予以特殊保护的区域。"

2．C　【解析】第二十条："对具有重要经济、社会价值的已遭到破坏的海洋生态，应当进行整治和恢复。"

第二十四条："开发利用海洋资源，应当根据海洋功能区划合理布局，严格遵守生态保护红线，不得造成海洋生态环境破坏。"

第二十一条："国务院有关部门和沿海省级人民政府应当根据保护海洋生态的需要，选划、建立海洋自然保护区。"

第二十三条："凡具有特殊地理条件、生态系统、生物与非生物资源及海洋开发利用特殊需要的区域，可以建立海洋特别保护区，采取有效的保护措施和科学的开发方式进行特殊管理。"

3．A　【解析】第四十二条："在依法划定的海洋自然保护区、海滨风景名胜区、重要渔业水域及其他需要特别保护的区域，不得从事污染环境、破坏景观的海岸工程项目建设或者其他活动。"

第四十五条："禁止在沿海陆域内新建不具备有效治理措施的化学制浆造纸、化工、印染、制革、电镀、酿造、炼油、岸边冲滩拆船以及其他严重污染海洋环境的工业生产项目。"

第四十六条："兴建海岸工程建设项目，必须采取有效措施，保护国家和地方重点保护的野生动植物及其生存环境和海洋水产资源。严格限制在海岸采挖砂石。露天开采海滨砂矿和从岸上打井开采海底矿产资源，必须采取有效措施，防止污染海洋环境。"

4．D　【解析】第九十四条："（四）海洋功能区划，是指依据海洋自然属性和社会属性，以及自然资源和环境特定条件，界定海洋利用的主导功能和使用范畴。"

5．B　【解析】第二十一条："国务院有关部门和沿海省级人民政府应当根据保护海洋生态的需要，选划、建立海洋自然保护区。国家级海洋自然保护区的建立，须经国务院批准。"

第二十二条："凡具有下列条件之一的，应当建立海洋自然保护区：……（二）海洋生物物种高度丰富的区域，或者珍稀、濒危海洋生物物种的天然集中分布区域；……（四）具有重大科学文化价值的海洋自然遗迹所在区域。"

6．D　【解析】第二十三条："凡具有特殊地理条件、生态系统、生物与非生物资源及海洋开发利用特殊需要的区域，可以建立海洋特别保护区，采取有效的保护措施和科学的开发方式进行特殊管理。"

7．B　【解析】第三十五条："含有机物和营养物质的工业废水、生活污水，应当严格控制向海湾、半封闭海及其他自净能力较差的海域排放。"

8．D　【解析】第九十四条："（三）滨海湿地，是指低潮时水深浅于六米的水域及其沿岸浸湿地带，包括水深不超过六米的永久性水域、潮间带（或洪泛地带）

和沿海低地等。"

9. C 【解析】C 的正确说法是第二十八条："海水养殖应当科学确定养殖密度，并应当合理投饵、施肥，正确使用药物，防止造成海洋环境的污染。"

10. A 【解析】A 的正确说法是第四十二条："在依法划定的海洋自然保护区、海滨风景名胜区、重要渔业水域及其他需要特别保护的区域，不得从事污染环境、破坏景观的海岸工程项目建设或者其他活动。"注意是重要渔业水域。

11. C 【解析】第四十五条："禁止在沿海陆域内新建不具备有效治理措施的化学制浆造纸、化工、印染、制革、电镀、酿造、炼油、岸边冲滩拆船以及其他严重污染海洋环境的工业生产项目。"

12. A 【解析】A 的正确说法是第三十三条："严格控制向海域排放含有不易降解的有机物和重金属的废水。"

13. B 【解析】B 的正确说法是第九十四条："（三）滨海湿地，是指低潮时水深浅于六米的水域及其沿岸浸湿地带，包括水深不超过六米的永久性水域、潮间带（或洪泛地带）和沿海低地等。"

14. D 【解析】D 的正确说法是第四十六条："严格限制在海岸采挖砂石。"

15. D 【解析】第三十条："在海洋自然保护区、重要渔业水域、海滨风景名胜区和其他需要特别保护的区域，不得新建排污口。"

16. A 【解析】A 的正确说法是第三十三条："禁止向海域排放油类、酸液、碱液、剧毒废液和高、中水平放射性废水。严格限制向海域排放低水平放射性废水；确需排放的，必须严格执行国家辐射防护规定。"

17. D 【解析】第三十六条："向海域排放含热废水，必须采取有效措施，保证邻近渔业水域的水温符合国家海洋环境质量标准，避免热污染对水产资源的危害。"

18. D 【解析】第三十条："在海洋自然保护区、重要渔业水域、海滨风景名胜区和其他需要特别保护的区域，不得新建排污口。"

19. C 【解析】C 的正确说法是第四十五条："禁止在沿海陆域内新建不具备有效治理措施的化学制浆造纸、化工、印染、制革、电镀、酿造、炼油、岸边冲滩拆船以及其他严重污染海洋环境的工业生产项目。"注意前提条件是不具备有效治理措施的。

二、不定项选择题

1. BCD 【解析】第二十七条："沿海地方各级人民政府应当结合当地自然环境的特点，建设海岸防护设施、沿海防护林、沿海城镇园林和绿地，对海岸侵蚀和海水入侵地区进行综合治理。"

2．AB　【解析】第三十条："设置陆源污染物深海离岸排放排污口，应当根据海洋功能区划、海水动力条件和海底工程设施的有关情况确定，具体办法由国务院规定。"

3．ABD　【解析】第四十五条："禁止在沿海陆域内新建不具备有效治理措施的化学制浆造纸、化工、印染、制革、电镀、酿造、炼油、岸边冲滩拆船以及其他严重污染海洋环境的工业生产项目。""岸边冲滩拆船"容易被忽视。

4．ABC　【解析】第二十条："国务院和沿海地方各级人民政府应当采取有效措施，保护红树林、珊瑚礁、滨海湿地、海岛、海湾、入海河口、重要渔业水域等具有典型性、代表性的海洋生态系统，珍稀、濒危海洋生物的天然集中分布区，具有重要经济价值的海洋生物生存区域及有重大科学文化价值的海洋自然历史遗迹和自然景观。"

5．ABC　【解析】第三十三条："禁止向海域排放油类、酸液、碱液、剧毒废液和高、中水平放射性废水。严格限制向海域排放低水平放射性废水；确需排放的，必须严格执行国家辐射防护规定。严格控制向海域排放含有不易降解的有机物和重金属的废水。"

第三十六条："向海域排放含热废水，必须采取有效措施，保证邻近渔业水域的水温符合国家海洋环境质量标准，避免热污染对水产资源的危害。"

6．AB　【解析】第二十条："对具有重要经济、社会价值的已遭到破坏的海洋生态，应当进行整治和恢复。天然渔场并不一定需要建立海洋自然保护区或海洋特别保护区。"

（七）《放射性污染防治法》

一、单项选择题

1. 根据《放射性污染防治法》关于环境影响评价的有关规定，下列说法中，正确的是（　　）。（2016 年考题）

A. 在办理核设施选址审批手续前，应当编制环境影响报告书，报国务院环境保护行政主管部门审查批准

B. 核设施运营单位应当在办理退役审批手续前编制环境影响报告书，报省级以上人民政府环境保护行政主管部门审查批准

C. 开发利用伴生放射性矿的单位，应当在申请领取采矿许可证前编制环境影响报告书，报国务院环境保护行政主管部门审查批准

D. 关闭铀（钍）矿的单位，应当在办理退役审批手续前编制环境影响报告书，报省级以上人民政府环境保护行政主管部门审查批准

2. 根据《放射性污染防治法》关于"放射性固体废物处置方式及编制处理设施选址规划"的规定，下列说法中，正确的是（　　）。（2016 年考题）

A. 放射性固体废物处置场所选址规划须报国务院批准后实施

B. 放射性固体废物应当在符合国家规定的区域内实行近地表处置

C. 在内河水域处置放射性固体废物，必须符合国家有关放射性污染标准的要求

D. 负责放射性固体废物处置场所规划编制的牵头单位，应当是国务院环境保护行政主管部门

3. 根据《放射性污染防治法》放射性固体废物处置的有关规定，下列说法中，错误的是（　　）。（2016 年考题）

A. 放射性固体废物实行有偿处置

B. 放射性固体废物处置实行经营许可

C. 放射性固体废物处置费用收取和使用管理办法，由国务院环境保护行政主管部门规定

D. 产生放射性固体废物的单位，应当按照国务院环境保护行政主管部门的规定，对其产生的放射性固体废物进行处理后，送交放射性固体废物处置单位处置，并承担处置费用

4. 根据《放射性污染防治法》核设施进行环境影响评价的有关规定，下列说法中，正确的是（　　）。（2017 年考题）

A. 在办理核设施选址审批手续后，应当编制环境影响报告书，报国务院环境保护行政主管部门审查批准

B. 核设施营运单位应在办理核设施退役审批手续前编制环境影响报告书，并报国务院环境保护行政主管部门审查批准

C. 核设施营运单位应在申请领取运行许可证前编制环境影响报告书，报省级以上人民政府环境保护行政主管部门审查批准

D. 核设施营运单位应在领取核设施建造许可证前编制环境影响报告书，报省级以上人民政府环境保护行政主管部门审查批准

5. 根据《放射性污染防治法》，关于产生放射性废液的单位排放或者处理、贮存放射性废液有关规定的说法，错误的是（　　　）。（2018年考题）

A. 禁止向海洋排放放射性废液

B. 禁止利用溶洞排放放射性废液

C. 禁止利用天然裂隙排放放射性废液

D. 产生放射性废液的单位，必须按照国家放射性污染防治标准的要求，对不得向环境排放的放射性废液进行处理或者贮存

6. 根据《放射性污染防治法》，关于编制和实施放射性固体废物处置场所选址规划的说法，正确的是（　　　）。（2018年考题）

A. 国务院核设施主管部门会同省级人民政府根据地质条件和放射性固体废物处置的需要，在环境影响评价的基础上编制，报国务院批准后实施

B. 国务院核设施主管部门会同省级人民政府根据土地利用规划和放射性固体废物处置的需要，在环境影响评价的基础上编制，报国务院批准后实施

C. 国务院核设施主管部门会同国务院生态环境主管部门根据地质条件和放射性固体废物处置的需要，在环境影响评价的基础上编制，报国务院批准后实施

D. 国务院核设施主管部门会同国务院生态环境主管部门根据土地利用规划和放射性固体废物处置的需要，在环境影响评价的基础上重编制报国务院批准后实施

7. 根据《放射性污染防治法》，放射性固体废物处置方式的说法中，错误的有（　　　）。（2019年考题）

A. α放射性固体废物实行近地表处置

B. 高水平放射性固体废物实行集中的深地质处置

C. 低、中水平放射性固体废物在符合国家规定的区域实行近地表处置

D. 禁止在内河水域和海洋上处置放射性固体废物

8. 根据《放射性污染防治法》，下列关于放射性固体废物处置的说法中，正确的是（　　　）。（2019年考题）

A. 产生放射性固体废物的单位，可将其产生的放射性固体废物直接送交放射性固

体废物处置单位处置

B．放射性固体废物处置单位处置放射性固体废物需要产生放射性固体废物的单位承担处置费用

C．产生放射性固体废物的单位，将其产生的放射性固体废物送交放射性固体废物处置单位处置前，必要的话要进行处理

D．产生放射性固体废物的单位，将其产生的放射性固体废物送交放射性固体废物处置单位处置前进行处理的，可不必承担处置费用

9．根据《放射性污染防治法》开发利用或关闭铀（钍）矿前进行环境影响评价的有关规定，下列说法中，错误的是（   ）。（2019 年考题）

A．关闭铀（钍）矿的单位，应当在办理退役审批手续前编制环境影响报告书，报国务院生态环境主管部门审查批准

B．开发利用伴生放射性矿的单位，应当在办理退役审批手续前编制环境影响报告书，报国务院生态环境主管部门审查批准

C．开发利用伴生放射性矿的单位，应当在申请领取采矿许可证前编制环境影响报告书，报省级以上人民政府生态环境主管部门审查批准

D．开发利用铀（钍）矿的单位，应当在申请领取采矿许可证前编制环境影响报告书，报国务院生态环境主管部门审查批准

10．根据《放射性污染防治法》，关于放射性固体废物处置方式的说法，错误的是（   ）。（2020 年考题）

A．禁止在海洋上处置放射性固体废物

B．中水平放射性固体废物在符合国家规定的区域实行近地表处置

C．高放射性固体废物实行集中的深地质处置

D．α 放射性固体废物在符合国家规定的区域实行近地表处置

11．根据《放射性污染防治法》，关于放射性废液的说法，错误的是（   ）。（2021 年考题）

A．产生放射性废液的单位，必须按照国家放射性污染防治标准的要求，对不得向环境排放的放射性废液进行处理或者贮存

B．禁止利用渗井、渗坑、天然裂隙、溶洞或者国家禁止的其他方式排放放射性废液

C．放射性废液排放，必须采用符合国务院生态环境主管部门规定的排放方式

D．向环境排放符合国家放射性污染防治标准的放射性废液，应当向省级生态环境主管部门申请放射性核素排放量，并定期报告排放计量结果

12．根据《放射性污染防治法》，关于放射性固体废物处置的说法，错误的是（   ）。（2021 年考题）

A. 低水平放射性固体废物在符合国家规定的区域实行近地表处置

B. 中、高水平放射性固体废物实行集中的深地质处置

C. α放射性固体废物依照前款规定处置

D. 禁止在内河水域和海洋上处置放射性固体废物

二、不定项选择题

1. 根据《放射性污染防治法》，下列关于放射性固体废物处置方式的说法中，正确的有（　　）。（2017年考题）

A. 低水平放射性固体废物实行近地表处置

B. 高水平放射性固体废物实行集中的深地质处置

C. 中、低水平放射性固体废物禁止在内河水域进行处置

D. 高水平放射性固体废物可以在符合国家规定的区域进行近地表处置

2. 根据《放射性污染防治法》，下列行为中，属于该法适用范围的有（　　）。（2018年考题）

A. 核设施选址

B. 核技术开发利用

C. 含有天然放射性核素浓度稀土矿的开发利用

D. 含有天然放射性核素浓度稀土矿和磷酸盐矿的开发利用

3. 根据《放射性污染防治法》，下列禁止排放放射性废液行为中，正确的有（　　）。（2021年考题）

A. 禁止利用水库排放　　　　　　　　B. 禁止利用渗坑排放

C. 禁止利用自然水体排放　　　　　　D. 禁止利用天然裂隙排放

参考答案

一、单项选择题

1. A　【解析】根据第十八条：在办理核设施选址审批手续前，应当编制环境影响报告书，报国务院环境保护行政主管部门审查批准；未经批准，有关部门不得办理核设施选址批准文件。

根据第二十条：核设施营运单位应当在申请领取核设施建造、运行许可证和办理退役审批手续前编制环境影响报告书，报国务院环境保护行政主管部门审查批准；未经批准，有关部门不得颁发许可证和办理批准文件。

根据第三十四条：开发利用或者关闭铀（钍）矿的单位，应当在申请领取采矿

许可证或者办理退役审批手续前编制环境影响报告书，报国务院环境保护行政主管部门审查批准。开发利用伴生放射性矿的单位，应当在申请领取采矿许可证前编制环境影响报告书，报省级以上人民政府环境保护行政主管部门审查批准。

2．A　【解析】根据第四十四条：国务院核设施主管部门会同国务院环境保护行政主管部门根据地质条件和放射性固体废物处置的需要，在环境影响评价的基础上编制放射性固体废物处置场所选址规划，报国务院批准后实施。

根据第四十三条：低、中水平放射性固体废物在符合国家规定的区域实行近地表处置。高水平放射性固体废物实行集中的深地质处置。α 放射性固体废物依照前款规定处置。禁止在内河水域和海洋上处置放射性固体废物。

3．C　【解析】根据第四十五条：放射性固体废物处置费用收取和使用管理办法，由国务院财政部门、价格主管部门会同国务院环境保护行政主管部门规定。

4．B　【解析】根据第十八条：在办理核设施选址审批手续前，应当编制环境影响报告书，报国务院生态环境主管部门审查批准；未经批准，有关部门不得办理核设施选址批准文件。

根据第二十条：核设施营运单位应当在申请领取核设施建造、运行许可证和办理退役审批手续前编制环境影响报告书，报国务院生态环境主管部门审查批准；未经批准，有关部门不得颁发许可证和办理批准文件。

5．A　【解析】根据第四十二条：产生放射性废液的单位，必须按照国家放射性污染防治标准的要求，对不得向环境排放的放射性废液进行处理或者贮存。产生放射性废液的单位，向环境排放符合国家放射性污染防治标准的放射性废液，必须采用符合国务院生态环境主管部门规定的排放方式。禁止利用渗井、渗坑、天然裂隙、溶洞或者国家禁止的其他方式排放放射性废液。

6．C　【解析】根据第四十四条：国务院核设施主管部门会同国务院生态环境主管部门根据地质条件和放射性固体废物处置的需要，在环境影响评价的基础上编制放射性固体废物处置场所选址规划，报国务院批准后实施。

7．A　【解析】根据第四十三条：低、中水平放射性固体废物在符合国家规定的区域实行近地表处置。高水平放射性固体废物实行集中的深地质处置。α 放射性固体废物依照前款规定处置。禁止在内河水域和海洋上处置放射性固体废物。

8．B　【解析】根据第四十五条：产生放射性固体废物的单位，应当按照国务院生态环境主管部门的规定，对其产生的放射性固体废物进行处理后，送交放射性固体废物处置单位处置，并承担处置费用。

9．B　【解析】根据第三十四条：开发利用或者关闭铀（钍）矿的单位，应当在申请领取采矿许可证或者办理退役审批手续前编制环境影响报告书，报国务院生态环境主管部门审查批准。开发利用伴生放射性矿的单位，应当在申请领取采矿许可证前编制环境影响报告书，报省级以上人民政府生态环境主管部门审查批准。

10．D　【解析】根据第四十三条：低、中水平放射性固体废物在符合国家规定的区域实行近地表处置。高水平放射性固体废物实行集中的深地质处置。α放射性固体废物依照前款规定处置。禁止在内河水域和海洋上处置放射性固体废物。

11．D　【解析】D选项正确的说法是应当向审批环境影响评价文件的生态环境主管部门申请。

12．B　【解析】根据第四十三条：低、中水平放射性固体废物在符合国家规定的区域实行近地表处置。高水平放射性固体废物实行集中的深地质处置。α放射性固体废物依照前款规定处置。禁止在内河水域和海洋上处置放射性固体废物。

二、不定项选择题

1．BC　【解析】根据第四十三条：低、中水平放射性固体废物在符合国家规定的区域实行近地表处置。高水平放射性固体废物实行集中的深地质处置。α放射性固体废物依照前款规定处置。禁止在内河水域和海洋上处置放射性固体废物。

2．AB　【解析】根据第二条：本法适用于中华人民共和国领域和管辖的其他海域在核设施选址、建造、运行、退役和核技术、铀（钍）矿、伴生放射性矿开发利用过程中发生的放射性污染的防治活动。

根据第六十二条：（七）伴生放射性矿，是指含有较高水平天然放射性核素浓度的非铀矿（如稀土矿和磷酸盐矿等）。注意"较高水平"是前提条件。

3．BD　【解析】根据第四十二条：禁止利用渗井、渗坑、天然裂隙、溶洞或者国家禁止的其他方式排放放射性废液。

（八）《清洁生产促进法》

一、单项选择题

1. 根据《清洁生产促进法》，下列行为中，不符合企业进行技术改造时的清洁生产要求的是（　　）。（2015 年考题）

A. 某煤矿改变开拓开采工艺，提高了原煤产量

B. 某化工企业通过循环水系统改造，提高了中水回用率

C. 某养猪场改进养殖方式，推进了猪粪尿的资源化利用

D. 某再生有色金属企业改进冶炼工艺，降低了二噁英的排放强度

2. 根据《清洁生产促进法》，下列措施中，不属于企业在进行技术改造中应当采取的清洁生产措施的是（　　）。（2016 年考题）

A. 采用节水马桶　　　　　　　　　B. 简化包装

C. 酒店增大一次性筷子使用量　　　D. 采用低噪声空调系统

3. 根据《清洁生产促进法》，下列措施中，属于企业技术改造过程中应当采取的清洁生产措施的是（　　）。（2018 年考题）

A. 为提高产品质量改造生产工艺

B. 为提高矿石开采量引进先进采矿工艺

C. 为减少废气污染物排放量采用替代能源

D. 为大幅度增加产品产量调整产品生产工序

4. 根据《清洁生产促进法》，关于企业在进行技术改造中应当采取清洁生产措施的规定，下列不符合相关规定的是（　　）。（2019 年考题）

A. 企业污染防治技术升级，满足达标排放和总量控制要求

B. 企业生产废水处理后回用

C. 企业把单效蒸发升级改造为三效蒸发

D. 企业采用产量高但资源利用率低、污染物产生量多的工艺和设备

5. 根据《清洁生产促进法》，下列措施中，不属于企业应当在技术改造过程中采取的清洁生产措施的是（　　）。（2020 年考题）

A. 某铅锌冶炼企业更换除尘器破损布袋

B. 某电镀企业有氰化电镀工艺改为无氰电镀工艺

C. 某铅锌矿山对废水处理回用系统进行改造，使废水全部回用

D. 某矿山开采企业引进先进米矿工艺减少粉尘排放量

6. 根据《清洁生产促进法》，下列关于清洁生产实施的说法中，错误的是（　　）。（2021 年考题）

A. 不得使用毒性大、危害严重的原料

B. 禁止将有毒、有害废物用作肥料或者用于造田

C. 企业应当对生产和服务过程中的资源消耗以及废物的产生情况进行监测，并根据需要对生产和服务实施清洁生产审核

D. 禁止使用有毒、有害物质超过国家标准的装修材料

二、不定项选择题

根据《清洁生产促进法》，下列措施中，属于企业在进行技术改造时应当采取的清洁生产措施有（　　）。（2015 年考题）

A. 对生产过程中产生的固体废物进行综合利用

B. 采用能达到国家污染物排放标准的污染防治技术

C. 对生产过程中产生的余热进行循环使用，充分利用热量

D. 采用能达到国家污染物排放总量控制指标的污染防治技术

参考答案

一、单项选择题

1. A　【解析】第十九条："企业在进行技术改造过程中，应当采取以下清洁生产措施：（一）采用无毒、无害或者低毒、低害的原料，替代毒性大、危害严重的原料；（二）采用资源利用率高、污染物产生量少的工艺和设备，替代资源利用率低、污染物产生量多的工艺和设备；（三）对生产过程中产生的废物、废水和余热等进行综合利用或者循环使用；（四）采用能够达到国家或者地方规定的污染物排放标准和污染物排放总量控制指标的污染防治技术。"选项 A 与环境保护无关。

2. C　3. C　4. D　5. A

6. A　【解析】第二十七条中规定了使用有毒、有害原料进行生产或者在生产中排放有毒、有害物质的企业，应当实施强制性清洁生产审核，并未禁止使用毒性大、危害严重的原料。

二、不定项选择题

ABCD

（九）《水法》

一、单项选择题

1. 根据《水法》，下列关于河道管理范围内禁止行为的说法中，错误的是（　　）。（2015 年考题）

A. 禁止围湖造地　　　　　　　　B. 禁止围垦河道

C. 禁止在渠道内种植林木及农作物　　D. 禁止在江河内堆放阻碍行洪的物体

2. 根据《水法》，在干旱和半干旱地区开发、利用水资源，应当充分考虑（　　）要求。（2016 年考题）

A. 工业用水　　　　　　　　　　B. 农业用水

C. 生态环境用水　　　　　　　　D. 城乡居民用水

3. 根据《水法》关于设置、新建、改建或者扩大排污口的有关规定，以下说法正确的是（　　）。（2016 年考题）

A. 限制在江河、湖泊改建或者扩大排污口

B. 禁止在饮用水水源一级保护区内设置排污口

C. 在江河、湖泊新建、改建或者扩大排污口，应当经过所在地水行政部门和流域管理机构的同意

D. 在饮用水水源准保护区内设置排污口，应当经过所在地水行政主管部门和流域管理机构的同意

4. 根据《水法》，关于水资源开发利用中生态环境保护有关规定的说法，错误的是（　　）。（2018 年考题）

A. 在干旱、半干旱地区开发、利用水资源，应当充分考虑生态环境用水需要

B. 建设水力发电站，应当保护生态环境，兼顾防洪、供水、灌溉、航运、竹木流放和渔业等方面的需要

C. 开发、利用水资源，应当首先满足生态环境用水，并兼顾农业、工业、城市居民生活用水以及航运等需要

D. 跨流域调水，应当进行全面规划和科学论证，统筹兼顾调出和调入流域的用水需求，防止对生态环境造成破坏

5. 根据《水法》，关于新建排污口有关规定的说法，正确的是（　　）。（2018 年考题）

A. 在江河、湖泊新建排污口应该经过河道管理机关同意

B. 在江河、湖泊新建排污口应该经过县级以上水行政主管部门同意

C. 在江河、湖泊新建排污口应该经过市级以上水行政主管部门同意

D. 在江河、湖泊新建排污口应该经过有管辖权的水行政主管部门或流域管理机构同意

6. 根据《水法》，（　　）应当划定饮用水水源保护区。（2019 年考题）

A. 省级人民政府　　　　　　　　　B. 县级以上人民政府

C. 县级以上人民政府水行政主管部门　　D. 国务院水行政主管部门

7. 根据《水法》，下列说法错误的有（　　）。（2019 年考题）

A. 禁止围湖造地

B. 在水工程保护范围内，禁止从事影响水工程运行和危害水工程安全的采石、取土等活动

C. 单位和个人不得侵占、毁坏堤防、护岸、防汛、水文监测、水文地质监测等工程设施

D. 确需围垦河道的，应当经过科学论证，经县级以上人民政府水行政主管部门同意后，报本级人民政府批准

8. 根据《水法》，下列说法错误的有（　　）。（2019 年考题）

A. 禁止在江河、湖泊、水库、运河、渠道内种植阻碍行洪的高秆作物

B. 禁止在河道管理范围内从事影响河势稳定、危害河岸堤防安全和其他妨碍河道行洪的活动

C. 国家实行河道采砂许可制度

D. 在河道管理范围内采砂，影响河势稳定或者危及堤防安全的，有关县级以上人民政府应当划定禁采区和规定禁采期

9. 根据《水法》，关于水资源开发利用中生态环境保护的说法，正确的是（　　）。（2020 年考题）

A. 在湿润地区开发水资源，应当充分考虑生态环境用水需要

B. 开发、利用水资源，应当首先满足生活用水，兼顾农业、工业等用水需要

C. 开发、利用水资源，应当首先满足生活、生态环境用水，兼顾生产用水需要

D. 在干旱和半干旱地区开发、利用水资源，应当首先考虑生态环境用水需要

10. 根据《水法》，下列关于水功能区的说法中，正确的是（　　）。（2021 年考题）

A. 国家确定的重要江河、湖泊的水功能区划，应报国务院水行政主管部门批准

B. 跨省的其他江河、湖泊的水功能区划，应首先报有关省级水行政主管部门审查

C. 县级以上地方人民政府生态环境主管部门应当对水功能区的水质状况进行监测

D. 县级以上人民政府水行政主管部门或者流域管理机构应当按照水功能区对水质

的要求和水体的自然净化能力，核定该水域的纳污能力

11. 根据《水法》，下列关于水域保护的说法中，正确的是（　　）。（2021 年考题）

A. 围垦河道前，应当经过科学论证，报所在地人民政府批准

B. 禁止围湖造地。已经围垦的，应当按照国家规定的防洪标准有计划地退地还湖

C. 国家实行河道采砂许可制度。河道采砂许可制度实施办法，由国务院水行政主管部门规定

D. 在河道管理范围内采砂，有关县级以上人民政府生态环境主管部门应当划定禁采区和规定禁采期

二、不定项选择题

1. 根据《水法》，禁止在（　　）内弃置、堆放阻碍行洪的物品和种植阻碍行洪的林木及高秆作物。（2017 年考题）

A. 江河　　　　　　B. 水库　　　　　　C. 运河　　　　　　D. 渠道

2. 根据《水法》，关于建立饮用水水源保护区制度及设置、新建、改建或者扩大排污口有关规定的说法，错误的有（　　）。（2018 年考题）

A. 国家建立饮用水水源保护区制度

B. 禁止在饮用水水源保护区内设置排污口

C. 在江河新建排污口，应该经过有管辖权的水行政主管部门或者流域管理机构同意

D. 省级人民政府应当划定饮用水水源保护区，并采取措施，防止水源枯竭和水体污染，保证生产、生活、生态用水需要

3. 根据《水法》《渔业法》，水力发电站项目在水生生物洄游通道、通航或者竹木流放的河流上修建永久性拦河闸坝，建设单位应当同时修建（　　）。（2019 年考题）

A. 过鱼设施　　　B. 过船设施　　　C. 过木设施　　　D. 防洪设施

4. 根据《水法》，关于水电站建设生态环境保护要求的说法，正确的有（　　）。（2020 年考题）

A. 应当兼顾防洪的需要　　　　　　　　B. 应当保护生态环境

C. 应当兼顾水上旅游的需要　　　　　　D. 应当兼顾竹木流放的需要

5. 根据《水法》，拟定国家确定的重要江河、湖泊的水功能区划时，应按照的依据有（　　）。（2021 年考题）

A. 流域综合规划　　　　　　　　　　　B. 水资源保护规划

C. 水资源开发利用规划　　　　　　　　D. 经济社会发展要求

参考答案

一、单项选择题

1. C 【解析】第三十七条："禁止在江河、湖泊、水库、运河、渠道内弃置、堆放阻碍行洪的物体和种植阻碍行洪的林木及高秆作物。"

2. C 【解析】第二十一条："在干旱和半干旱地区开发、利用水资源，应当充分考虑生态环境用水需要。"

3. B 【解析】根据第三十四条：禁止在饮用水水源保护区内设置排污口。在江河、湖泊新建、改建或者扩大排污口，应当经过有管辖权的水行政主管部门或者流域管理机构同意，由生态环境主管部门负责对该建设项目的环境影响报告书进行审批。

4. C 【解析】第二十一条："开发、利用水资源，应当首先满足城乡居民生活用水，并兼顾农业、工业、生态环境用水以及航运等需要。"

5. D 【解析】根据第三十四条：在江河、湖泊新建、改建或者扩大排污口，应当经过有管辖权的水行政主管部门或者流域管理机构同意，由生态环境主管部门负责对该建设项目的环境影响报告书进行审批。

6. A 【解析】第三十三条："国家建立饮用水水源保护区制度。省、自治区、直辖市人民政府应当划定饮用水水源保护区，并采取措施，防止水源枯竭和水体污染，保证城乡居民饮用水安全。"

7. D 【解析】第四十条："禁止围垦河道。确需围垦的，应当经过科学论证，经省、自治区、直辖市人民政府水行政主管部门或者国务院水行政主管部门同意后，报本级人民政府批准。"

8. D 【解析】第三十九条："在河道管理范围内采砂，影响河势稳定或者危及堤防安全的，有关县级以上人民政府水行政主管部门应当划定禁采区和规定禁采期，并予以公告。"

9. B 【解析】第二十一条："开发、利用水资源，应当首先满足城乡居民生活用水，并兼顾农业、工业、生态环境用水以及航运等需要。在干旱和半干旱地区开发、利用水资源，应当充分考虑生态环境用水需要。"

10. D 【解析】A 选项正确的说法是：国家确定的重要江河、湖泊的水功能区划，报国务院批准。B 选项正确的说法是：跨省、自治区、直辖市的其他江河、湖泊的水功能区划，分别经有关省、自治区、直辖市人民政府审查提出意见后，由国务院水行政主管部门会同国务院生态环境主管部门审核，报国务院或者其授权的部门批准。C 选项正确的说法是：县级以上地方人民政府水行政主管部门和流域管理机构应当对水功能区的水质状况进行监测。

11. B 【解析】A 选项正确的说法是：禁止围垦河道。确需围垦的，应当经过科学论证，经省、自治区、直辖市人民政府水行政主管部门或者国务院水行政主管部门同意后，报本级人民政府批准。C 选项正确的说法是：河道采砂许可制度实施办法，由国务院规定。D 选项正确的说法是：在河道管理范围内采砂，影响河势稳定或者危及堤防安全的，有关县级以上人民政府水行政主管部门应当划定禁采区和规定禁采期，并予以公告。

二、不定项选择题

1. ABCD 【解析】第三十七条："禁止在江河、湖泊、水库、运河、渠道内弃置、堆放阻碍行洪的物体和种植阻碍行洪的林木及高秆作物。"

2. D 【解析】根据第三十四条：禁止在饮用水水源保护区内设置排污口。在江河、湖泊新建、改建或者扩大排污口，应当经过有管辖权的水行政主管部门或者流域管理机构同意，由生态环境主管部门负责对该建设项目的环境影响报告书进行审批。

根据第三十三条：国家建立饮用水水源保护区制度。省、自治区、直辖市人民政府应当划定饮用水水源保护区，并采取措施，防止水源枯竭和水体污染，保证城乡居民饮用水安全。

3. ABC 【解析】第二十七条："在水生生物洄游通道、通航或者竹木流放的河流上修建永久性拦河闸坝，建设单位应当同时修建过鱼、过船、过木设施，或者经国务院授权的部门批准采取其他补救措施，并妥善安排施工和蓄水期间的水生生物保护、航运和竹木流放，所需费用由建设单位承担。"

4. ABD 【解析】第二十六条："建设水力发电站，应当保护生态环境，兼顾防洪、供水、灌溉、航运、竹木流放和渔业等方面的需要。"

5. ABD 【解析】根据第三十二条：""国务院水行政主管部门会同国务院生态环境主管部门、有关部门和有关省、自治区、直辖市人民政府，按照流域综合规划、水资源保护规划和经济社会发展要求，拟定国家确定的重要江河、湖泊的水功能区划。

（十）《防沙治沙法》

一、单项选择题

1. 根据《防沙治沙法》所称的土地沙化，是指主要因（　　）所导致的天然沙漠扩张和沙质土壤上植被及覆盖物被破坏，形成流沙及沙土裸露的过程。（2018 年考题）

A. 自然因素　　B. 气候变化　　C. 开发建设活动　　D. 人类不合理活动

2. 根据《防沙治沙法》，下列说法中，正确的是（　　）。（2019 年考题）

A. 禁止在沙化土地封禁保护区范围内安置移民

B. 不得在沙化土地封禁保护区范围内进行修建铁路、公路等建设活动

C. 对沙化土地封禁保护区范围内的农牧民，沙化土地封禁保护区主管部门应当有计划地组织迁出

D. 沙化土地封禁保护区范围内尚未迁出的农牧民的生产生活，由县级以上地方人民政府妥善安排

3. 根据《防沙治沙法》，以下关于沙化土地禁止开展的活动中，错误的是（　　）。（2021 年考题）

A. 禁止在沙化土地上砍挖灌木、药材及其他固沙植物

B. 禁止在沙化土地范围内从事开发建设活动

C. 在沙化土地封禁保护区范围内，禁止一切破坏植被的活动

D. 禁止在沙化土地封禁保护区范围内安置移民

二、不定项选择题

1. 根据《防沙治沙法》，下列说法中，正确的是（　　）。（2017 年考题）

A. 严格控制在沙化土地封禁保护区内安置移民

B. 在沙化土地封禁保护区范围内，禁止一切破坏植被的活动

C. 未经国务院或国务院指定部门同意，不得在沙化土地封禁保护区范围内新建铁路、公路

D. 对沙化土地封禁保护区范围内尚未迁出的农牧民，沙化土地封禁保护区主管部门应当有计划地组织迁出

参考答案

一、单项选择题

1．D　【解析】第二条："本法所称土地沙化，是指主要因人类不合理活动所导致的天然沙漠扩张和沙质土壤上植被及覆盖物被破坏，形成流沙及沙土裸露的过程。"

2．A　【解析】第二十二条："在沙化土地封禁保护区范围内，禁止一切破坏植被的活动。禁止在沙化土地封禁保护区范围内安置移民。对沙化土地封禁保护区范围内的农牧民，县级以上地方人民政府应当有计划地组织迁出，并妥善安置。沙化土地封禁保护区范围内尚未迁出的农牧民的生产生活，由沙化土地封禁保护区主管部门妥善安排。未经国务院或者国务院指定的部门同意，不得在沙化土地封禁保护区范围内进行修建铁路、公路等建设活动。"

3．B　【解析】B 选项的正确说法是第二十一条：在沙化土地范围内从事开发建设活动的，必须事先就该项目可能对当地及相关地区生态产生的影响进行环境影响评价，依法提交环境影响报告；环境影响报告应当包括有关防沙治沙的内容。

二、不定项选择题

1．BC

（十一）《草原法》

一、单项选择题

1. 根据《草原法》关于禁止开垦草原的有关规定，对（　　）的已垦草原，应当有计划、有步骤地退耕还草。（2016 年考题）

A. 沙化

B. 盐碱化

C. 石漠化

D. 水土流失严重，有沙化趋势，需要改善生态环境

2. 根据《草原法》基本草原保护的有关规定，下列说法中，错误的是（　　）。（2017 年考题）

A. 国家实行基本草原保护制度

B. 用于畜牧业生产的人工草地应当划为基本草原

C. 基本草原的保护管理办法，应由省级以上人民政府制定

D. 对调节气候、涵养水源、保持水土、防风固沙具有特殊作用的草原，应按基本草原要求实施严格管理

3. 根据《草原法》，下列草原中，（　　）不属于基本草原。（2018 年考题）

A. 放牧场

B. 割草地

C. 作为国家重点保护野生动物生存环境的草原

D. 对调节气候、涵养水源、保持水土、防风固沙具有特殊作用的草原

4. 根据《草原法》，不应当划为基本草原的是（　　）。（2019 年考题）

A. 重要放牧场　　　　　　　　　　B. 割草地

C. 重要人工草地　　　　　　　　　D. 草原科研、教学试验基地

5. 根据《草原法》，下列草原中，（　　）属于应当划分为基本草原。（2020 年考题）

A. 放牧场　　　　　　　　　　　　B. 割草地

C. 人工草地　　　　　　　　　　　D. 草本湿地

6. 根据《草原法》，下列草原中，（　　）不属于应当划分为基本草原。（2021 年考题）

A. 割草地　　　　　　　　　　　　B. 人工草地

C. 重要放牧场　　　　　　　　D. 草原教学试验基地

二、不定项选择题

1. 根据《草原法》，下列草原中，应当划为基本草原，实施严格管理的有（　　）。（2015 年考题）

A. 割草地

B. 草原科研、教学实验基地

C. 有沙化趋势、需要改善生态环境的已垦草原

D. 对调节气候、涵养水源、保持水土、防风固沙具有特殊作用的草原

2. 根据《草原法》禁止开垦草原的有关规定，已造成（　　）的已开垦草原，应当限期治理。（2017 年考题）

A. 沙化　　　　B. 盐碱化　　　　C. 石漠化　　　　D. 水土流失

参考答案

一、单项选择题

1. D　【解析】第四十六条：“禁止开垦草原。对水土流失严重、有沙化趋势、需要改善生态环境的已垦草原，应当有计划、有步骤地退耕还草；已造成沙化、盐碱化、石漠化的，应当限期治理。”

2. C　【解析】第四十二条：“基本草原的保护管理办法，由国务院制定。”

3. A　【解析】第四十二条：“国家实行基本草原保护制度。下列草原应当划为基本草原，实施严格管理：（一）重要放牧场；（二）割草地；（三）用于畜牧业生产的人工草地、退耕还草地以及改良草地、草种基地；（四）对调节气候、涵养水源、保持水土、防风固沙具有特殊作用的草原；（五）作为国家重点保护野生动植物生存环境的草原；（六）草原科研、教学试验基地；（七）国务院规定应当划为基本草原的其他草原。基本草原的保护管理办法，由国务院制定。”

4. C　5. B　6. B

二、不定项选择题

1. ABD　2. ABC

（十二）《文物保护法》

一、单项选择题

1．根据《文物保护法》，下列关于建设工程选址中保护文物的说法中，错误的是（　　）。（2016 年考题）

A．全国重点文物保护单位不得拆除

B．建设工程选址，应当尽可能避开不可移动文物

C．迁移或拆除省级文物保护单位的，须由省、自治区、直辖市人民政府报国务院批准

D．建设工程选址，因特殊情况不能避开不可移动文物的，对文物保护单位应当尽可能实施原址保护

2．根据《文物保护法》，建设工程选址时因特殊情况不能避开不可移动文物的，对文物保护单位应当尽可能实施（　　）。（2017 年考题）

A．原址保护　　　B．拆除补偿　　　C．迁移保护　　　D．异地重建

3．根据《文物保护法》，关于文物保护单位保护范围及建设控制地带内不得进行活动有关规定的说法，错误的是（　　）。（2018 年考题）

A．无特殊情况，文物保护单位的保护范围内不得进行爆破、钻探、挖掘等作业

B．在文物保护单位保护范围和建设控制地带内，对已有的污染文物保护单位及其环境的设施，应当限期治理

C．因特殊情况需要在全国重点文物保护单位的保护范围内进行爆破、钻探、挖掘等作业的，需经国务院文物行政部门批准

D．在文物保护单位保护范围和建设控制地带内，不得建设污染文物保护单位及其环境的设施，不得进行可能影响文物保护单位安全及其环境的活动

4．根据《文物保护法》，下列关于在文物保护单位的保护范围及建设控制地带内进行相关活动的说法中，错误的有（　　）。（2019 年考题）

A．文物保护单位的保护范围内不得进行其他建设工程或者爆破、钻探、挖掘等作业

B．在文物保护单位的建设控制地带内进行建设工程，不得破坏文物保护单位的历史风貌

C．在文物保护单位的保护范围和建设控制地带内，不得建设污染文物保护单位及其环境的设施

D．在文物保护单位的保护范围和建设控制地带内，不得进行可能影响文物保护单

位安全及其环境的活动

5. 根据《文物保护法》，下列关于在文物保护单位的保护范围及建设控制地带内进行相关活动的说法中，错误的有（　　）。（2021 年考题）

A. 文物保护单位的保护范围内不得进行其他建设工程或者爆破、钻探、挖掘等作业

B. 因特殊情况需要在文物保护单位的保护范围内进行建设工程或者爆破、钻探、挖掘等作业的，必须经核定公布该文物保护单位的人民政府批准

C. 在全国重点文物保护单位的保护范围内进行建设工程，必须经国务院文物行政部门同意

D. 在文物保护单位的建设控制地带内进行建设工程，不得破坏文物保护单位的历史风貌

二、不定项选择题

1. 根据《文物保护法》，下列关于在文物保护范围和建设控制地带内进行相关活动的说法中，正确的有（　　）。（2016 年考题）

A. 文物保护单位的保护范围内不得进行其他建设工程或者爆破、钻探、挖掘等作业

B. 在文物保护单位的建设控制地带内进行建设工程，不得破坏文物保护单位的历史风貌

C. 在文物保护单位的保护范围和建设控制地带内，对已有的污染文物保护单位及其环境的设施，应当限期治理

D. 根据保护文物的实际需要，经国务院文物行政部门批准，可以在文物保护单位的周围划出一定的建设控制地带，并予以公布

2. 根据《文物保护法》，在文物保护单位建设控制地带范围内不得进行（　　）。（2017 年考题）

A. 爆破、钻探、挖掘等作业

B. 与保护文物无关的其他建设工程

C. 破坏文物保护单位历史风貌的建设活动

D. 可能影响文物保护单位安全及其环境的活动

参考答案

一、单项选择题

1. C　【解析】第二十条："迁移或者拆除省级文物保护单位的，批准前须征

得国务院文物行政部门同意。"

2．A 【解析】第二十条："建设工程选址，应当尽可能避开不可移动文物；因特殊情况不能避开的，对文物保护单位应当尽可能实施原址保护。"

3．C 【解析】第十七条："文物保护单位的保护范围内不得进行其他建设工程或者爆破、钻探、挖掘等作业。但是，因特殊情况需要在文物保护单位的保护范围内进行其他建设工程或者爆破、钻探、挖掘等作业的，必须保证文物保护单位的安全，并经核定公布该文物保护单位的人民政府批准，在批准前应当征得上一级人民政府文物行政部门同意；在全国重点文物保护单位的保护范围内进行其他建设工程或者爆破、钻探、挖掘等作业的，必须经省、自治区、直辖市人民政府批准，在批准前应当征得国务院文物行政部门同意。"

第十九条："在文物保护单位的保护范围和建设控制地带内，不得建设污染文物保护单位及其环境的设施，不得进行可能影响文物保护单位安全及其环境的活动。对已有的污染文物保护单位及其环境的设施，应当限期治理。"

4．A

5．C 【解析】C的正确说法是：在全国重点文物保护单位的保护范围内进行其他建设工程或者爆破、钻探、挖掘等作业的，必须经省、自治区、直辖市人民政府批准，在批准前应当征得国务院文物行政部门同意。

二、不定项选择题

1．BC

第十八条："根据保护文物的实际需要，经省、自治区、直辖市人民政府批准，可以在文物保护单位的周围划出一定的建设控制地带，并予以公布。在文物保护单位的建设控制地带内进行建设工程，不得破坏文物保护单位的历史风貌。"

第十九条："在文物保护单位的保护范围和建设控制地带内，不得建设污染文物保护单位及其环境的设施，不得进行可能影响文物保护单位安全及其环境的活动。对已有的污染文物保护单位及其环境的设施，应当限期治理。"

2．CD 【解析】第十八条："在文物保护单位的建设控制地带内进行建设工程，不得破坏文物保护单位的历史风貌。"

第十九条："在文物保护单位的保护范围和建设控制地带内，不得建设污染文物保护单位及其环境的设施，不得进行可能影响文物保护单位安全及其环境的活动。对已有的污染文物保护单位及其环境的设施，应当限期治理。"

"文物保护单位的保护范围"和"文物保护单位建设控制地带范围"属于两个不同区域，保护的内容不一样。

（十三）《森林法》

一、单项选择题

1. 根据《森林法》，进行勘查、开采矿藏和各项建设工程占用或者征用林地的，用地单位应当依照国务院有关规定缴纳（   ）。（2017 年考题）

A. 林地征用费   B. 森林植被恢复费

C. 林地赔偿费   D. 植被补偿和恢复费

2. 根据《森林法》，下列关于禁止行为说法错误的是（   ）。（2021 年考题）

A. 禁止向林地排放可能造成林地污染的清淤底泥

B. 禁止在幼林地放牧

C. 禁止向林地排放含重金属或者其他有毒有害物质的污水

D. 禁止擅自移动森林保护标志

二、不定项选择题

1. 根据《森林法》，下列说法中正确的是（   ）。（2017 年考题）

A. 禁止毁林开垦

B. 严格控制毁林采石、采砂、采土

C. 严格控制在幼林地和特殊用途林内砍柴、放牧

D. 进入森林和森林边缘地区的人员，不得损坏为林业服务的标志

2. 根据《森林法》，关于禁止毁林开垦、开采行为的说法，正确的是（   ）。（2020 年考题）

A. 禁止在幼林地内砍柴   B. 禁止在特种用途林内放牧

C. 禁止毁林采石、采砂、采土   D. 禁止移动森林保护标志

参考答案

一、单项选择题

1. B 【解析】第三十七条：占用林地的单位应当缴纳森林植被恢复费。

2. C 【解析】C 选项的正确说法是：禁止向林地排放重金属或者其他有毒有害物质含量超标的污水。注意前提条件是"含量超标"。

二、不定项选择题

1. A　【解析】第三十九条："禁止毁林开垦、采石、采砂、采土以及其他毁坏林木和林地的行为。禁止在幼林地砍柴、毁苗、放牧。禁止擅自移动或者损坏森林保护标志。"

2. AC　【解析】第三十九条："禁止毁林开垦、采石、采砂、采土以及其他毁坏林木和林地的行为。禁止向林地排放重金属或者其他有毒有害物质含量超标的污水、污泥，以及可能造成林地污染的清淤底泥、尾矿、矿渣等。禁止在幼林地砍柴、毁苗、放牧。禁止擅自移动或者损坏森林保护标志。"

（十四）《渔业法》

一、单项选择题

1. 根据《渔业法》，下列生产活动中，不适用该法的是（　　）。（2015 年考题）

A. 湖泊养殖螃蟹　　　　　　　　B. 海湾养殖海参

C. 近海养殖海带　　　　　　　　D. 湖泊驯养繁殖水禽

2. 某河流有多种洄游鱼类生存，一水电站大坝修筑后可能影响鱼类洄游通道。根据《渔业法》，该工程建设单位采取的下列措施中，错误的是（　　）。（2015 年考题）

A. 保护栖息地　　　　　　　　　B. 建造过鱼设施

C. 施工期避让鱼类洄游产卵期　　D. 为保证发电，未设置生态基流保证设施

3. 不适用《渔业法》的生产活动是（　　）。（2017 年考题）

A. 海湾养虾　　　　　　　　　　B. 水库捕鱼

C. 湖泊驯养鸬鹚　　　　　　　　D. 海湾养殖海带

4. 根据《渔业法》，在鱼、虾、蟹洄游通道建闸、筑坝，对渔业资源产生严重影响的，建设单位应当（　　）或者采取其他补救措施。（2017 年考题）

A. 设立禁渔区　　　　　　　　　B. 建造过鱼设施

C. 定期放养鱼苗　　　　　　　　D. 改善鱼类养殖水域的水体质量

5. 根据《渔业法》，在中华人民共和国的（　　）以及中华人民共和国管辖的一切其他海域从事养殖和捕捞水生动物、水生植物等渔业生产、活动，都必须遵守此法。（2018 年考题）

A. 内水、滩涂、领海、专属经济区

B. 河流、滩涂、领海、专属经济区

C. 内水、滩涂、领海、大陆架和毗连区

D. 河流、滩涂、领海、大陆架和毗连区

6. 下列不适用于《渔业法》的生产活动是（　　）。（2019 年考题）

A. 海湾养殖海蟹　　　　　　　　B. 滩涂养海参

C. 水库养鸭　　　　　　　　　　D. 专属经济区捕鱼

二、不定项选择题

1. 某河流有多种洄游鱼类，在该河道建闸、筑坝期间，渔业资源将受到严重影

响。根据《渔业法》，建设单位的下列做法中，正确的是（　　）。（2015 年考题）

A. 建设升鱼机 　　　　　　　　　B. 使用集运鱼船

C. 建造溢流水池 　　　　　　　　D. 施工期避开鱼类洄游期

2. 根据《渔业法》，该法适用于中华人民共和国的（　　）以及中华人民共和国管辖的一切其他海域从事养殖和捕捞水生动物、水生植物等渔业生产活动。（2016 年考题）

A. 内水 　　　　B. 滩涂 　　　　C. 领海 　　　　D. 专属经济区

参考答案

一、单项选择题

1. D 【解析】水禽包括鸭、鹅、鸿雁、灰雁等以水面为生活环境的禽类动物，不属于水生动物。

2. D 【解析】第三十二条："在鱼、虾、蟹洄游通道建闸、筑坝，对渔业资源有严重影响的，建设单位应当建造过鱼设施或者采取其他补救措施。"

3. C 【解析】鸬鹚属于鸟类。

4. B

5. A 【解析】第二条："在中华人民共和国的内水、滩涂、领海、专属经济区以及中华人民共和国管辖的一切其他海域从事养殖和捕捞水生动物、水生植物等渔业生产活动，都必须遵守本法。"

6. C 【解析】养鸭不属于渔业生产活动。

二、不定项选择题

1. ABD 　2. ABCD

（十五）《矿产资源法》

一、单项选择题

1. 根据《矿产资源法》，下列关于矿产资源开采环境保护的说法中，错误的是（　　）。（2015 年考题）

A. 开采矿产资源，应当节约用地

B. 开采矿产资源，必须遵守有关环境保护的法律规定，防止污染环境

C. 耕地、草原、林地因采矿受到破坏的，矿山企业应当因地制宜地采取复垦利用、植树种草或者其他利用措施

D. 在开采主要矿产的同时，对具有工业价值的共生和伴生矿产应当统一规划，分步开采，综合利用，防止浪费

2. 根据《矿产资源法》，下列关于矿产资源开采环境保护有关的说法中，正确的是（　　）。（2016 年考题）

A. 开采矿产资源，应当节约用地

B. 开采矿产资源，必须采取合理的开采顺序、先进的开采方法和选矿工艺

C. 矿山企业的开采回采率，采矿贫化率和选矿回收率应当达到国内先进水平

D. 耕地、草原、林地因采矿受到破坏的，县级以上人民政府应当因地制宜采取复垦利用、植树种草或者其他利用措施

3. 根据《矿产资源法》关于矿产资源开采环境保护的有关规定，下列说法中，错误的是（　　）。（2017 年考题）

A. 开采矿产资源，应当节约用地

B. 开采矿产资源，必须采用先进的开采方法和选矿工艺

C. 开采矿产资源，必须遵守有关环境保护法律规定，防止污染环境

D. 耕地、草原、林地因采矿受到破坏的，矿山企业应当因地制宜地采取复垦利用、植树种草或者其他利用措施

4. 根据《矿产资源法》有关矿产资源开采的环境保护的规定，下列说法错误的是（　　）。（2018 年考题）

A. 非经省、自治区、直辖市人民政府批准，不得压覆重要矿床

B. 在开采主要矿产的同时，对具有工业价值的共生和伴生矿产应当统一规划，综合开采，综合利用，防止浪费

C. 耕地、草原、林地、因采矿受到破坏的，矿山企业应当因地制宜地采取复垦利

用、植树种草或者其他利用措施

D. 对暂时不能综合开采或者必须同时采出而暂时还不能综合利用的矿产以及含有有用组分的尾矿，应当采取有效的保护措施，防止损失破坏

5. 根据《矿产资源法》，非经国务院授权的有关主管部门同意，不得开采矿产资源的地区有（　　　）。（2019 年考题）

A. 重要河流、堤坝两侧一定距离以内

B. 铁路、公路两侧一定距离以内

C. 自然保护区、风景区以及不能移动的历史文物和名胜古迹所在地

D. 工业区、城镇市政工程设施附近一定距离以内

6. 根据《矿产资源法》，下列关于矿产资源开采审批的说法中，正确的是（　　　）。（2021 年考题）

A. 对国家规定实行保护性开采的特定矿种，限制开采

B. 矿山企业变更矿区范围，必须报请原审批机关批准，并报请省级地质矿产主管部门重新核发采矿许可证

C. 严格限制任何单位和个人进入他人依法设立的国有矿山企业和其他矿山企业矿区范围内采矿

D. 关闭矿山，必须提交矿山闭坑报告及有关采掘工程、安全隐患、土地复垦利用、环境保护的资料，并按照国家规定报请审查批准

二、不定项选择题

1. 根据《矿产资源法》，非经国务院授权的有关主管部门同意，不得开采矿产资源的地区有（　　　）。（2017 年考题）

A. 河流、堤坝两侧一定距离以内

B. 铁路、重要公路两侧一定距离以内

C. 港口、机场、国防工程设施圈定地区以内

D. 重要工业区、大型水利工程设施、城镇市政工程设施附近一定距离以内

2. 根据《矿产资源法》，关闭矿山，必须提交矿山闭坑报告及有关（　　　）的资料，并按照国家规定报请审查批准。（2017 年考题）

A. 采掘工程　　　　　　　　　　B. 环境保护

C. 安全隐患　　　　　　　　　　D. 职工职业病档案

3. 根据《矿产资源法》，下列材料中，属于关闭矿山应当提交的有（　　　）。（2018 年考题）

A. 矿山闭坑报告　　　　　　　　B. 环境保护资料

C. 安全隐患资料　　　　　　　　D. 土地复垦利用资料

参考答案

一、单项选择题

1．D　【解析】第三十条："在开采主要矿产的同时，对具有工业价值的共生和伴生矿产应当统一规划，综合开采，综合利用，防止浪费。"

2．A　【解析】第三十二条："开采矿产资源，应当节约用地。耕地、草原、林地因采矿受到破坏的，矿山企业应当因地制宜地采取复垦利用、植树种草或者其他利用措施。"第二十九条："开采矿产资源，必须采取合理的开采顺序、开采方法和选矿工艺。矿山企业的开采回采率、采矿贫化率和选矿回收率应当达到设计要求。"

3．B

4．A　【解析】第三十三条："非经国务院授权的部门批准，不得压覆重要矿床。"

5．A　【解析】第二十条："非经国务院授权的有关主管部门同意，不得在下列地区开采矿产资源：（一）港口、机场、国防工程设施圈定地区以内；（二）重要工业区、大型水利工程设施、城镇市政工程设施附近一定距离以内；（三）铁路、重要公路两侧一定距离以内；（四）重要河流、堤坝两侧一定距离以内；（五）国家划定的自然保护区、重要风景区，国家重点保护的不能移动的历史文物和名胜古迹所在地；（六）国家规定不得开采矿产资源的其他地区。"

6．D　【解析】A选项的正确说法是：国家对国家规划矿区、对国民经济具有重要价值的矿区和国家规定实行保护性开采的特定矿种，实行有计划的开采。B选项的正确说法是：矿山企业变更矿区范围，必须报请原审批机关批准，并报请原颁发采矿许可证的机关重新核发采矿许可证。C选项的正确说法是：禁止任何单位和个人进入他人依法设立的国有矿山企业和其他矿山企业矿区范围内采矿。

二、不定项选择题

1．BCD　【解析】第二十条："非经国务院授权的有关主管部门同意，不得在下列地区开采矿产资源：（一）港口、机场、国防工程设施圈定地区以内；（二）重要工业区、大型水利工程设施、城镇市政工程设施附近一定距离以内；（三）铁路、重要公路两侧一定距离以内；（四）重要河流、堤坝两侧一定距离以内；（五）国家划定的自然保护区、重要风景区，国家重点保护的不能移动的历史文物和名胜古迹所在地；（六）国家规定不得开采矿产资源的其他地区。"

2．ABC　【解析】第二十一条："关闭矿山，必须提出矿山闭坑报告及有关采掘工程、安全隐患、土地复垦利用、环境保护的资料，并按照国家规定报请审查批准。"

3．ABCD。

（十六）《土地管理法》

一、单项选择题

1. 根据《土地管理法》，下列关于保护耕地和占用耕地补偿制度的说法中，错误的是（　　）。（2016 年考题）

A. 国家实行占用耕地补偿制度

B. 县级以上人民政府应当制订开垦耕地计划

C. 国家保护耕地，严格控制耕地转为非耕地

D. 非农业建设经批准占用耕地的，按照"占多少、垦多少"的原则，由占用耕地的单位负责开垦与所占用的耕地数量和质量相当的耕地

2. 根据《土地管理法》，属于由国务院批准征用土地的是（　　）。（2017 年考题）

A. 40 hm² 林地
B. 40 hm² 养殖水面
C. 40 hm² 工矿用地
D. 40 hm² 蔬菜生产基地

3. 根据《土地管理法》，征用下列土地不需经国务院批准的是（　　）。（2019 年考题）

A. 林地 80 hm²
B. 永久基本农田
C. 中低产农田 40 hm²
D. 有良好的水利与水土保持设施的耕地

4. 根据《土地管理法》，下列关于土地用途管制的说法，错误的是（　　）。（2020 年考题）

A. 农用地是指直接用于农业生产的土地

B. 严格限制农用地转为建设用地，控制建设用地总量，对农用地实行特殊保护

C. 使用土地的单位和个人必须严格按照土地利用总体规划确定的用途使用土地

D. 农用地包括养殖水面

5. 根据《土地管理法》，下列土地利用总体规划确定的耕地中，不属于应当划入永久基本农田的是（　　）。（2020 年考题）

A. 蔬菜生产基地

B. 农业科研试验田

C. 农业教学试验田

D. 有良好的水土保持设施的耕地

6. 根据《土地管理法》，下列关于耕地保护的说法中，错误的是（　　）。（2021

年考题）

A. 国家严格控制耕地转为非耕地

B. 国家实行占用耕地补偿制度

C. 非农业建设经批准占用耕地的，按照"占多少，垦多少"的原则，由省、自治区、直辖市人民政府组织开垦与所占用耕地的数量和质量相当的耕地

D. 省、自治区、直辖市人民政府应当严格执行土地利用总体规划和土地利用年度计划，采取措施，确保本行政区域内耕地总量不减少、质量不降低

7. 根据《土地管理法》，以下行为中属于禁止占用耕地的是（　　）。（2021 年考题）

A. 建设化工厂　　　　　　　　B. 建坟

C. 发展林果业　　　　　　　　D. 挖塘养鱼

二、不定项选择题

1. 根据《土地管理法》下列关于保护耕地和占用耕地补偿制度的有关规定，错误的是（　　）。（2017 年考题）

A. 国家实行土地用途管制制度

B. 国家保护耕地，严格控制耕地转为非耕地

C. 县级人民政府应当制定开垦耕地计划，监督占用耕地的单位按照计划开垦耕地或者按照计划组织开垦耕地，并进行验收

D. 农田水利设施建设经批准占用耕地的，按照"占多少，垦多少"的原则，由占用耕地的单位负责开垦与所占用耕地的数量和质量相当的耕地

2. 根据《土地管理法》，下列土地中，属于应由国务院批准方可征用的有（　　）。（2018 年考题）

A. 基本农田小于 35 hm^2 的

B. 基本农田超过 35 hm^2 的

C. 军用设施用地超过 35 hm^2 的

D. 基本农田以外的耕地超过 35 hm^2 的

3. 根据《土地管理法》，下列关于保护耕地和占用耕地补偿制度的说法，正确的是（　　）。（2020 年考题）

A. 国家保护农用地，严格控制农用地转为非耕地

B. 非农业建设经批准占用耕地的，按照"占多少，垦多少"的原则，由占用耕地的单位负责开垦与所占用耕地的数量和质量相当的耕地

C. 省、自治区、直辖市人民政府应当制定开垦耕地计划，监督占用耕地的单位按照计划开垦耕地或者按照计划组织开垦耕地，并进行验收

D. 没有条件开垦或者开垦的耕地不符合要求的，应当按照省、自治区、直辖市的规定缴纳耕地开垦费，专款用于开垦新的耕地

4. 根据《土地管理法》，下列应当根据土地利用总体规划划为永久基本农田，实行严格保护的有（　　）。（2021年考题）

A. 主要粮食产区内的耕地　　　　　　B. 蔬菜生产基地

C. 重要经济作物生产基地　　　　　　D. 农业科研、教学试验田

参考答案

一、单项选择题

1. B　【解析】第三十条："省、自治区、直辖市人民政府应当制定开垦耕地计划，监督占用耕地的单位按照计划开垦耕地或者按照计划组织开垦耕地，并进行验收。"

2. D　【解析】第四十六条："征收下列土地的，由国务院批准：（一）永久基本农田；（二）永久基本农田以外的耕地超过三十五公顷的；（三）其他土地超过七十公顷的。"蔬菜生产基地属于耕地。

3. D　【解析】第四十六条："征收下列土地的，由国务院批准：（一）永久基本农田；（二）永久基本农田以外的耕地超过三十五公顷的；（三）其他土地超过七十公顷的。"

4. B　【解析】第四条："国家实行土地用途管制制度。国家编制土地利用总体规划，规定土地用途，将土地分为农用地、建设用地和未利用地。严格限制农用地转为建设用地，控制建设用地总量，对耕地实行特殊保护。前款所称农用地是指直接用于农业生产的土地，包括耕地、林地、草地、农田水利用地、养殖水面等；建设用地是指建造建筑物、构筑物的土地，包括城乡住宅和公共设施用地、工矿用地、交通水利设施用地、旅游用地、军事设施用地等；未利用地是指农用地和建设用地以外的土地。使用土地的单位和个人必须严格按照土地利用总体规划确定的用途使用土地。"

5. D　【解析】第三十三条："国家实行永久基本农田保护制度。下列耕地应当根据土地利用总体规划划为永久基本农田，实行严格保护：（一）经国务院农业农村主管部门或者县级以上地方人民政府批准确定的粮、棉、油、糖等重要农产品生产基地内的耕地；（二）有良好的水利与水土保持设施的耕地，正在实施改造计划以及可以改造的中、低产田和已建成的高标准农田；（三）蔬菜生产基地；（四）农业科研、教学试验田；（五）国务院规定应当划为永久基本农田的其他耕地。"

6. C 　【解析】C 选项的正确说法是：由占用耕地的单位负责开垦与所占用耕地的数量和质量相当的耕地。

7. B 　【解析】第三十七条：“禁止占用耕地建窑、建坟或者擅自在耕地上建房、挖砂、采石、采矿、取土等。禁止占用永久基本农田发展林果业和挖塘养鱼。”

二、不定项选择题

1. CD 　【解析】第三十条：“国家保护耕地，严格控制耕地转为非耕地。国家实行占用耕地补偿制度。非农业建设经批准占用耕地的，按照‘占多少，垦多少’的原则，由占用耕地的单位负责开垦与所占用耕地的数量和质量相当的耕地；没有条件开垦或者开垦的耕地不符合要求的，应当按照省、自治区、直辖市的规定缴纳耕地开垦费，专款用于开垦新的耕地。省、自治区、直辖市人民政府应当制定开垦耕地计划，监督占用耕地的单位按照计划开垦耕地或者按照计划组织开垦耕地，并进行验收。”D 中农田水利设施不属于非农业建设。

2. ABD 　【解析】第四十六条：“征收下列土地的，由国务院批准：（一）永久基本农田；（二）永久基本农田以外的耕地超过三十五公顷的；（三）其他土地超过七十公顷的。”

3. BCD 　【解析】第三十条：“国家保护耕地，严格控制耕地转为非耕地。国家实行占用耕地补偿制度。非农业建设经批准占用耕地的，按照‘占多少，垦多少’的原则，由占用耕地的单位负责开垦与所占用耕地的数量和质量相当的耕地；没有条件开垦或者开垦的耕地不符合要求的，应当按照省、自治区、直辖市的规定缴纳耕地开垦费，专款用于开垦新的耕地。省、自治区、直辖市人民政府应当制定开垦耕地计划，监督占用耕地的单位按照计划开垦耕地或者按照计划组织开垦耕地，并进行验收。”

4. BD 　【解析】第三十三条：“国家实行永久基本农田保护制度。下列耕地应当根据土地利用总体规划划为永久基本农田，实行严格保护：（一）经国务院农业农村主管部门或者县级以上地方人民政府批准确定的粮、棉、油、糖等重要农产品生产基地内的耕地；（二）有良好的水利与水土保持设施的耕地，正在实施改造计划以及可以改造的中、低产田和已建成的高标准农田；（三）蔬菜生产基地；（四）农业科研、教学试验田；（五）国务院规定应当划为永久基本农田的其他耕地。”

（十七）《野生动物保护法》

一、单项选择题

1. 根据《野生动物保护法》，下列不属于野生动物及其栖息地状况的调查、监测和评估应当包括的内容是（　　）。（2018 年考题）

A. 野生动物种群数量及结构

B. 野生动物栖息地的面积、生态状况

C. 野生动物野外分布区域的环境质量

D. 野生动物及其栖息地的主要威胁因素

2. 根据《野生动物保护法》，建设项目可能对相关自然保护区域、野生动物迁徙洄游通道产生影响的，环境影响评价文件的审批部门在审批环境影响评价文件时，涉及地方重点保护野生动物的，应当征求（　　）意见。（2019 年考题）

A. 国务院野生动物保护主管部门

B. 省、自治区、直辖市人民政府野生动物保护主管部门

C. 县级以上人民政府野生动物保护主管部门

D. 设区的市级以上人民政府野生动物保护主管部门

3. 根据《野生动物保护法》，下列关于野生动物分类分级保护的说法中，错误的是（　　）。（2021 年考题）

A. 国家重点保护的野生动物分为一级、二级和三级保护野生动物

B. 国家重点保护野生动物名录，由国务院野生动物保护主管部门制定

C. 地方重点保护野生动物名录，由省、自治区、直辖市人民政府制定

D. 每五年根据评估情况确定对国家重点保护野生动物名录进行调整

二、不定项选择题

1. 根据《野生动物保护法》，下列关于野生动物保护有关规定的说法，正确的是（　　）。（2018 年考题）

A. 省级以上人民政府依法划定相关自然保护区域，保护野生动物及其重要栖息地，保护、恢复和改善野生动物生存环境

B. 禁止或者限制在相关自然保护区区域内引入外来物种、营造单一纯林、过量施洒农药等人为干扰、威胁野生动物生息繁衍的行为

C. 对不具备划定自然保护区域条件的，须由省级人民政府依法划定禁猎（渔）区、

规定禁猎（渔）期等其他形式予以保护

D. 机场、铁路建设项目的选址选线，应当避让野生动物迁徙洄游通道，无法避让的，应当采取措施消除或者减少对野生动物的不利影响

2. 根据《野生动物保护法》，禁止或者限制在相关自然保护区域内（　　）等人为干扰、威胁野生动物生息繁衍的行为。（2019 年考题）

A. 引入外来物种
B. 营造单一纯林
C. 过量施洒农药
D. 人工繁育野生动物

3. 根据《野生动物保护法》，县级以上人民政府野生动物保护主管部门，应当定期组织或者委托有关科学研究机构对野生动物及其栖息地状况进行调查、监测和评估，调查、监测和评估应包括的内容有（　　）。（2019 年考题）

A. 野生动物野外分布区域、种群数量及结构

B. 野生动物栖息地的面积、生态状况

C. 野生动物及其栖息地的主要威胁因素

D. 野生动物人工繁育情况

4. 根据《野生动物保护法》，下列关于野生动物及其栖息地保护的说法中，正确的是（　　）。（2021 年考题）

A. 机场、铁路等建设项目的选址选线，应当避让相关自然保护区域、野生动物迁徙洄游通道

B. 省级以上人民政府依法划定相关自然保护区域，保护野生动物及其重要栖息地，保护、恢复和改善野生动物生存环境

C. 省级以上人民政府野生动物保护主管部门，应当定期组织或者委托有关科学研究机构对野生动物及其栖息地状况进行调查、监测和评估

D. 对不具备划定相关自然保护区域条件的，县级以上人民政府可以采取划定禁猎（渔）区、规定禁猎（渔）期等其他形式予以保护

参考答案

一、单项选择题

1. C　【解析】第十一条："对野生动物及其栖息地状况的调查、监测和评估应当包括下列内容：（一）野生动物野外分布区域、种群数量及结构；（二）野生动物栖息地的面积、生态状况；（三）野生动物及其栖息地的主要威胁因素；（四）野生动物人工繁育情况等其他需要调查、监测和评估的内容。"

2. B　【解析】第十三条："建设项目可能对相关自然保护区域、野生动物迁

徙洄游通道产生影响的，环境影响评价文件的审批部门在审批环境影响评价文件时，涉及国家重点保护野生动物的，应当征求国务院野生动物保护主管部门意见；涉及地方重点保护野生动物的，应当征求省、自治区、直辖市人民政府野生动物保护主管部门意见。"

3．A 【解析】A 选项的正确说法是：国家重点保护的野生动物分为一级保护野生动物和二级保护野生动物。

二、不定项选择题

1．ABD 【解析】第十二条："省级以上人民政府依法划定相关自然保护区域，保护野生动物及其重要栖息地，保护、恢复和改善野生动物生存环境。对不具备划定相关自然保护区域条件的，县级以上人民政府可以采取划定禁猎（渔）区、规定禁猎（渔）期等其他形式予以保护。禁止或者限制在相关自然保护区域内引入外来物种、营造单一纯林、过量施洒农药等人为干扰、威胁野生动物生息繁衍的行为。"

第十三条："机场、铁路、公路、水利水电、围堰、围填海等建设项目的选址选线，应当避让相关自然保护区域、野生动物迁徙洄游通道；无法避让的，应当采取修建野生动物通道、过鱼设施等措施，消除或者减少对野生动物的不利影响。"

2．ABC 【解析】第十二条："禁止或者限制在相关自然保护区域内引入外来物种、营造单一纯林、过量施洒农药等人为干扰、威胁野生动物生息繁衍的行为。"

3．ABCD 【解析】第十一条："对野生动物及其栖息地状况的调查、监测和评估应当包括下列内容：（一）野生动物野外分布区域、种群数量及结构；（二）野生动物栖息地的面积、生态状况；（三）野生动物及其栖息地的主要威胁因素；（四）野生动物人工繁育情况等其他需要调查、监测和评估的内容。"

4．ABD 【解析】第十一条："县级以上人民政府野生动物保护主管部门，应当定期组织或者委托有关科学研究机构对野生动物及其栖息地状况进行调查、监测和评估。"

（十八）《河道管理条例》

一、单项选择题

1. 根据《河道管理条例》，下列关于修建桥梁、码头和其他设施必须按照防洪和航运标准要求进行的有关规定，正确的是（　　）。（2017 年考题）

A. 设计洪水位由水行政主管部门根据防洪规划确定

B. 跨越河道的管道、线路的净空高度必须符合防洪和航运的要求

C. 桥梁和栈桥的梁底必须高于 100 年一遇的洪水位，并按照防洪和航运的要求留有一定的超高

D. 修建桥梁码头和其他设施，应按照国家规定的防洪标准确定河宽，必要时可以缩窄行洪通道宽度

2. 根据《河道管理条例》，下列在河道管理范围内的行为中，属于必须报经河道主管机关批准或由其会同有关部门批准的活动是（　　）。（2018 年考题）

A. 弃置矿渣　　　B. 弃置砂石　　　C. 弃置泥土　　　D. 种植树木

3. 根据《河道管理条例》，下列在河道管理范围内应禁止的行为中，说法错误的是（　　）。（2021 年考题）

A. 禁止堆放污染水体的物体　　　　　B. 禁止弃置淤泥

C. 禁止设置拦河渔具　　　　　　　　D. 禁止弃置泥土

二、不定项选择题

1. 根据《河道管理条例》，下列属于在河道管理范围内的堤防和护堤地禁止的有（　　）。（2018 年考题）

A. 弃置矿渣　　　B. 考古发掘　　　C. 修建厂房　　　D. 晾晒粮食

2. 根据《河道管理条例》，下列关于河道管理的说法，正确的是（　　）。（2019 年考题）

A. 在河道管理范围内，禁止种植芦苇

B. 禁止在河道内清洗装贮过油类的油罐

C. 在河道管理范围内，禁止种植树木

D. 在河道管理范围内，禁止堆放污染水体的物体

3. 某河道建有堤防工程，下列不属于《河道管理条例》禁止行为的有（　　）。（2020 年考题）

A. 在河滩地种植芦苇　　　　　　B. 在护坡地种植玉米

C. 在河堤上晾晒粮食　　　　　　D. 在河滩地进行放牧

参考答案

一、单项选择题

1. B　【解析】选项 A 的正确说法是：设计洪水位由河道主管机关根据防洪规划确定。选项 C 的正确说法是：桥梁和栈桥的梁底必须高于设计洪水位，并按照防洪和航运的要求，留有一定的超高。选项 D 的正确说法是：修建桥梁、码头和其他设施，必须按照国家规定的防洪标准所确定的河宽进行，不得缩窄行洪通道。

2. B　【解析】第二十五条："在河道管理范围内进行下列活动，必须报经河道主管机关批准；涉及其他部门的，由河道主管机关会同有关部门批准：（一）采砂、取土、淘金、弃置砂石或者淤泥；（二）爆破、钻探、挖筑鱼塘；（三）在河道滩地存放物料、修建厂房或者其他建筑设施；（四）在河道滩地开采地下资源及进行考古发掘。"

3. B　【解析】根据第二十五条要求，弃置砂石或者淤泥属于必须报经河道主管机关批准的活动。A、C、D 选项属于第二十四条和三十五条规定禁止开展的活动。

二、不定项选择题

1. BCD　【解析】第二十四条："在堤防和护堤地，禁止建房、放牧、开渠、打井、挖窖、葬坟、晒粮、存放物料、开采地下资源、进行考古发掘以及开展集市贸易活动。"

2. ABD　【解析】第二十四条："在河道管理范围内，禁止修建围堤、阻水渠道、阻水道路；种植高秆农作物、芦苇、杞柳、获柴和树木（堤防防护林除外）；设置拦河渔具；弃置矿渣、石渣、煤灰、泥土、垃圾等。"

第三十五条："在河道管理范围内，禁止堆放、倾倒、掩埋、排放污染水体的物体。禁止在河道内清洗装贮过油类或者有毒污染物的车辆、容器。"

3. ABC　【解析】第二十四条："在河道管理范围内，禁止修建围堤、阻水渠道、阻水道路；种植高秆农作物、芦苇、杞柳、获柴和树木（堤防防护林除外）；设置拦河渔具；弃置矿渣、石渣、煤灰、泥土、垃圾等。在堤防和护堤地，禁止建房、放牧、开渠、打井、挖窖、葬坟、晒粮、存放物料、开采地下资源、进行考古发掘以及开展集市贸易活动。"

（十九）《自然保护区条例》及相关文件

一、单项选择题

1. 根据《自然保护区条例》，下列允许在自然保护区内开展的活动是（   ）。（2015年考题）

　A. 旅游　　　　　　B. 采药　　　　　C. 放牧　　　　　D. 捕捞

2. 根据《自然保护区条例》，在自然保护区缓冲区内，只准从事的活动是（   ）。（2016年考题）

　A. 旅游　　　　　　　　　　　B. 参观考察

　C. 科学研究观测　　　　　　　D. 驯化珍稀、濒危野生动物

3. 某地拟在内部未分区的自然保护区开展生态旅游活动，根据《自然保护区条例》，下列关于开展该项活动的说法中，正确的是（   ）。（2016年考题）

　A. 禁止在自然保护区内开展该项旅游活动

　B. 该项旅游活动应与自然保护区保护方向一致

　C. 开展该项旅游活动，不得损害自然保护区的环境质量

　D. 开展专项旅游活动应向自然保护区管理机构提交申请和活动计划，并经自然保护区管理机构批准

4. 根据《自然保护区条例》，下列关于自然保护区内禁止行为的有关规定，错误的是（   ）。（2017年考题）

　A. 在自然保护区核心区内，不得建设任何生产设施

　B. 在自然保护区缓冲区内建设的生产设施，其污染物排放不得超过国家和地方规定的排放标准

　C. 在自然保护区的实验区内已经建成的设施，其污染物排放超过国家和地方规定的排放标准的，应当限期治理

　D. 在自然保护区的外围保护地带建设的项目，不得损害自然保护区内的环境质量，已造成损害的，应当限期治理

5. 根据《自然保护区条例》，下列属于自然保护区实验区内禁止行为的是（   ）。（2018年考题）

　A. 放牧、采药　　　　　　　　B. 开展旅游活动

　C. 从事科学研究活动　　　　　D. 驯化、繁殖珍稀、濒危野生动植物等活动

6. 因科学研究的需要，某高校研究人员必须进入国家级自然保护区核心区从事

科学研究观测活动，根据《自然保护区条例》，关于该研究人员在自然保护区内禁止行为有关要求的说法，正确的是（　　）。（2018 年考题）

A. 应事先向自然保护区管理机构提交申请和活动计划，并经省、自治区、直辖市人民政府批准

B. 应事先向自然保护区管理机构提交申请和活动计划，并经省、自治区、直辖市人民政府有关保护区行政主管部门批准

C. 应事先向省、自治区、直辖市人民政府有关保护区行政主管部门提交申请和活动计划，并经省、自治区、直辖市人民政府批准

D. 应事先向省、自治区、直辖市人民政府提交申请和活动计划，并经省、自治区、直辖市人民政府有关保护区行政主管部门批准

7. 根据《自然保护区条例》，下列不属于自然保护区内禁止行为的是（　　）。（2018 年考题）

A. 砍伐　　　　　　B. 挖沙　　　　　　C. 捕捞　　　　　D. 标本采集

8. 根据《自然保护区条例》，自然保护区的内部未分区的，依照本条例有关（　　）的规定管理。（2019 年考题）

A. 核心区　　　　　　　　　　　　B. 缓冲区

C. 核心区和缓冲区　　　　　　　　D. 核心区、缓冲区、实验区

9. 根据《自然保护区条例》，下列关于自然保护区的功能区划分的说法，错误的是（　　）。（2019 年考题）

A. 自然保护区可以分为核心区、缓冲区、实验区和外围保护地带

B. 自然保护区内保存完好的天然状态的生态系统以及珍稀、濒危动植物的集中分布地，应当划为核心区

C. 核心区外围可以划定一定面积的缓冲区

D. 缓冲区外围划为实验区

10. 根据《自然保护区条例》，下列属于在实验区中禁止从事的是（　　）。（2020 年考题）

A. 驯化珍稀野生动物　　　　　　　B. 采集草药

C. 科学试验　　　　　　　　　　　D. 旅游

11. 根据《关于进一步加强涉及自然保护区开发建设活动监督管理的通知》，下列不符合加强对涉及自然保护区建设项目监督管理规定的是（　　）。（2016 年考题）

A. 地方各有关部门依据各自职责，切实加强涉及自然保护区建设项目的准入审查

B. 保护区管理机构要对项目建设进行全过程跟踪，全面开展环境监测，发现问题应当及时处理和报告

C. 确因重大基础设施建设和自然条件等因素限制无法避让自然保护区的，要严格执行环境影响评价制度

D. 对经批准同意在自然保护区内开展的建设项目，要加强对项目施工期和运营期的监督管理，确保各项生态保护措施落实到位

12. 根据《关于进一步加强涉及自然保护区开发建设活动监督管理的通知》，下列说法中，错误的是（　　）。（2017 年考题）

A. 建设项目选址（线）应尽可能避让自然保护区

B. 地方各有关部门依据各自职责，切实加强涉及自然保护区建设项目的准入审查

C. 对经批准同意在自然保护区内开展的建设项目，要加强对项目施工期和运行期的监督管理，确保各项生态保护措施落实到位

D. 建设项目选址（线），确因重大基础设施建设和自然条件等因素限制，无法避让而涉及自然保护区的，建设前须征得省级以上自然保护区主管部门同意，并接受监督

13. 根据《关于进一步加强涉及自然保护区开发建设活动监督管理的通知》，下列说法中，错误的是（　　）。（2017 年考题）

A. 严禁在自然保护区内开展不符合功能定位的开发建设活动

B. 禁止在自然保护区核心区开展任何开发建设活动，建设任何生产经营设施

C. 在自然保护区的实验区内限制建设污染环境、破坏自然资源或自然景观的生产设施

D. 对于自然保护区实验区内未批先建、批建不符的项目，要责令停止建设或使用，并恢复原状

14. 根据《关于进一步加强涉及自然保护区开发建设活动监督管理的通知》，关于涉及自然保护区建设项目监督管理的说法，错误的是（　　）。（2018 年考题）

A. 涉及自然保护区建设项目的准入审查由环境保护主管部门负责

B. 禁止在自然保护区内进行开矿、开垦、挖沙、采石等法律明令禁止的活动

C. 禁止社会资本进入自然保护区探矿，保护区内探明的矿产只能作为国家战略储备源

D. 地方各有关部门要认真执行《国家级自然保护区调整管理规定》，从严控制自然保护区调整

15. 根据《自然保护区条例》，下列关于自然保护区应禁止开展的活动的说法中，正确的是（　　）。（2021 年考题）

A. 自然保护区缓冲区禁止开展研究观测、调查活动

B. 自然保护区核心区禁止开展研究观测、调查活动

C. 自然保护区核心区禁止从事标本采集活动

D．自然保护区实验区禁止开展参观、旅游活动

16．根据《自然保护区条例》，自然保护区的内部未分区的，其管理要求说法正确的是（　　）。（2021 年考题）

A．应尽快组织划定分区后，依照本条例有关分区要求的规定管理

B．依照本条例有关缓冲区的规定管理

C．依照本条例有关核心区的规定管理

D．依照本条例有关核心区和缓冲区的规定管理

二、不定项选择题

1．根据《自然保护区条例》，下列区域中，属于不得建设任何生产设施区域的有（　　）。（2018 年考题）

A．自然保护区的核心区　　　　　　B．自然保护区的缓冲区

C．自然保护区的实验区　　　　　　D．自然保护区的外围保护地带

2．根据《自然保护区条例》，下列关于缓冲区的说法正确的是（　　）。（2019 年考题）

A．缓冲区只准进入从事科学研究观测活动

B．禁止在缓冲区开展旅游和生产经营活动

C．在缓冲区内不得建设任何生产设施

D．在缓冲区内不得从事教学实习和标本采集活动

3．根据《自然保护区条例》，下列关于自然保护区的功能区划分及保护规定的说法，正确的是（　　）。（2020 年考题）

A．自然保护区可以分为核心区、缓冲区、实验区以及外围保护地带

B．自然保护区的外围应当划定一定面积的外围保护地带

C．核心区和缓冲区不允许进入从事科学研究观测活动

D．自然保护区内保存完好的天然状态的生态系统，应当划为核心区

4．根据《自然保护区条例》，某自然保护区是某类濒危野生动物的天然集中分布区域，该野生动物具有较高的参观、旅游价值，自然保护区管理机构已编制了参观、旅游活动方案，根据该方案，现拟在该自然保护区实验区内进行下列活动，其中不属于应禁止行为的是（　　）。（2021 年考题）

A．建设儿童游乐场　　　　　　　　B．按照方案建设旅游设施

C．修建野生动物迁徙通道　　　　　D．修建该濒危野生动物繁育基地

参考答案

一、单项选择题

1．A　【解析】第二十六条："禁止在自然保护区内进行砍伐、放牧、狩猎、捕捞、采药、开垦、烧荒、开矿、采石、挖沙等活动。"

2．C　【解析】第十八条："核心区外围可以划定一定面积的缓冲区，只准进入从事科学研究观测活动。"

3．A　【解析】注意题目为未分区的自然保护区。按照第三十条："自然保护区的内部未分区的，依照本条例有关核心区和缓冲区的规定管理。"第二十八条："禁止在自然保护区的缓冲区开展旅游和生产经营活动。"

4．B　【解析】第三十二条："在自然保护区的核心区和缓冲区内，不得建设任何生产设施。在自然保护区的实验区内，不得建设污染环境、破坏资源或者景观的生产设施；建设其他项目，其污染物排放不得超过国家和地方规定的污染物排放标准。在自然保护区的实验区内已经建成的设施，其污染物排放超过国家和地方规定的排放标准的，应当限期治理；造成损害的，必须采取补救措施。在自然保护区的外围保护地带建设的项目，不得损害自然保护区内的环境质量；已造成损害的，应当限期治理。"

5．A　【解析】第十八条："缓冲区外围划为实验区，可以进入从事科学试验、教学实习、参观考察、旅游以及驯化、繁殖珍稀、濒危野生动植物等活动。"

第二十六条："禁止在自然保护区内进行砍伐、放牧、狩猎、捕捞、采药、开垦、烧荒、开矿、采石、挖沙等活动；但是，法律、行政法规另有规定的除外。"

6．B　【解析】第二十七条："禁止任何人进入自然保护区的核心区。因科学研究的需要，必须进入核心区从事科学研究观测、调查活动的，应当事先向自然保护区管理机构提交申请和活动计划，并经自然保护区管理机构批准；其中，进入国家级自然保护区核心区的，应当经省、自治区、直辖市人民政府有关自然保护区行政主管部门批准。"

7．D　【详解】第二十六条："禁止在自然保护区内进行砍伐、放牧、狩猎、捕捞、采药、开垦、烧荒、开矿、采石、挖沙等活动；但是，法律、行政法规另有规定的除外。"

8．C　【解析】第三十条："自然保护区的内部未分区的，依照本条例有关核心区和缓冲区的规定管理。"

9．A　【解析】第十八条："自然保护区可以分为核心区、缓冲区和实验区。

自然保护区内保存完好的天然状态的生态系统以及珍稀、濒危动植物的集中分布地，应当划为核心区，禁止任何单位和个人进入；除依照本条例第二十七条的规定经批准外，也不允许进入从事科学研究活动。核心区外围可以划定一定面积的缓冲区，只准进入从事科学研究观测活动。缓冲区外围划为实验区，可以进入从事科学试验、教学实习、参观考察、旅游以及驯化、繁殖珍稀、濒危野生动植物等活动。原批准建立自然保护区的人民政府认为必要时，可以在自然保护区的外围划定一定面积的外围保护地带。"

10．B　【解析】第十八条："缓冲区外围划为实验区，可以进入从事科学试验、教学实习、参观考察、旅游以及驯化、繁殖珍稀、濒危野生动植物等活动。"

11．B　【解析】保护区管理机构要对项目建设进行全过程跟踪，开展生态监测，发现问题应当及时处理和报告。

12．D　【解析】D的正确说法是：建设项目选址（线）应尽可能避让自然保护区，确因重大基础设施建设和自然条件等因素限制无法避让的，要严格执行环境影响评价等制度，涉及国家级自然保护区的，建设前须征得省级以上自然保护区主管部门同意，并接受监督。

13．C　【解析】C的正确说法是：在实验区不得建设污染环境、破坏自然资源或自然景观的生产设施。

14．A　【解析】A的正确说法是：地方各有关部门依据各自职责，切实加强涉及自然保护区建设项目的准入审查。

15．C　【解析】第二十七条："禁止任何人进入自然保护区的核心区。因科学研究的需要，必须进入核心区从事科学研究观测、调查活动的，应当事先向自然保护区管理机构提交申请和活动计划，并经自然保护区管理机构批准。"第二十八条："禁止在自然保护区的缓冲区开展旅游和生产经营活动。因教学科研的目的，需要进入自然保护区的缓冲区从事非破坏性的科学研究、教学实习和标本采集活动的，应当事先向自然保护区管理机构提交申请和活动计划，经自然保护区管理机构批准。"由此可见，经批准后可以进入核心区从事科学研究观测、调查活动，但不得开展标本采集活动。

16．D　【解析】第三十条："自然保护区的内部未分区的，依照本条例有关核心区和缓冲区的规定管理。"

二、不定项选择题

1．AB　【解析】第三十二条："在自然保护区的核心区和缓冲区内，不得建设任何生产设施。"

2．ABC　【解析】第十八条："核心区外围可以划定一定面积的缓冲区，只准进入从事科学研究观测活动。"

第二十八条："禁止在自然保护区的缓冲区开展旅游和生产经营活动。因教学科研的目的，需要进入自然保护区的缓冲区从事非破坏性的科学研究、教学实习和标本采集活动的，应当事先向自然保护区管理机构提交申请和活动计划，经自然保护区管理机构批准。"

第三十二条："在自然保护区的核心区和缓冲区内，不得建设任何生产设施。"

3. D　【解析】根据第十八条，自然保护区分区不包括外围保护地带；外围保护地带是可以划定，不是应当划定；缓冲区只准进入从事科学研究观测活动。

4. BCD　【解析】第二十九条："严禁开设与自然保护区保护方向不一致的参观、旅游项目。"因此 A 选项是错误的。

（二十）《风景名胜区条例》

一、单项选择题

1. 根据《风景名胜区条例》，风景名胜区内禁止的活动是（　　）。（2016 年考题）

A. 开山、采石、采矿　　　　　　　B. 举办大型游乐活动

C. 设置、张贴商业广告　　　　　　D. 改变水资源、水环境的自然状态

2. 下列关于风景名胜区保护的说法，符合《风景名胜区条例》规定的是（　　）。（2019 年考题）

A. 禁止在风景名胜区内的核心景区内建设宾馆、招待所、培训中心、疗养院

B. 在风景名胜区内修建缆车、索道的选址方案应当报国务院建设主管部门核准

C. 风景名胜区内的建设项目应当符合当地旅游发展规划，并与景观相协调，不得破坏景观、污染环境、妨碍游览

D. 风景名胜区内的景观和自然环境，应当根据可持续发展的原则，严格保护，不得破坏或者随意改变

3. 根据《风景名胜区条例》，下列活动中，不属于风景名胜区内禁止的是（　　）。（2020 年考题）

A. 修坟立碑　　　　　　　　　　　B. 乱扔垃圾

C. 举办大型游乐活动　　　　　　　D. 在景物或设施上刻划

4. 根据《风景名胜区条例》，下列活动中，不属于风景名胜区内禁止的是（　　）。（2021 年考题）

A. 在风景名胜区核心景区内建设宾馆　　B. 开荒等破坏植被的活动

C. 修建景区车辆加油储罐　　　　　　　D. 在景物上涂污

二、不定项选择题

1. 根据《风景名胜区条例》，下列说法正确的有（　　）。（2016 年考题）

A. 在风景名胜区内，禁止修建储存爆炸性、易燃性、放射性、毒害性、腐蚀性物品的设施

B. 风景名胜区内的景观和自然环境，应当根据可持续发展的原则，严格保护，不得破坏或者随意改变

C. 在风景名胜区内禁止建设宾馆、招待所、培训中心、疗养院以及与风景名胜资

源保护无关的其他建筑物

D. 风景名胜区内的建设项目应当符合风景名胜区规划，并与景观相协调，不得破坏景观、污染环境、妨碍游览

2. 根据《风景名胜区条例》，在风景名胜区内进行（　　）活动，应当经风景名胜区管理机构审核后，依照有关法律、法规的规定报有关主管部门批准。（2019年考题）

A. 开山、采石、开矿　　　　　　B. 举办大型游乐活动

C. 设置、张贴商业广告　　　　　D. 改变水资源、水环境自然状态的活动

参考答案

一、单项选择题

1. A　【解析】第二十六条："在风景名胜区内禁止进行下列活动：（一）开山、采石、开矿、开荒、修坟立碑等破坏景观、植被和地形地貌的活动；（二）修建储存爆炸性、易燃性、放射性、毒害性、腐蚀性物品的设施；（三）在景物或者设施上刻划、涂污；（四）乱扔垃圾。"

2. D　【解析】第二十七条："禁止违反风景名胜区规划，在风景名胜区内设立各类开发区和在核心景区内建设宾馆、招待所、培训中心、疗养院以及与风景名胜资源保护无关的其他建筑物；已经建设的，应当按照风景名胜区规划，逐步迁出。"

第二十八条："在国家级风景名胜区内修建缆车、索道等重大建设工程，项目的选址方案应当报省、自治区人民政府建设主管部门和直辖市人民政府风景名胜区主管部门核准。"

第三十条："风景名胜区内的建设项目应当符合风景名胜区规划，并与景观相协调，不得破坏景观、污染环境、妨碍游览。"

3. C　【解析】第二十六条："在风景名胜区内禁止进行下列活动：（一）开山、采石、开矿、开荒、修坟立碑等破坏景观、植被和地形地貌的活动；（二）修建储存爆炸性、易燃性、放射性、毒害性、腐蚀性物品的设施；（三）在景物或者设施上刻划、涂污；（四）乱扔垃圾。"

4. A　【解析】A选项的正确说法是第二十七条："禁止违反风景名胜区规划，在风景名胜区内设立各类开发区和在核心景区内建设宾馆、招待所、培训中心、疗养院以及与风景名胜资源保护无关的其他建筑物。"前提是违反风景名胜区规划。其余选项都是第二十六条规定的禁止进行的活动。

二、不定项选择题

1. ABD　【解析】C 选项的正确说法是第二十七条。

2. BCD　【解析】第二十九条："在风景名胜区内进行下列活动，应当经风景名胜区管理机构审核后，依照有关法律、法规的规定报有关主管部门批准：（一）设置、张贴商业广告；（二）举办大型游乐等活动；（三）改变水资源、水环境自然状态的活动；（四）其他影响生态和景观的活动。"

A 是第二十六条在风景名胜区内禁止进行的活动。

（二十一）《土地复垦条例》

一、单项选择题

1. 根据《土地复垦条例》生产建设活动损毁土地复垦的原则，下列说法中，错误的是（　　）。（2016 年考题）

A. 复垦的土地应当优先用于农业

B. 土地复垦应当坚持科学规划、因地制宜、综合治理、经济可行、合理利用的原则

C. 由于历史原因无法确定土地复垦义务人的生产建设活动损毁的土地，由当地人民政府负责组织复垦

D. 生产建设活动损毁的土地复垦应按照"谁损毁、谁复垦"的原则，由生产建设单位或者个人负责复垦

2. 根据《土地复垦条例》中土地复垦义务人应当保护土壤质量与生态环境、避免污染土壤和地下水的有关规定，下列说法中，正确的是（　　）。（2019 年考题）

A. 县级以上人民政府应当建立土地复垦质量控制制度

B. 重金属污染物或者其他有毒有害物质达到国家有关标准的，可以用作土地复垦回填或者充填材料

C. 受重金属污染物或者其他有毒有害物质污染的土地复垦后，达不到国家或地方有关标准的，不得用于种植食用农作物

D. 土地复垦义务人应当首先对拟损毁的耕地、林地、牧草地进行表土剥离，剥离的表土用于被损毁土地的复垦

3. 根据《土地复垦条例》，下列说法中，错误的是（　　）。（2019 年考题）

A. 生产建设活动损毁的土地，按照"谁损毁，谁复垦"的原则，由生产建设单位负责复垦

B. 生产建设活动损毁的土地，按照"谁损毁，谁复垦"的原则，由土地复垦义务人负责复垦

C. 历史遗留损毁土地，由县级以上人民政府负责组织复垦

D. 自然灾害损毁的土地，由县级以上人民政府负责组织复垦

4. 根据《土地复垦条例》，关于损毁土地复垦原则的说法，错误的是（　　）。（2020 年考题）

A. 复垦的土地应当优先用于农业

B. 自然灾害损毁的土地，由县级以上人民政府负责组织复垦

C. 土地复垦应当坚持科学规划、因地制宜、综合治理、经济可行、合理利用的原则

D. 生产建设活动损毁的土地，按照"谁使用，谁复垦"的原则，由生产建设单位或者个人负责复垦

5. 根据《土地复垦条例》，以下关于损毁土地复垦的说法中，错误的是（　　　）。（2021年考题）

A. 土地复垦义务人应当建立土地复垦质量控制制度

B. 应当首先对拟损毁的耕地进行表土剥离，剥离的表土用于农用地土壤改良

C. 受重金属污染物或者其他有毒有害物质污染的土地复垦后，达不到国家有关标准的，不得用于种植食用农作物

D. 土地复垦义务人不复垦，或者复垦验收中经整改仍不合格的，应当缴纳土地复垦费

二、不定项选择题

1. 根据《土地复垦条例》，下列损毁土地中，属于由土地复垦义务人负责复垦的有（　　　）。（2018年考题）

A. 历史遗留损毁土地　　　　　　　　B. 地下采矿造成地表塌陷的土地

C. 露天采矿地表挖掘所损毁的土地　　　D. 道路施工临时占用所损毁的土地

2. 根据《土地复垦条例》，下列土地类别中，属于土地复垦义务人负责复垦的有（　　　）。（2020年考题）

A. 历史遗留损毁土地

B. 堆放废石压占的土地

C. 地下采矿造成地表塌陷的土地

D. 交通设施建设活动临时占用所损毁的土地

参考答案

一、单项选择题

1. C 【解析】第三条："由于历史原因无法确定土地复垦义务人的生产建设活动损毁的土地（以下称历史遗留损毁土地），由县级以上人民政府负责组织复垦。"

2. D 【解析】第十六条："土地复垦义务人应当建立土地复垦质量控制制度，遵守土地复垦标准和环境保护标准，保护土壤质量与生态环境，避免污染土壤和地

下水。土地复垦义务人应当首先对拟损毁的耕地、林地、牧草地进行表土剥离，剥离的表土用于被损毁土地的复垦。禁止将重金属污染物或者其他有毒有害物质用作回填或者充填材料。受重金属污染物或者其他有毒有害物质污染的土地复垦后，达不到国家有关标准的，不得用于种植食用农作物。"

3. A 【解析】第三条："生产建设活动损毁的土地，按照'谁损毁，谁复垦'的原则，由生产建设单位或者个人（以下称土地复垦义务人）负责复垦。但是，由于历史原因无法确定土地复垦义务人的生产建设活动损毁的土地（以下称历史遗留损毁土地），由县级以上人民政府负责组织复垦。自然灾害损毁的土地，由县级以上人民政府负责组织复垦。"

4. D 【解析】D的正确说法应该是第三条："生产建设活动损毁的土地，按照'谁损毁，谁复垦'的原则，由生产建设单位或者个人（以下称土地复垦义务人）负责复垦。"

5. B 【解析】B的正确说法应该是：剥离的表土用于被损毁土地的复垦。

二、不定项选择题

1. BCD 【解析】第三条："生产建设活动损毁的土地，按照'谁损毁，谁复垦'的原则，由生产建设单位或者个人（以下称土地复垦义务人）负责复垦。但是，由于历史原因无法确定土地复垦义务人的生产建设活动损毁的土地（以下称历史遗留损毁土地），由县级以上人民政府负责组织复垦。自然灾害损毁的土地，由县级以上人民政府负责组织复垦。"

2. BCD 【解析】第十条："下列损毁土地由土地复垦义务人负责复垦：（一）露天采矿、烧制砖瓦、挖沙取土等地表挖掘所损毁的土地；（二）地下采矿等造成地表塌陷的土地；（三）堆放采矿剥离物、废石、矿渣、粉煤灰等固体废弃物压占的土地；（四）能源、交通、水利等基础设施建设和其他生产建设活动临时占用所损毁的土地。"

历史遗留损毁土地是指由于历史原因无法确定土地复垦义务人的生产建设活动损毁的土地，由县级以上人民政府负责组织复垦。

（二十二）《医疗废物管理条例》

一、单项选择题

1. 根据《医疗废物管理条例》，下列关于医疗废物集中贮存、处置设施选址的说法，错误的是（　　）。（2018年考题）

A. 医疗废物集中处置单位的贮存、处置设施，应当远离交通干道

B. 医疗废物集中处置单位的贮存、处置设施，应当远离大中型河流

C. 医疗废物集中处置单位的贮存、处置设施，应当远离居（村）民居住区

D. 医疗废物集中处置单位的贮存、处置设施，应当与工厂、企业等工作场所有适当的安全防护距离

2. 根据《医疗废物管理条例》，医疗废物集中处置单位的贮存、处置设施的选址应当远离（　　），并符合国务院环境保护行政主管部门的规定。（2019年考题）

A. 交通干道　　　B. 封闭式湖泊　　　C. 水厂　　　D. 中小学校

3. 根据《医疗废物管理条例》，下列关于医疗卫生机构对医疗废物管理要求的说法，错误的是（　　）。（2020年考题）

A. 医疗废物暂时贮存的时间不得超过2天

B. 医疗废物的暂时贮存设施、设备应当定期消毒和清洁

C. 医疗废物在交医疗废物集中处置单位处置前应当就地消毒

D. 医疗废物专用包装物、容器，应当有明显的警示标识和警示说明

4. 根据《医疗废物管理条例》，下列关于医疗废物集中处置单位的贮存、处置设施选址的说法中，正确的是（　　）。（2021年考题）

A. 不得位于水源保护区上游　　　B. 应当远离工厂、企业等工作场所

C. 应当远离居（村）民居住区　　　D. 应当和交通干道有适当的安全防护距离

二、不定项选择题

1. 根据《医疗废物管理条例》，医疗废物集中处置单位的贮存、处置设施的选址应当远离（　　）。（2016年考题）

A. 交通干道　　　　　　　　　B. 水源保护区

C. 居（村）民居住区　　　　　　D. 城市生活垃圾焚烧厂

参考答案

一、单项选择题

1. B 【解析】第二十四条："医疗废物集中处置单位的贮存、处置设施，应当远离居（村）民居住区、水源保护区和交通干道，与工厂、企业等工作场所有适当的安全防护距离，并符合国务院环境保护行政主管部门的规定。"

2. A

3. C 【解析】选项 C 的正确说法是第十九条："医疗废物中病原体的培养基、标本和菌种、毒种保存液等高危险废物，在交医疗废物集中处置单位处置前应当就地消毒。"

并非所有的医疗废物都要就地消毒。

4. C 【解析】第二十四条："医疗废物集中处置单位的贮存、处置设施，应当远离居（村）民居住区、水源保护区和交通干道，与工厂、企业等工作场所有适当的安全防护距离，并符合国务院环境保护行政主管部门的规定。"

二、不定项选择题

1. ABC

（二十三）《危险化学品安全管理条例》

一、单项选择题

1. 某单位拟建一座储量为 1 000 t 的甲醇储罐（甲醇贮存设施构成重大危险源的临界量为 500 t）。根据《危险化学品安全管理条例》，该储罐与（　　）的距离应当符合国家有关规定。（2016 年考题）

A. 城市通道　　　　　　　　　B. 基本草原

C. 城市规划区　　　　　　　　D. 危险废物处置中心

2. 根据《危险化学品安全管理条例》，（　　）与饮用水水源、水厂及水源保护区的距离应当符合国家有关规定。（2017 年考题）

A. 运输工具加油站　　　　　　B. 运输工具加气站

C. 危险化学品储存设施　　　　D. 危险化学品生产装置

3. 根据《危险化学品安全管理条例》，关于国家对危险化学品的生产、储存实行统筹规划，合理布局的说法，错误的是（　　）。（2018 年考题）

A. 危险化学品目录可根据化学品危险特性的分类标准适时调整

B. 城乡规划中应规划适当区域专门用于危险化学品的生产、储存

C. 危险化学品生产、储存的行业布局由国务院环境保护主管部门负责

D. 危险化学品生产、储存的行业规划由国务院工业和信息化主管部门以及国务院其他有关部门依据各自职责负责

4. 根据《危险化学品安全管理条例》，以下两者之间距离应当符合国家有关规定的是（　　）。（2021 年考题）

A. 危险化学品储存设施与饮用水水源保护区

B. 危险化学品储存设施与居住区

C. 危险化学品生产装置与居住区

D. 加油站、加气站与军事管理区

二、不定项选择题

1. 根据《危险化学品安全管理条例》，储存数量构成重大危险源的危险化学品储存设施的选址，应当避开（　　）。（2016 年考题）

A. 地震活动断层　　　　　　　B. 容易产生滑坡的区域

C. 容易发生洪灾的区域　　　　D. 容易产生水土流失的区域

2.《危险化学品安全管理条例》所称危险化学品，是指具有（　　）等性质，对人体、设施、环境具有危害的剧毒化学品和其他化学品。（2017年考题）

A. 毒害　　　　　B. 腐蚀　　　　　C. 爆炸　　　　　D. 燃烧、助燃

3. 根据《危险化学品安全管理条例》，国家对危险化学品的（　　）实行统筹规划、合理布局。（2017年考题）

A. 生产　　　　　B. 储存　　　　　C. 销售　　　　　D. 使用

4. 根据《危险化学品安全管理条例》，储存数量构成重大危险源的危险化学品储存设施与（　　）的距离应当符合国家有关规定。（2018年考题）

A. 影剧院　　　　　　　　　B. 商业中心

C. 铁路线路　　　　　　　　D. 水产苗种生产基地

5. 根据《危险化学品安全管理条例》，危险化学品生产装置或者储存数量构成重大危险源的危险化学品储存设施（运输工具加油站、加气站除外），与（　　）的距离应当符合国家有关规定。（2019年考题）

A. 科研中心　　　　　　　　B. 畜禽规模化养殖场

C. 电视塔　　　　　　　　　D. 地铁风亭

6. 根据《危险化学品安全管理条例》，下列化学品中属于危险化学品的有（　　）。（2020年考题）

A. 具有腐蚀性质，对设施具有危害的化学品

B. 具有毒害性质，对人体具有危害的剧毒化学品

C. 具有助燃性质，对人体、环境具有危害的化学品

D. 具有爆炸性质，对人体、设施、环境具有危害的化学品

参考答案

一、单项选择题

1. B　【解析】从题干可知，甲醇储罐构成重大危险源。第十九条："危险化学品生产装置或者储存数量构成重大危险源的危险化学品储存设施（运输工具加油站、加气站除外），与下列场所、设施、区域的距离应当符合国家有关规定：（一）居住区以及商业中心、公园等人员密集场所；（二）学校、医院、影剧院、体育场（馆）等公共设施；（三）饮用水源、水厂以及水源保护区；（四）车站、码头（依法经许可从事危险化学品装卸作业的除外）、机场以及通信干线、通信枢纽、铁路线路、道路交通干线、水路交通干线、地铁风亭以及地铁站出入口；（五）基本农田保护区、基本草原、畜禽遗传资源保护区、畜禽规模化养殖场（养殖小区）、渔业水域以及种了、

种畜禽、水产苗种生产基地；（六）河流、湖泊、风景名胜区、自然保护区；（七）军事禁区、军事管理区；（八）法律、行政法规规定的其他场所、设施、区域。"

2．C　【解析】第十九条："危险化学品生产装置或者储存数量构成重大危险源的危险化学品储存设施（运输工具加油站、加气站除外），与下列场所、设施、区域的距离应当符合国家有关规定：（三）饮用水源、水厂以及水源保护区。"

3．C　【解析】第三条："危险化学品目录，由国务院安全生产监督管理部门会同国务院工业和信息化、公安、环境保护、卫生、质量监督检验检疫、交通运输、铁路、民用航空、农业主管部门，根据化学品危险特性的鉴别和分类标准确定、公布，并适时调整。"

第十一条："国家对危险化学品的生产、储存实行统筹规划、合理布局。国务院工业和信息化主管部门以及国务院其他有关部门依据各自职责，负责危险化学品生产、储存的行业规划和布局。地方人民政府组织编制城乡规划，应当根据本地区的实际情况，按照确保安全的原则，规划适当区域专门用于危险化学品的生产、储存。"

4．C　【解析】第十九条："危险化学品生产装置或者储存数量构成重大危险源的危险化学品储存设施（运输工具加油站、加气站除外），与下列场所、设施、区域的距离应当符合国家有关规定：（一）居住区以及商业中心、公园等人员密集场所；（三）饮用水源、水厂以及水源保护区。危险化学品储存设施的前提是储存数量构成重大危险源，且加油站、加气站除外。"

二、不定项选择题

1．ABC　【解析】第十九条："储存数量构成重大危险源的危险化学品储存设施的选址，应当避开地震活动断层和容易发生洪灾、地质灾害的区域。"据《地质灾害防治条例》，地质灾害，包括自然因素或者人为活动引发的危害人民生命和财产安全的山体崩塌、滑坡、泥石流、地面塌陷、地裂缝、地面沉降等与地质作用有关的灾害。容易产生水土流失的区域不属于地质灾害的区域。

2．ABCD　【解析】第三条："本条例所称危险化学品，是指具有毒害、腐蚀、爆炸、燃烧、助燃等性质，对人体、设施、环境具有危害的剧毒化学品和其他化学品。"

3．AB　【解析】第十一条："国家对危险化学品的生产、储存实行统筹规划、合理布局。"

4．ABCD　5．BD

6．ABCD　【解析】第三条："本条例所称危险化学品，是指具有毒害、腐蚀、爆炸、燃烧、助燃等性质，对人体、设施、环境具有危害的剧毒化学品和其他化学品。"

（二十四）《防治海岸工程建设项目污染损害海洋环境管理条例》

一、单项选择题

1. 根据《防治海岸工程建设项目污染损害海洋管理条例》，下列工程建设项目中，不属于海岸工程建设项目的有（　　）。（2016年考题）

A. 海上堤坝工程

B. 滨海物资存储设施工程项目

C. 滨海火电站、核电站、风电站

D. 海岸防护工程，砂石场和入海河口处的水利设施

2. 根据《防治海岸工程建设项目污染损害海洋环境管理条例》，关于禁止兴建的海岸工程建设项目的有关规定，下列说法错误的是（　　）。（2017年考题）

A. 严格限制兴建向中华人民共和国海域及海岸转嫁污染的中外合资经营企业

B. 海岸工程建设项目引进技术和设备，应当有相应的防治污染措施，防止转嫁污染

C. 在需要特殊保护的区域外建设海岸工程建设项目的，不得损害特殊保护区域的环境质量

D. 禁止在红树林和珊瑚礁生长的地区，建设毁坏红树林和珊瑚礁生态系统的海岸工程建设项目

3. 根据《防治海岸工程建设项目污染损害海洋环境管理条例》，下列建设项目中，不属于海岸工程建设项目的是（　　）。（2018年考题）

A. 滨海火电站　　　　　　　　　B. 人工鱼礁工程

C. 滨海大型养殖场　　　　　　　D. 污水处理处置排海工程项目

4. 根据《防治海岸工程建设项目污染损害海洋管理条例》海岸工程建设项目的法律定义及范围，下列工程建设项目中，属于海岸工程建设项目的有（　　）。（2019年考题）

A. 航道工程　　　B. 人工岛礁工程　　　C. 温差电站　　　D. 海上堤坝

5. 根据《防治海岸工程建设项目污染损害海洋环境管理条例》，下列关于港口、码头建设项目应采取措施的说法，正确的是（　　）。（2020年考题）

A. 应当配备海上重大污染损害事故应急设备和器材

B. 应当配备海上污染损害事故应急设备和器材

C. 应当设置与其性质和污染物种类相适应的防污设施

D. 应当设置与其吞吐能力和货物种类相适应的防污设施

二、不定项选择题

1. 根据《防治海岸工程建设项目污染损害海洋环境管理条例》，下列环境保护措施中，属于岸边油库应当采取的有（　　）。（2018 年考题）

　　A. 事故应急设施

　　B. 含油废水接收处理设施

　　C. 库场地面冲刷废水的集接、处理设施

　　D. 输油管线和储油设施采取防渗漏、防腐蚀措施

2. 根据《防治防治海岸工程建设项目污染损害海洋环境管理条例》，建设滨海垃圾场，应当（　　）。（2019 年考题）

　　A. 建造防护堤坝　　　　　　　　B. 设置渗液收集、导出、处理系统

　　C. 设置可燃性气体防爆装置　　　D. 建造场底封闭层

3. 根据《防治海岸工程建设项目污染损害海洋环境管理条例》，下列码头中，属于应当配备海上重大污染损害事故应急设备和器材的有（　　）。（2020 年考题）

　　A. 游轮码头　　　　　　　　　　B. 舾装码头

　　C. 化学危险品码头　　　　　　　D. 液化天然气码头

参考答案

一、单项选择题

1. A　【解析】第二条："本条例所称海岸工程建设项目，是指位于海岸或者与海岸连接，工程主体位于海岸线向陆一侧，对海洋环境产生影响的新建、改建、扩建工程项目。具体包括：（一）港口、码头、航道、滨海机场工程项目；（二）造船厂、修船厂；（三）滨海火电站、核电站、风电站；（四）滨海物资存储设施工程项目；（五）滨海矿山、化工、轻工、冶金等工业工程项目；（六）固体废弃物、污水等污染物处理处置排海工程项目；（七）滨海大型养殖场；（八）海岸防护工程、砂石场和入海河口处的水利设施；（九）滨海石油勘探开发工程项目；（十）国务院环境保护主管部门会同国家海洋主管部门规定的其他海岸工程项目。"

2. A　【解析】第九条："禁止兴建向中华人民共和国海域及海岸转嫁污染的中外合资经营企业、中外合作经营企业和外资企业；海岸工程建设项目引进技术和设备，应当有相应的防治污染措施，防止转嫁污染。"

3. B　4. A

5．D 【解析】第十五条："建设港口、码头，应当设置与其吞吐能力和货物种类相适应的防污设施。港口、油码头、化学危险品码头，应当配备海上重大污染损害事故应急设备和器材。"

二、不定项选择题

1．ABCD 【解析】第十八条："建设岸边油库，应当设置含油废水接收处理设施，库场地面冲刷废水的集接、处理设施和事故应急设施；输油管线和储油设施应当符合国家关于防渗漏、防腐蚀的规定。"

2．ABCD 【解析】第二十条："建设滨海垃圾场或者工业废渣填埋场，应当建造防护堤坝和场底封闭层，设置渗液收集、导出、处理系统和可燃性气体防爆装置。"

3．CD 【解析】第十四条："港口、油码头、化学危险品码头，应当配备海上重大污染损害事故应急设备和器材。"

（二十五）《防治海洋工程建设项目污染损害海洋环境管理条例》

一、单项选择题

1. 根据《防治海洋工程建设项目污染损害海洋环境管理条例》，下列废水、废液中，禁止向海域排放的是（　　）。（2015 年考题）

    A. 酸液、碱液　　　　　　　　　　B. 放射性废水

    C. 含重金属的废水　　　　　　　　D. 含不易降解的有机物的废水

2. 根据《防治海洋工程建设项目污染损害海洋环境管理条例》，下列工程建设项目中不属于海洋工程的是（　　）。（2017 年考题）

    A. 人工岛　　　　　　　　　　　　B. 海底管道

    C. 滨海大型养殖场　　　　　　　　D. 盐田、海水淡化等海水综合利用工程

3. 根据《防治海洋工程建设项目污染损害海洋环境管理条例》，下列说法中，错误的是（　　）。（2017 年考题）

    A. 禁止海洋工程在海上弃置

    B. 海上娱乐及运动、景观开发工程属于海洋工程

    C. 围填海工程使用的填充材料应当符合有关环境保护标准

    D. 海洋工程拆除时，施工单位应当编制拆除的环境保护方案，采取必要措施防止对海洋环境造成污染和损害

4. 根据《防治海洋工程建设项目污染损害海洋环境管理条例》，下列建设项目中，不属于海洋工程建设项目的是（　　）。（2018 年考题）

    A. 围填海工程　　　　　　　　　　B. 大型海水养殖场

    C. 海底物资储藏设施　　　　　　　D. 固体废弃物处理处置排海工程项目

5. 根据《防治海洋工程建设项目污染损害海洋环境管理条例》，开海洋工程拆除、弃置或者改作他用的环境保护有关规定，下列说法正确的是（　　）。（2019 年考题）

    A. 海洋工程拆除或者改变用途后可能产生较大或重大环境影响的，应当进行环境影响评价

    B. 海洋工程需要改作他用的，应当在作业前报原核准该工程环境影响报告书的海洋主管部门批准

    C. 海洋工程需要在海上弃置的，应当拆除可能造成海洋环境污染损害的部分

    D. 海洋工程拆除时，建设单位应当编制拆除的环境保护方案并采取必要的污染防治措施

6. 根据《防治海洋工程建设项目污染损害海洋环境管理条例》，下列污水中，应严格控制向海域排放的是（　　）。（2020 年考题）

A. 电镀废水　　　　　　　　　B. 放射性废水

C. 酸液　　　　　　　　　　　D. 油类废水

7. 根据《防治海洋工程建设项目污染损害海洋环境管理条例》，下列区域中，不属于禁止围填海活动的是（　　）。（2021 年考题）

A. 半封闭海湾　　　　　　　　B. 经济生物的自然产卵场

C. 经济生物的索饵场　　　　　D. 鸟类栖息地

8. 根据《防治海洋工程建设项目污染损害海洋环境管理条例》，下列关于海洋工程拆除的说法中，正确的是（　　）。（2021 年考题）

A. 海洋工程拆除前应当进行环境影响评价

B. 海洋工程的环境保护设施不得拆除

C. 海洋工程拆除时，施工单位应当编制拆除的环境保护方案

D. 海洋工程拆除时，建设单位应当采取必要的措施，防止对海洋环境造成污染和损害

二、不定项选择题

1. 根据《防治海洋工程建设项目污染损害海洋环境管理条例》，所称海洋工程是指以（　　）海洋资源为目的，并且工程主体位于海岸线向海一侧的新建、改建、扩建工程。（2017 年考题）

A. 开发　　　B. 利用　　　C. 保护　　　D. 防止破坏

2. 根据《防治海洋工程建设项目污染损害海洋环境管理条例》，关于海洋工程污染物管理的规定，（　　）和其他有毒有害残液残渣，不得直接排放，或者弃置入海，应当集中储存在专门的容器中，运回陆地处理。（2017 年考题）

A. 油基泥浆　　　B. 塑料制品　　　C. 含油垃圾　　　D. 残油、废油

3. 根据《防治海洋工程建设项目污染损害海洋环境管理条例》，下列区域中属于禁止进行围填海活动的有（　　）。（2018 年考题）

A. 鸟类栖息地

B. 大型海水养殖场

C. 海洋矿产资源勘探开发区

D. 经济生物的自然产卵场、繁殖场、索饵场

4. 根据《防治海洋工程建设项目污染损害海洋环境管理条例》，海洋工程环境影响报告书应当包括的内容有（　　）。（2019 年考题）

A. 工程所在海域环境现状和相邻海域开发利用情况

B. 工程对海洋环境可能造成影响的分析、预测和评估

C. 工程对相邻海域功能影响的分析及预测

D. 工程环境风险分析

参考答案

一、单项选择题

1. A 【解析】第三十四条："禁止向海域排放油类、酸液、碱液、剧毒废液和高、中水平放射性废水；严格限制向海域排放低水平放射性废水，确需排放的，应当符合国家放射性污染防治标准。严格控制向海域排放含有不易降解的有机物和重金属的废水。"

2. C 【解析】第三条。滨海大型养殖场属海岸工程。

3. A 【解析】第二十八条："海洋工程需要在海上弃置的，应当拆除可能造成海洋环境污染损害或者影响海洋资源开发利用的部分，并按照有关海洋倾倒废弃物管理的规定进行。"

4. D

5. C 【解析】第二十八条："海洋工程需要拆除或者改作他用的，应当在作业前报原核准该工程环境影响报告书的海洋主管部门备案。拆除或者改变用途后可能产生重大环境影响的，应当进行环境影响评价。海洋工程需要在海上弃置的，应当拆除可能造成海洋环境污染损害或者影响海洋资源开发利用的部分，并按照有关海洋倾倒废弃物管理的规定进行。海洋工程拆除时，施工单位应当编制拆除的环境保护方案，采取必要的措施，防止对海洋环境造成污染和损害。"

6. A 【解析】第三十四条："禁止向海域排放油类、酸液、碱液、剧毒废液和高、中水平放射性废水；严格限制向海域排放低水平放射性废水，确需排放的，应当符合国家放射性污染防治标准。严格控制向海域排放含有不易降解的有机物和重金属的废水。"电镀废水属于重金属废水。

7. A 【解析】第二十条："禁止在经济生物的自然产卵场、繁殖场、索饵场和鸟类栖息地进行围填海活动。"

8. C 【解析】第十八条："建设单位不得擅自拆除或者闲置海洋工程的环境保护设施。"第二十八条："拆除或者改变用途后可能产生重大环境影响的，应当进行环境影响评价。海洋工程拆除时，施工单位应当编制拆除的环境保护方案，采取必要的措施，防止对海洋环境造成污染和损害。"

二、不定项选择题

1．ABC　【解析】第三条："本条例所称海洋工程，是指以开发、利用、保护、恢复海洋资源为目的，并且工程主体位于海岸线向海一侧的新建、改建、扩建工程。"

2．ABCD　【解析】第二十九条："塑料制品、残油、废油、油基泥浆、含油垃圾和其他有毒有害残液残渣，不得直接排放或者弃置入海，应当集中储存在专门容器中，运回陆地处理。"

3．AD　【解析】第二十条："严格控制围填海工程。禁止在经济生物的自然产卵场、繁殖场、索饵场和鸟类栖息地进行围填海活动。"

4．ABCD　【解析】第九条："海洋工程环境影响报告书应当包括下列内容：（一）工程概况；（二）工程所在海域环境现状和相邻海域开发利用情况；（三）工程对海洋环境和海洋资源可能造成影响的分析、预测和评估；（四）工程对相邻海域功能和其他开发利用活动影响的分析及预测；（五）工程对海洋环境影响的经济损益分析和环境风险分析；（六）拟采取的环境保护措施及其经济、技术论证；（七）公众参与情况；（八）环境影响评价结论。海洋工程可能对海岸生态环境产生破坏的，其环境影响报告书中应当增加工程对近岸自然保护区等陆地生态系统影响的分析和评价。"

（二十六）《畜禽规模养殖污染防治条例》及相关文件

一、单项选择题

1. 根据《关于做好畜禽规模养殖项目环境影响评价管理工作的通知》（环办环评〔2018〕31 号），下列关于畜禽规模养殖项目环境影响评价的有关要求的说法错误的有（　　）。（2019 年考题）

A. 鼓励采取干清粪方式，禁止采取水泡粪工艺

B. 畜禽尸体无害化处理设施，应位于养殖场区主导风向的下风向位置

C. 采取粪便垫料回用、异位发酵床等模式处理利用畜禽粪污

D. 畜禽粪污贮存池应采取有效的防雨、防渗和防溢流措施

2. 根据《畜禽规模养殖污染防治条例》，下列区域内不属于禁止建设畜禽养殖场、养殖小区的是（　　）。（2021 年考题）

A. 农产品主产区

B. 自然保护区的缓冲区

C. 风景名胜区

D. 人口集中区域

二、不定项选择题

1. 根据《畜禽规模养殖污染防治条例》，禁止在下列（　　）区域内建设畜禽养殖场、养殖小区。（2019 年考题）

A. 饮用水水源准保护区

B. 自然保护区的实验区

C. 农村村庄外围

D. 文化教育科学研究区

2. 根据《畜禽规模养殖污染防治条例》，下列区域中，属于禁止建设畜禽养殖场、养殖小区的有（　　）。（2020 年考题）

A. 城镇居民区

B. 风景名胜区

C. 饮用水水源准保护区

D. 水土流失重点预防区

3. 根据《畜禽规模养殖污染防治条例》，下列关于综合利用与治理的说法中正确的有（　　）。（2021 年考题）

A. 国家鼓励和支持沼渣沼液输送和施用等相关配套设施建设

B. 将沼渣、沼液等用作肥料的，应当与土地的消纳能力相适应

C. 国家鼓励和支持采取制取沼气等方法，对畜禽养殖废弃物进行综合利用

D. 畜禽粪便、污水等废弃物应采取种植和养殖相结合的方式，实现就地就近利用

参考答案

一、单项选择题

1. A   【解析】A 的正确说法为：鼓励采取干清粪方式，采取水泡粪工艺的应最大限度降低用水量。

2. A   【解析】第十一条："禁止在下列区域内建设畜禽养殖场、养殖小区：（一）饮用水水源保护区，风景名胜区；（二）自然保护区的核心区和缓冲区；（三）城镇居民区、文化教育科学研究区等人口集中区域；（四）法律、法规规定的其他禁止养殖区域。"

二、不定项选择题

1. D   【解析】第十一条："禁止在下列区域内建设畜禽养殖场、养殖小区：（一）饮用水水源保护区，风景名胜区；（二）自然保护区的核心区和缓冲区；（三）城镇居民区、文化教育科学研究区等人口集中区域；（四）法律、法规规定的其他禁止养殖区域。"

2. AB

3. ABC   【解析】D 的正确说法是第十六条："国家鼓励和支持采取种植和养殖相结合的方式消纳利用畜禽养殖废弃物，促进畜禽粪便、污水等废弃物就地就近利用。"

（二十七）《消耗臭氧层物质管理条例》及相关文件

一、单项选择题

1. 根据《消耗臭氧层物质管理条例》，下列说法正确的是（　　）。（2019 年考题）

A. 本条例所称使用，是指利用消耗臭氧层物质进行的生产经营等活动，包括使用含消耗臭氧层物质的产品的活动

B. 从事消耗臭氧层物质回收、再生利用、销毁等经营活动的单位，对消耗臭氧层物质进行无害化处置后，剩余的无法处置的消耗臭氧层物质，可以直接排放

C. 从事含消耗臭氧层物质的制冷设备维修单位，应当按规定将消耗臭氧层物质交由从事消耗臭氧层物质回收、再生利用、销毁等经营活动的单位进行无害化处置

D. 消耗臭氧层物质的生产、使用单位，应当按规定采取必要的措施，防止或者减少消耗臭氧层物质的泄漏和排放

2. 根据《消耗臭氧层物质管理条例》，下列关于消耗臭氧层物质生产、销售和使用的说法中，错误的是（　　）。（2021 年考题）

A. 从事含消耗臭氧层物质的制冷设备报废处理经营活动的单位，应当向所在地县级人民政府环境保护主管部门备案

B. 从事含消耗臭氧层物质的制冷设备报废处理经营活动的单位，应当对消耗臭氧层物质进行回收、无害化处置

C. 从事消耗臭氧层物质再生利用经营活动的单位，应当对消耗臭氧层物质进行无害化处置

D. 从事消耗臭氧层物质再生利用经营活动的单位，应当完整保存有关生产经营活动的原始资料至少 3 年

二、不定项选择题

1. 根据《关于生产和使用消耗臭氧层物质建设项目管理有关工作的通知》，关于生产和使用消耗臭氧层物质建设项目管理的说法，正确的有（　　）。（2020 年考题）

A. 禁止新建、扩建生产和使用受控用途的消耗臭氧层物质的建设项目

B. 新建、改建、扩建副产四氯化碳的建设项目，应当配套建设四氯化碳处置设施

C. 改建、异址建设生产受控用途的消耗臭氧层物质的建设项目，禁止增加消耗臭氧层物质生产能力

D. 新建、改建、扩建生产化工原料用途的消耗臭氧层物质的建设项目，生产的消耗臭氧层物质仅用于企业自身下游化工产品的专用原料用途，不得对外销售

参考答案

一、单项选择题

1. D　【解析】第三条："在中华人民共和国境内从事消耗臭氧层物质的生产、销售、使用和进出口等活动，适用本条例。前款所称生产，是指制造消耗臭氧层物质的活动。前款所称使用，是指利用消耗臭氧层物质进行的生产经营等活动，不包括使用含消耗臭氧层物质的产品的活动。"

第二十条："消耗臭氧层物质的生产、使用单位，应当按照国务院环境保护主管部门的规定采取必要的措施，防止或者减少消耗臭氧层物质的泄漏和排放。从事含消耗臭氧层物质的制冷设备、制冷系统或者灭火系统的维修、报废处理等经营活动的单位，应当按照国务院环境保护主管部门的规定对消耗臭氧层物质进行回收、循环利用或者交由从事消耗臭氧层物质回收、再生利用、销毁等经营活动的单位进行无害化处置。从事消耗臭氧层物质回收、再生利用、销毁等经营活动的单位，应当按照国务院环境保护主管部门的规定对消耗臭氧层物质进行无害化处置，不得直接排放。"

2. B　【解析】B 选项的正确说法是："从事含消耗臭氧层物质的制冷设备、制冷系统或者灭火系统的维修、报废处理等经营活动的单位，应当按照国务院环境保护主管部门的规定对消耗臭氧层物质进行回收、循环利用或者交由从事消耗臭氧层物质回收、再生利用、销毁等经营活动的单位进行无害化处置。"

二、不定项选择题

1. ABCD。

六、环境政策

（一）《全国生态环境保护纲要》

一、单项选择题

1．根据《全国生态环境保护纲要》，需要建立生态功能保护区的重要生态功能区不包括（　　）。（2017 年考题）

　A．江河源头区　　　　　　　　　B．重要渔业水域

　C．重要水源涵养区　　　　　　　D．国家重点风景名胜区

2．根据《全国生态环境保护纲要》，不需要建立国家级生态功能保护区的是（　　）。（2017 年考题）

　A．跨省域的重要生态功能区　　　B．跨地（市）的重要生态功能区

　C．跨重点区域的重要生态功能区　D．跨重点流域的重要生态功能区

3．根据《全国生态环境保护纲要》生态功能保护区保护措施的有关规定，下列说法中，错误的是（　　）。（2017 年考题）

　A．停止一切产生严重环境污染的工程项目建设

　B．改变粗放生产经营方式，走生态经济型发展道路

　C．严格控制导致生态功能继续退化的开发活动和其他人为破坏活动

　D．对已经破坏的重要生态系统，要结合生态环境建设措施，认真组织重建与恢复，尽快遏制生态环境恶化趋势

4．根据《全国生态环境保护纲要》，各类资源开发利用的生态环境保护要求不包括（　　）。（2017 年考题）

　A．矿产资源开发利用的生态环境保护

　B．旅游资源开发利用的生态环境保护

　C．海洋和渔业资源开发利用的生态环境保护

　D．遏制生态环境破坏、减轻自然灾害的危害

5．根据《全国生态环境保护纲要》中关于各类资源开发利用生态保护要求的说法，错误的是（　　）。（2018 年考题）

A. 对具有重要生态功能的林区、草原，应划为禁垦区、禁伐区或禁牧区，严格管护

B. 大力发展风能、太阳能、生物质能等可再生能源技术，减少樵采对林草植被的破坏

C. 要切实保护好各类水源涵养林、水土保护林、防风固沙林、特种用途林等生态公益林

D. 对毁林、毁草开垦的耕地和造成的废弃地，要按照"谁批准谁恢复，谁破坏谁负责"的原则，限期退耕还林还草

6. 根据《全国生态环境保护纲要》，下列关于水资源开发利用的生态环境保护的说法中，错误的是（　　）。（2019 年考题）

A. 建立缺水地区高耗水项目管制制度，逐步调整用水紧缺地区的高耗水产业，停止新上高耗水项目

B. 在发生江河断流、湖泊萎缩、地下水超采的流域和地区，应停上新的加重水平衡失调的蓄水、引水和灌溉工程

C. 在地下水严重超采地区，划定地下水限采区，抓紧清理不合理的抽水设施，防止出现大面积的地下漏斗和地表塌陷

D. 加大农业面源污染控制力度，严格控制氮、磷严重超标地区的氮肥、磷肥施用量

二、不定项选择题

1. 根据《全国生态环境保护纲要》，建立国家级生态功能保护区的有（　　）。（2016 年考题）

A. 跨省域的重要生态功能保护区

B. 跨地市的生态功能保护区

C. 跨重点区域的重要生态功能保护区

D. 跨重点流域的重要生态功能保护区

2. 根据《全国生态环境保护纲要》，下列关于生态功能保护区保护措施的说法，正确的有（　　）。（2018 年考题）

A. 停止一切产生严重环境污染的工程项目建设

B. 改变粗放生产经营方式，走生态经济型发展道路

C. 严格控制导致生态功能继续退化的开发活动和其他人为破坏活动

D. 严格控制人口增长，区内人口已超出承载能力的应采取必要的移民措施

参考答案

一、单项选择题

1．D　【解析】"江河源头区、重要水源涵养区、水土保持的重点预防保护区和重点监督区、江河洪水调蓄区、防风固沙区和重要渔业水域等重要生态功能区，在保持流域、区域生态平衡，减轻自然灾害，确保国家和地区生态环境安全方面具有重要作用。对这些区域的现有植被和自然生态系统应严加保护，通过建立生态功能保护区，实施保护措施，防止生态环境的破坏和生态功能的退化。"

2．B　【解析】"跨省域和重点流域、重点区域的重要生态功能区，建立国家级生态功能保护区；跨地（市）和县（市）的重要生态功能区，建立省级和地（市）级生态功能保护区。"

3．C　【解析】选项 C 的正确说法是：停止一切导致生态功能继续退化的开发活动和其他人为破坏活动。

4．D　【解析】D 是全国生态环境保护的目标。

5．D　【解析】D 的正确说法是：对毁林、毁草开垦的耕地和造成的废弃地，要按照"谁批准谁负责，谁破坏谁恢复"的原则，限期退耕还林还草。

6．C　【解析】C 的正确说法是：在地下水严重超采地区，划定地下水禁采区，抓紧清理不合理的抽水设施，防止出现大面积的地下漏斗和地表塌陷。

二、不定项选择题

1．ACD　【解析】"跨省域和重点流域、重点区域的重要生态功能区，建立国家级生态功能保护区；跨地（市）和县（市）的重要生态功能区，建立省级和地（市）级生态功能保护区。"

2．ABD　【解析】C 的正确说法是：停止一切导致生态功能继续退化的开发活动和其他人为破坏活动。

（二）《全国主体功能区规划》《全国海洋主体功能区规划》

一、单项选择题

1. 根据《全国主体功能规划》，到2020年，下列不属于推进全国主体功能区主要目标的是（　　）。（2015年考题）

A. 空间开发格局清晰　　　　　　B. 空间利用效率提高

C. 可持续发展能力提升　　　　　D. 区域发展格局得到优化

2. 根据《全国主体功能规划》，下列不属于国家层面主体功能区中重点开发区域功能定位的是（　　）。（2015年考题）

A. 全国重要的创新区域

B. 全国重要的人口和经济密集区

C. 支撑全国经济增长的重要增长极

D. 落实区域发展总体战略、促进区域协调发展的重要支撑点

3. 根据《全国主体功能区规划》，下列不属于国家层面禁止开发区域的是（　　）。（2016年考题）

A. 世界文化自然遗产

B. 国家级生态功能保护区

C. 国家森林公园和国家地质公园

D. 国家级自然保护区和国家级风景名胜区

4. 根据《全国主体功能区规划》，下列不属于按开发内容划分的主体功能区是（　　）。（2017年考题）

A. 城市化地区　　　　　　　　　B. 农产品主产区

C. 重点生态功能区　　　　　　　D. 自然文化资源保护区

5. 根据《全国主体功能区规划》，下列不属于禁止开发区域的是（　　）。（2017年考题）

A. 农产品主产区

B. 世界文化自然遗产

C. 依法设立的各级各类自然文化资源保护区域

D. 禁止进行工业化城镇化开发、需要特殊保护的重点生态功能区

6. 根据《全国主体功能区规划》，下列开发原则中关于保护自然的有关要求，说法中错误的是（　　）。（2017年考题）

A．严格控制各类破坏生态环境的开发活动

B．在农业用水严重超出区域水资源承载能力的地区实行退耕还水

C．在确保省域内耕地和基本农田面积不减少的前提下，继续在适宜的地区退耕还林、退牧还草、退田还湖

D．交通、输电等基础设施建设要尽量避免对重要自然景观和生态系统的分割，从严控制穿越禁止开发区域

7．根据《全国主体功能区规划》，国家层面限制开发区域，重点生态功能区的类型不包括（　　）。（2017年考题）

A．水源涵养型   B．防风固沙型

C．洪水调蓄型   D．生物多样性维护型

8．根据《全国主体功能区规划》，下列不属于国家层面禁止开发区域功能定位的是（　　）。（2017年考题）

A．珍稀动物物种分布区   B．保护文化资源的重要区域

C．保护自然资源的重要区域   D．珍稀动植物基因资源保护地

9．根据《全国主体功能区规划》，下列关于国家层面禁止开发区域管制原则的说法中，错误的是（　　）。（2017年考题）

A．实现污染物"零排放"，提高环境质量

B．严格控制不符合主体功能定位的各类开发活动

C．依据法律法规规定和相关规划实施强制性保护

D．严格控制人为因素对自然生态和文化自然遗产原真性、完整性的干扰

10．根据《全国主体功能区规划》，下列关于国家层面禁止开发区域管制原则的说法，错误的是（　　）。（2018年考题）

A．严格控制国家级风景名胜区内人工景观建设

B．新建公路、铁路和其他基础设施不得穿越自然保护区的核心区

C．严格控制在风景名胜区从事与风景名胜资源无关的生产建设活动

D．加强对世界文化自然遗产完整性的保护，保持遗产未被人为扰动过的原始状态

11．根据《全国主体功能区规划》，下列关于国家层面限制开发的农产品主产区发展方向与开发原则的说法，错误的是（　　）。（2018年考题）

A．鼓励和支持农民开展小型农田水利设施建设、小流域综合治理

B．控制农产品主产区开发强度，优化开发方式，发展循环农业，促进农业资源的永续利用

C．国家支持农产品主产区加强农产品加工、流通、储运设施建设，引导农产品加工、流通、储运企业向主产区聚集

D．农产品主产区应严禁不符合主体功能区定位的各类开发活动，引导人口逐步有

序转移，实现污染物"零排放"，提高环境质量

12. 根据《全国主体功能区规划》，今后新设立的（　　），自动进入国家禁止开发区域名录。（2019 年考题）

A. 省级自然保护区　　　　　　　B. 国家级文化自然遗产

C. 省级风景名胜区　　　　　　　D. 国家地质公园

13. 根据《全国主体功能区规划》，下列关于排污许可证发放的说法正确的是（　　）。（2019 年考题）

A. 优化开发区域要从严控制排污许可证发放

B. 重点开发区域要合理控制排污许可证的增发

C. 限制开发区域要严格限制排污许可证的增发

D. 禁止开发区域除重大基础设施外不发放排污许可证

14. 根据《全国海洋主体功能区规划》，下列关于全国海洋主体功能区功能分区的说法，正确的是（　　）。（2019 年考题）

A. 优化开发区域，是指在沿海经济社会发展中具有重要地位，发展潜力较大，资源环境承载能力较强，可以进行高强度集中开发的海域

B. 重点开发区域，是指现有开发利用强度较高，资源环境约束较强，产业结构亟须调整和优化的海域

C. 限制开发区域，是指以提供海洋水产品为主要功能的海域，仅包括用于保护海洋渔业资源

D. 禁止开发区域，是指对维护海洋生物多样性，保护典型海洋生态系统具有重要作用的海域，包括海洋自然保护区、领海基点所在岛屿等

15. 根据《全国海洋主体功能区规划》，下列关于海洋特别保护区管理要求的说法，错误的是（　　）。（2020 年考题）

A. 在重要渔业水域，禁止发展旅游业、开展围填海等开发活动

B. 在重要砂质岸线，禁止开展可能改变或影响沙滩自然属性的开发建设活动

C. 在重要河口区域，禁止采挖海砂、围填海等破坏河口生态功能的开发活动

D. 在重要滨海湿地区域，禁止开展围填海、城市建设开发等改变海域自然属性、破坏湿地生态系统功能的开发活动

16. 根据《关于贯彻实施国家主体功能区环境政策的若干意见》，下列国家主体功能区中，属于应当推行环保负面清单制度的是（　　）。（2020 年考题）

A. 优化开发区域　　　　　　　　B. 重点开发区域

C. 农产品主产区　　　　　　　　D. 重点生态功能区

17. 根据《全国主体功能区规划》，国家禁止开发区域的管制原则不包括（　　）。（2021 年考题）

A．严格控制人为因素对自然生态和文化自然遗产原真性、完整性的干扰

B．严禁不符合主体功能定位的各类开发活动

C．对各类开发活动进行严格管制，尽可能减少对自然生态系统的干扰

D．引导人口逐步有序转移，实现污染物"零排放"，提高环境质量

18．根据《全国海洋主体功能区规划》，内水和领海主体功能区的限制开发区域不包括（　　）。（2021 年考题）

A．海洋渔业保障区　　　　　　　B．海洋特别保护区

C．海岛及其周边海域　　　　　　D．领海基点所在岛礁

二、不定项选择题

1．根据《全国主体功能区规划》，下列关于国家层面限制开发的重点生态功能区功能定位和发展方向，错误的有（　　）。（2018 年考题）

A．国家重点生态功能区要以保护和修复生态环境、提供生态产品为首要任务

B．国家重点生态功能区分为水源涵养型、水土保持型和防风固沙型三种类型

C．国家重点生态功能区是保障国家生态安全的重要区域，人与自然和谐相处的示范区

D．国家重点生态功能区应积极推进农业的规模化、产业化，发展农产品深加工，拓展农村就业和增收空间

2．根据《全国海洋主体功能区规划》，海洋主体功能区按开发内容可分为（　　）三种功能。（2019 年考题）

A．产业与城镇建设　　　　　　　B．农渔业生产

C．生态环境服务　　　　　　　　D．油气资源开发

3．根据《全国海洋主体功能区规划》，下列关于海洋自然保护区管理要求的说法，正确的有（　　）。（2019 年考题）

A．海洋基础设施建设不得穿越海洋自然保护区

B．在海洋自然保护区核心区和缓冲区内不得开展任何与保护无关的工程建设活动

C．在海洋自然保护区内开展科学研究，要合理选择考察线路

D．对具有特殊保护价值的海岛、海域等，要依法设立海洋自然保护区

4．根据《全国海洋主体功能区规划》，在海洋自然保护区的（　　）内，不得开展任何与保护无关的工程建设活动。（2021 年考题）

A．核心区　　　　　　　　　　　B．缓冲区

C．实验区　　　　　　　　　　　D．以上皆是

参考答案

一、单项选择题

1. D 【解析】选项 D 的正解说法是：空间结构得到优化。

2. A 【解析】"国家重点开发区域的功能定位是：支撑全国经济增长的重要增长极，落实区域发展总体战略、促进区域协调发展的重要支撑点，全国重要的人口和经济密集区。"

3. B 【解析】禁止开发区域是指依法设立的各级各类自然文化资源保护区域，以及其他禁止进行工业化城镇化开发、需要特殊保护的重点生态功能区。国家层面禁止开发区域，包括国家级自然保护区、世界文化自然遗产、国家级风景名胜区、国家森林公园和国家地质公园。

4. D 【解析】按开发内容，分为城市化地区、农产品主产区和重点生态功能区。

5. A 【解析】禁止开发区域是依法设立的各级各类自然文化资源保护区域，以及其他禁止进行工业化城镇化开发、需要特殊保护的重点生态功能区。国家层面禁止开发区域，包括国家级自然保护区、世界文化自然遗产、国家级风景名胜区、国家森林公园和国家地质公园。省级层面的禁止开发区域，包括省级及以下各级各类自然文化资源保护区域、重要水源地以及其他省级人民政府根据需要确定的禁止开发区域。

6. A 【解析】选项 A 应为"严禁"。

7. C 【解析】国家重点生态功能区分为水源涵养型、水土保持型、防风固沙型和生物多样性维护型四种类型。

8. A 【解析】"国家禁止开发区域的功能定位是：我国保护自然文化资源的重要区域，珍稀动植物基因资源保护地。"

9. B 【解析】"国家禁止开发区域要依据法律法规规定和相关规划实施强制性保护，严格控制人为因素对自然生态和文化自然遗产原真性、完整性的干扰，严禁不符合主体功能定位的各类开发活动，引导人口逐步有序转移，实现污染物"零排放"，提高环境质量。"

10. C 【解析】"要依据《风景名胜区条例》及本规划确定的原则和风景名胜区规划进行管理：严格控制人工景观建设；禁止在风景名胜区从事与风景名胜资源无关的生产建设活动。新建公路、铁路和其他基础设施不得穿越自然保护区核心区，尽量避免穿越缓冲区。"世界文化自然遗产："加强对遗产完整性的保护，保持遗产未被人为扰动过的原始状态。"

11．D　【解析】D 是禁止开发区的要求。"国家禁止开发区域要依据法律法规规定和相关规划实施强制性保护，严格控制人为因素对自然生态和文化自然遗产原真性、完整性的干扰，严禁不符合主体功能定位的各类开发活动，引导人口逐步有序转移，实现污染物"零排放"，提高环境质量。"

12．D　【解析】"今后新设立的国家级自然保护区、世界文化自然遗产、国家级风景名胜区、国家森林公园、国家地质公园，自动进入国家禁止开发区域名录。"

13．B　【解析】"优化开发区域要严格限制排污许可证的增发，完善排污权交易制度，制定较高的排污权有偿取得价格。重点开发区域要合理控制排污许可证的增发，积极推进排污权制度改革，制定合理的排污权有偿取得价格，鼓励新建项目通过排污权交易获得排污权。限制开发区域要从严控制排污许可证发放。禁止开发区域不发放排污许可证。"

14．D　【解析】"优化开发区域，是指现有开发利用强度较高，资源环境约束较强，产业结构亟需调整和优化的海域。重点开发区域，是指在沿海经济社会发展中具有重要地位，发展潜力较大，资源环境承载能力较强，可以进行高强度集中开发的海域。限制开发区域，是指以提供海洋水产品为主要功能的海域，包括用于保护海洋渔业资源和海洋生态功能的海域。禁止开发区域，是指对维护海洋生物多样性，保护典型海洋生态系统具有重要作用的海域，包括海洋自然保护区、领海基点所在岛屿等。"

15．A　【解析】A 的正确说法是："在重要渔业海域，禁止开展围填海及可能截断洄游通道等开发活动。适度发展渔业和旅游业。"

16．A　【解析】《关于贯彻实施国家主体功能区环境政策的若干意见》七、优化开发区域环境政策（三）推行环保负面清单制度。

17．C　【解析】C 选项是限制开发区域的管制原则。

18．D　【解析】领海基点所在岛礁属于禁止开发区域。

二、不定项选择题

1．BD　【解析】《全国主体功能区规划》规定，国家重点生态功能区要以保护和修复生态环境、提供生态产品为首要任务；国家重点生态功能区分为水源涵养型、水土保持型、防风固沙型和生物多样性维护型四种类型；重点生态功能区功能定位：保障国家生态安全的重要区域，人与自然和谐相处的示范区。积极推进农业的规模化、产业化，发展农产品深加工，拓展农村就业和增收空间，是国家层面限制开发的农产品主产区的发展方向之一。

2．ABC　【解析】"海洋主体功能区按开发内容可分为产业与城镇建设、农渔业生产、生态环境服务三种功能。"

3．BC　【解析】"在保护区核心区和缓冲区内不得开展任何与保护无关的工程建设活动，海洋基础设施建设原则上不得穿越保护区，涉及保护区的航道、管线和桥梁等基础设施经严格论证并批准后方可实施。在保护区内开展科学研究，要合理选择考察线路。对具有特殊保护价值的海岛、海域等，要依法设立海洋自然保护区或扩大现有保护区面积。"

4．AB　【解析】"在保护区核心区和缓冲区内不得开展任何与保护无关的工程建设活动。"

（三）《国家危险废物名录》

一、单项选择题

1. 根据《国家危险废物名录》，下列说法中，错误的是（　　）。（2017 年考题）

A. 经鉴别具有危险特性的固体废物，属于危险废物

B. 经鉴别不具有危险特性的液态废物，不属于危险废物

C. 对不明确是否具有危险特性的固体废物，按危险废物进行管理

D. 对不明确是否具有危险特性的液态废物，应当按照国家的危险废物鉴别标准和鉴别方法予以认定

2. 根据《国家危险废物名录》，某化工企业产生的危险废物中包括 HW11 精（蒸）馏残渣，该危险废物的废物代码可能是（　　）。（2021 年考题）

A. 261-011-10　　　　　　　　B. 261-012-11

C. 261-041-21　　　　　　　　D. 无法确定

二、不定项选择题

1. 根据《国家危险废物名录》，下列不属于危险废物的是（　　）。（2016 年考题）

A. 反应性的固体　　　　　　　B. 易燃性的液体

C. 放射性的固体　　　　　　　D. 腐蚀性的液体

2. 根据《国家危险废物名录》，下列关于危险废物类别和鉴别认定的说法，错误的有（　　）。（2018 年考题）

A. 对不明确是否具有危险特性的固体废物，可通过全组分分析予以认定

B. 经鉴别具有危险特性的，属于危险废物，应当根据其主要有害成分进行归类管理

C. 不明确是否具有危险特性的固体废物，经鉴别不具有危险特性的，不属于危险废物

D. 不排除具有危险特性，可能对环境或者人体健康造成有害影响的，需按照危险废物进行管理

3. 根据《国家危险废物名录》，危险废物的危险特性包括（　　）。（2021 年考题）

A. 毒性　　　　　　　　　　　B. 腐蚀性

C. 反应性　　　　　　　　　　D. 放射性

参考答案

一、单项选择题

1. C 【解析】第六条："对不明确是否具有危险特性的固体废物，应当按照国家规定的危险废物鉴别标准和鉴别方法予以认定。"

2. B 【解析】第五条："废物代码，是指危险废物的唯一代码，为 8 位数字。其中，第 1-3 位为危险废物产生行业代码（依据《国民经济行业分类（GB/T 4754-2017）》确定），第 4-6 位为危险废物顺序代码，第 7-8 位为危险废物类别代码。"因此，废物代码的最后两位应和危险废物类别代码保持一致，即 11。

二、不定项选择题

1. C 【解析】第二条："具有下列情形之一的固体废物（包括液态废物），列入本名录：（一）具有毒性、腐蚀性、易燃性、反应性或者感染性等一种或者几种危险特性的。"

2. AB 【解析】第六条："对不明确是否具有危险特性的固体废物，应当按照国家规定的危险废物鉴别标准和鉴别方法予以认定。经鉴别具有危险特性的，属于危险废物，应当根据其主要有害成分和危险特性确定所属废物类别，并按代码"900—000—××"（××为危险废物类别代码）进行归类管理。经鉴别不具有危险特性的，不属于危险废物。"

第二条："具有下列情形之一的固体废物（包括液态废物），列入本名录：（一）具有毒性、腐蚀性、易燃性、反应性或者感染性一种或者几种危险特性的；（二）不排除具有危险特性，可能对生态环境或者人体健康造成有害影响，需要按照危险废物进行管理的。"

3. ABC 【解析】第五条：危险特性，是指对生态环境和人体健康具有有害影响的毒性（Toxicity，T）、腐蚀性（Corrosivity，C）、易燃性（Ignitability，I）、反应性（Reactivity，R）和感染性（Infectivity，In）。

（四）《国务院办公厅关于推进城镇人口密集区危险化学品生产企业搬迁改造的指导意见》

一、单项选择题

1. 根据《国务院办公厅关于推进城镇人口密集区危险化学品生产企业搬迁改造的指导意见》，下列关于城镇人口密集区危险化学品生产企业强化搬迁改造环保管理的有关规定，说法错误的是（　　）。（2018 年考题）

A. 搬迁改造项目要依法开展环境影响评价

B. 要加强腾退土地污染风险管控和治理修复，确保腾退土地符合规划用地土壤环境质量标准

C. 对正在实施搬迁改造的企业加大监督检查力度，确保企业搬迁改造期间不出现安全和环保问题

D. 地方各级人民政府要加强项目审批、选址、安全、环保等管理措施，严禁搬迁改造企业在原址新建、改建、扩建危险化学品项目

2. 根据《国务院办公厅关于推进城镇人口密集区危险化学品生产企业搬迁改造的指导意见》，下列关于强化搬迁改造安全环保管理的有关规定，说法错误的是（　　）。（2021 年考题）

A. 严禁搬迁改造企业在原址新建、扩建危险化学品项目

B. 对正在实施搬迁改造的企业加大监督检查力度，确保企业搬迁改造期间不出现安全和环保问题

C. 加强腾退土地污染风险管控和治理修复，确保腾退土地符合规划用地土壤环境质量标准

D. 搬迁改造企业拆除危险化学品生产装置、构筑物和防污染设施，可能造成重大环境影响的，要事先编制环境影响评价文件

二、不定项选择题

1. 根据《国务院办公厅关于推进城镇人口密集区危险化学品生产企业搬迁改造的指导意见》（国办发〔2017〕77 号），下列关于城镇人口密集区危险化学品生产企业强化搬迁改造环保管理的有关说法，正确的是（　　）。（2019 年考题）

A. 严禁搬迁改造企业在原址新建、扩建危险化学品项目

B. 搬迁改造企业拆除危险化学品防污染设施，要事先制定废弃危险化学品、残留

污染物清理和安全处置方案

C. 要加强腾退土地污染风险管控和治理修复，确保腾退土地符合规划用地土壤环境质量标准

D. 严格执行建设项目安全设施和污染防治设施"三同时"（同时设计、同时施工、同时投入生产和使用）制度

参考答案

一、单项选择题

1. D 【解析】D 的正确说法是："地方各级人民政府要加强项目审批、选址、安全、环保等管理措施，严禁搬迁改造企业在原址新建、扩建危险化学品项目。"

2. D 【解析】D 的正确说法是：搬迁改造企业拆除危险化学品生产装置、构筑物和防污染设施，要事先制定废弃危险化学品、残留污染物清理和安全处置方案，采取切实有效措施，防范拆除活动造成人员伤亡和环境污染。

二、不定项选择题

1. ABCD 【解析】"（七）强化搬迁改造安全环保管理。地方各级人民政府要加强项目审批、选址、安全、环保等管理措施，严禁搬迁改造企业在原址新建、扩建危险化学品项目。要督促企业依法开展搬迁改造项目安全和环境影响评价，严格执行建设项目安全设施和污染防治设施"三同时"（同时设计、同时施工、同时投入生产和使用）制度，及时组织项目竣工验收，确保项目建成投产后满足安全和环保要求。依法依规及时向就地改造、异地迁建后的企业核发安全生产许可证和排污许可证。对正在实施搬迁改造的企业加大监督检查力度，确保企业搬迁改造期间不出现安全和环保问题。搬迁改造企业拆除危险化学品生产装置、构筑物和防污染设施，要事先制定废弃危险化学品、残留污染物清理和安全处置方案，采取切实有效措施，防范拆除活动造成人员伤亡和环境污染；要加强剧毒化学品、易制爆化学品安全管理，严防丢失被盗。要加强腾退土地污染风险管控和治理修复，确保腾退土地符合规划用地土壤环境质量标准。"

（五）《关于划定并严守生态保护红线的若干意见》

一、单项选择题

1. 生态保护红线划定后，因国家重大民生保障项目建设需要调整。根据《关于划定并严守生态保护红线的若干意见》，下列机构中，属于调整方案最终批准机构的是（　　）。（2020年考题）

A. 国务院　　　　　　　　　　B. 生态环境部

C. 省级人民政府　　　　　　　D. 国家发展改革委

2. 根据《关于划定并严守生态保护红线的若干意见》，下列关于严守生态保护红线的说法中，错误的是（　　）。（2021年考题）

A. 空间规划编制要将生态保护红线作为重要基础，发挥生态保护红线对于国土空间开发的底线作用

B. 地方各级生态环境和自然资源主管部门是严守生态保护红线的责任主体，要履行好保护责任

C. 生态保护红线原则上按禁止开发区域的要求进行管理

D. 生态保护红线划定后需要调整的，报国务院批准

二、不定项选择题

1. 根据《关于划定并严守生态保护红线的若干意见》，下列关于严守生态保护红线有关要求的说法，正确的有（　　）。（2018年考题）

A. 生态保护红线空间管控要符合相关规划要求

B. 生态保护红线原则上按禁止开发区域的要求进行管理

C. 实施生态保护红线保护与修复，作为山水林田湖生态保护和修复工程的重要内容

D. 分区分类开展受损生态系统修复，采取人工修复为主、自然恢复为辅的措施改善和提升生态功能

2. 根据《关于划定并严守生态保护红线的若干意见》，下列关于生态保护红线含义的说法正确的有（　　）。（2019年考题）

A. 生态保护红线是指在生态空间范围内具有特殊重要生态功能、必须强制性严格保护的区域

B. 生态保护红线是保障和维护国家生态安全的底线和生命线

C. 生态保护红线通常包括具有重要水源涵养、生物多样性维护、水土保持、防风

　　固沙、海岸生态稳定等功能的生态功能重要区域

　　D. 生态保护红线包括水土流失、土地沙化、石漠化、盐渍化等生态环境敏感脆弱区域

参考答案

一、单项选择题

　　1. A　【解析】"生态保护红线划定后，只能增加、不能减少，因国家重大基础设施、重大民生保障项目建设等需要调整的，由省级政府组织论证，提出调整方案，经生态环境部、国家发展改革委会同有关部门提出审核意见后，报国务院批准。"

　　2. B　【解析】"地方各级党委和政府是严守生态保护红线的责任主体，要将生态保护红线作为相关综合决策的重要依据和前提条件，履行好保护责任。"

二、不定项选择题

　　1. BC　【解析】《关于划定并严守生态保护红线的若干意见》："生态保护红线划定后，相关规划要符合生态保护红线空间管控要求，不符合的要及时进行调整。""生态保护红线原则上按禁止开发区域的要求进行管理。实施生态保护红线保护与修复，作为山水林田湖生态保护和修复工程的重要内容。""分区分类开展受损生态系统修复，采取以封禁为主的自然恢复措施，辅以人工修复，改善和提升生态功能。"

　　2. ABCD　【解析】"生态保护红线是指在生态空间范围内具有特殊重要生态功能、必须强制性严格保护的区域，是保障和维护国家生态安全的底线和生命线，通常包括具有重要水源涵养、生物多样性维护、水土保持、防风固沙、海岸生态稳定等功能的生态功能重要区域，以及水土流失、土地沙化、石漠化、盐渍化等生态环境敏感脆弱区域。"

（六）《农用地土壤环境管理办法（试行）》

一、单项选择题

1. 根据《农用地土壤环境管理办法（试行）》农用地土壤污染预防的有关规定，下列说法错误的是（　　）。（2019 年考题）
   A. 禁止在农用地排放、倾倒、使用污泥、清淤底泥、尾矿（渣）等可能对土壤造成污染的固体废物
   B. 向农田灌溉渠道排放工业废水或者医疗污水的，要符合废水相关排放标准并保证其下游最近的灌溉取水点的水质符合农田灌溉水质标准
   C. 向农田灌溉渠道排放城镇污水以及未综合利用的畜禽养殖废水、农产品加工废水的，应当保证其下游最近的灌溉取水点的水质符合农田灌溉水质标准
   D. 农田灌溉用水应当符合相应的水质标准，防止污染土壤、地下水和农产品

2. 根据《农用地土壤环境管理办法（试行）》农用地土壤污染预防的有关规定，下列说法中正确的是（　　）。（2021 年考题）
   A. 县级以上地方环境保护主管部门应当根据本行政区域内工矿企业分布和污染排放情况，确定土壤环境重点监管企业名单
   B. 农业生产者应采取种养结合、轮作等良好农业生产措施
   C. 禁止向农田灌溉渠道排放不符合标准要求的工业废水或者医疗污水
   D. 禁止在农用地排放、倾倒、使用清淤底泥等可能对土壤造成污染的固体废物

二、不定项选择题

1. 根据《农用地土壤环境管理办法（试行）》，在保证下游最近灌溉取水点的水质符合农田灌溉水质标准的前提下，下列废水中，允许向农田灌溉渠道排放的有（　　）。（2020 年考题）
   A. 工业废水
   B. 医疗污水
   C. 畜禽养殖废水
   D. 农产品加工废水

参考答案

一、单项选择题

1．B 　【解析】第十二条："禁止在农用地排放、倾倒、使用污泥、清淤底泥、尾矿（渣）等可能对土壤造成污染的固体废物。农田灌溉用水应当符合相应的水质标准，防止污染土壤、地下水和农产品。禁止向农田灌溉渠道排放工业废水或者医疗污水。向农田灌溉渠道排放城镇污水以及未综合利用的畜禽养殖废水、农产品加工废水的，应当保证其下游最近的灌溉取水点的水质符合农田灌溉水质标准。"

2．D 　【解析】A 选项的正确说法是：设区的市级以上地方环境保护主管部门应当根据本行政区域内工矿企业分布和污染排放情况，确定土壤环境重点监管企业名单。B 选项的正确说法是：鼓励采取种养结合、轮作等良好农业生产措施。C 选项的正确说法是：禁止向农田灌溉渠道排放工业废水或者医疗污水。

二、不定项选择题

1．CD 　【解析】第十二条："禁止向农田灌溉渠道排放工业废水或者医疗污水。向农田灌溉渠道排放城镇污水以及未综合利用的畜禽养殖废水、农产品加工废水的，应当保证其下游最近的灌溉取水点的水质符合农田灌溉水质标准。"

（七）《工矿用地土壤环境管理办法（试行）》

一、单项选择题

1. 根据《工矿用地土壤环境管理办法（试行）》，下列关于地下储罐储存有毒有害物质的说法中，错误的是（   ）。（2021 年考题）
   A. 地下储罐储存有毒有害物质的，应当按照国家有关标准和规范的要求，设计、建设和安装泄漏监测装置
   B. 重点单位现有地下储罐储存有毒有害物质的，应当在本办法公布后一年之内，将地下储罐的信息报所在地设区的市级生态环境主管部门备案
   C. 新、改、扩建项目地下储罐储存有毒有害物质的，应当在项目投入生产或者使用之后，将地下储罐的信息报所在地设区的市级生态环境主管部门备案
   D. 地下储罐的信息包括地下储罐的使用年限、类型、规格、位置和使用情况等

二、不定项选择题

1. 根据《工矿用地土壤环境管理办法（试行）》，土壤环境污染重点监管单位包括（   ）。（2019 年考题）
   A. 焦化行业中应当纳入排污许可重点管理的企业
   B. 电镀行业中应当纳入排污许可重点管理的企业
   C. 有色金属冶炼行业中应当纳入排污许可重点管理的企业
   D. 有色金属矿采选行业规模以上企业

2. 根据《工矿用地土壤环境管理办法（试行）》，重点单位应当建立土壤和地下水污染隐患排查治理制度，定期对重点区域、重点设施开展隐患排查。某重点单位原材料、固体废弃物均涉及有毒有害物质，其应开展隐患排查的重点区域包括（   ）。（2021 年考题）
   A. 生产区   B. 污水收集区
   C. 原材料转运区   D. 固体废物堆存区

参考答案

一、单项选择题

1. C 【解析】C选项的正确说法是："重点单位新、改、扩建项目地下储罐储存有毒有害物质的，应当在项目投入生产或者使用之前，将地下储罐的信息报所在地设区的市级生态环境主管部门备案。"

二、不定项选择题

1. ABCD 【解析】第三条："土壤环境污染重点监管单位（以下简称重点单位）包括：（一）有色金属冶炼、石油加工、化工、焦化、电镀、制革等行业中应当纳入排污许可重点管理的企业；（二）有色金属矿采选、石油开采行业规模以上企业；（三）其他根据有关规定纳入土壤环境污染重点监管单位名录的企事业单位。"

2. ACD 【解析】第十一条："重点区域包括涉及有毒有害物质的生产区，原材料及固体废物的堆存区、储放区和转运区等；重点设施包括涉及有毒有害物质的地下储罐、地下管线，以及污染治理设施等。"

（八）《污染地块土壤环境管理办法（试行）》

一、单向选择题

1. 根据《污染地块土壤环境管理办法（试行）》，责任主体灭失或者责任主体不明确的污染地块，下列机构中，属于应依法承担相关责任的主体是（　　）。（2020年考题）

A. 所在地县级人民政府

B. 原土地使用权人

C. 所在地设区的市级人民政府

D. 现有土地使用权人

2. 根据《污染地块土壤环境管理办法（试行）》，某地块使用权人为企业A，因经营不善被企业B收购后，将该地块租赁给企业C作为生产用地。后在调查中发现，企业C在生产经营过程中因管理不善，造成了土壤环境污染，则该地块土壤治理及修复的责任主体是（　　）。（2021年考题）

A. 企业A

B. 企业B

C. 企业C

D. 县级人民政府

二、不定项选择题

1. 根据《污染地块土壤环境管理办法（试行）》，对于污染地块，土地使用权人应当按照风险管控方案要求，采取的主要措施有（　　）。（2019年考题）

A. 及时移除或者清理污染源

B. 采取污染隔离、阻断等措施，防止污染扩散

C. 开展土壤、地表水、地下水、空气环境监测

D. 发现污染扩散的，及时采取有效补救措施

2. 根据《污染地块土壤环境管理办法（试行）》，按照"谁污染，谁治理"原则，造成土壤污染的单位或者个人应当承担治理与修复的主体责任。下列关于污染地块土壤治理和修复责任主体确定的说法，正确的是（　　）。（2019年考题）

A. 责任主体发生变更的，由变更后继承其债权、债务的单位或者个人承担相关责任

B. 责任主体灭失或者责任主体不明确的，由所在地县级人民政府依法承担相关责任

C. 土地使用权依法转让的，由土地使用权受让人或者双方约定的责任人承担相关责任

D. 土地使用权终止的，由原土地使用权人对其使用该地块期间所造成的土壤污染承担相关责任

3. 根据《污染地块土壤环境管理办法（试行）》，对于污染地块，土地使用权人应当按照风险管控方案要求，采取的主要措施有（　　　）。（2021年考题）

A. 污染隔离

B. 污染阻断

C. 及时清理污染源

D. 开展空气环境监测

参考答案

一、单向选择题

1. A 【解析】第十条：责任主体灭失或者责任主体不明确的，由所在地县级人民政府依法承担相关责任。

2. C 【解析】第十条：按照"谁污染，谁治理"原则，造成土壤污染的单位或者个人应当承担治理与修复的主体责任。

二、不定项选择题

1. ABCD 【解析】第二十条："土地使用权人应当按照风险管控方案要求，采取以下主要措施：（一）及时移除或者清理污染源；（二）采取污染隔离、阻断等措施，防止污染扩散；（三）开展土壤、地表水、地下水、空气环境监测；（四）发现污染扩散的，及时采取有效补救措施。"

2. ABCD 【解析】第十条："按照'谁污染，谁治理'原则，造成土壤污染的单位或者个人应当承担治理与修复的主体责任。责任主体发生变更的，由变更后继承其债权、债务的单位或者个人承担相关责任。责任主体灭失或者责任主体不明确的，由所在地县级人民政府依法承担相关责任。土地使用权依法转让的，由土地使用权受让人或者双方约定的责任人承担相关责任。土地使用权终止的，由原土地使用权人对其使用该地块期间所造成的土壤污染承担相关责任。土壤污染治理与修复实行终身责任制。"

3. ABCD 【解析】第二十条：土地使用权人应当按照风险管控方案要求，采取以下主要措施：（一）及时移除或者清理污染源；（二）采取污染隔离、阻断等措施，防止污染扩散；（三）开展土壤、地表水、地下水、空气环境监测；（四）发现污染扩散的，及时采取有效补救措施。